BRIGITTE REIMANN wurde 1933 in Burg bei Magdeburg geboren. Nach dem Abitur war sie Lehrerin und seit ihrer ersten Buchveröffentlichung 1955 freie Autorin. 1960 zog sie nach Hoyerswerda, 1968 nach Neubrandenburg. Nach langer Krankheit starb sie 1973 in Berlin.

Sie schrieb die Erzählungen »Die Frau am Pranger« (1956), »Ankunft im Alltag« (1961) und »Die Geschwister« (1963) und »Das grüne Licht der Steppen. Tagebuch einer Sibirienreise« (1965) sowie den unvollendeten Roman »Franziska Linkerhand« (1974, vollständige Neuausgabe 1998). Außerdem erschienen die Briefwechsel mit Christa Wolf, »Sei gegrüßt und lebe. Eine Freundschaft in Briefen 1964–1973« (1993), mit Hermann Henselmann (1994) und »Aber wir schaffen es, verlaß Dich drauf. Briefe an eine Freundin im Westen« (1995) und »Ich bedaure nichts. Tagebücher 1955–1963« (1997) und »Alles schmeckt nach Abschied. Tagebücher 1964–1970« (1998).

Dorothea von Törne wurde 1948 in Berlin geboren. Germanistik- und Anglistikstudium. Literaturkritikerin für den »Sonntag« und die »Neue Deutsche Literatur«, Außenlektorin und Herausgeberin für den Union Verlag und den Verlag der Nation; nach 1989 Literaturredakteurin bei der »Märkischen Allgemeinen« und der »Neuen Zeit«, danach freie Mitarbeiterin bei verschiedenen Zeitungen und Zeitschriften, u. a. »Der Tagesspiegel«, »Die Welt«, »ndl«.

Dorothea von Törne

Brigitte Reimann
Einfach wirklich leben

Eine Biographie

Aufbau Taschenbuch Verlag

Mit 23 Abbildungen

ISBN 3-7466-1652-2

1. Auflage 2001
© Aufbau Taschenbuch Verlag GmbH, Berlin 2001
Umschlaggestaltung Torsten Lemme
unter Verwendung eines Fotos
von Gerhard Kiesling, 1963, Bildarchiv
Satz LVD GmbH, Berlin
Druck Clausen & Bosse, Leck
Printed in Germany

www.aufbau-taschenbuch.de

Inhalt

1 Kindheit in Burg 7
2 Jugendträume 20
3 Kleines Piratenglück 35
4 Abenteuer Phantasie 47
5 Verwirrspiele 56
6 Deckname Cathérine 62
7 Endlich die Liebe 80
8 Mit Daniel auf dem Bitterfelder Weg 89
9 Qualvolle Lust 110
10 »Um zwölf war die ganze Literatur besoffen«
Schriftsteller und Macht 126
11 Eine deutsche Geschwisterliebe 145
12 Entwürfe 151
13 Moskauer Nächte 161
14 »Mit Zärtlichkeit gekommen, mit Zärtlichkeit
gegangen« 168
15 Tauziehen um Freiräume 185
16 Das weite Land 191
17 Die Ehe mit Jon 203
18 »Kommando: Fertigmachen den Mann«
Das 11. Plenum und seine Folgen 216
19 Arbeitswut und Depression 229
20 Abschied und Willkommen
Mutprobe Neubrandenburg 239
21 Endszenen einer Ehe 251
22 Schmerzen und Fluchtwege 263
23 Verläßliche Arme 272
24 Das Fragment 279

Zitatnachweis 295
Bildnachweis 297
Lebensdaten 298
Danksagung 300

1
Kindheit in Burg

Wenn man Ort und Zeit seiner Geburt wählen könnte – hätte sich Brigitte Reimann die Kleinstadt Burg bei Magdeburg ausgesucht und den 21. Juli des Jahres 1933? Literarisch ist das einst an einer Handelsstraße gelegene Städtchen kaum vorbelastet. Brigitte Reimann hatte also alle Chancen, die schreibende Berühmtheit zu werden, die aus Burg hervorgegangen ist. Lediglich Theodor Fontane, den es nach Burg verschlagen hatte, betrat dort im Jahre 1840 die Bretter des Provinztheaters, um »als keuscher Joseph die Susannen zu erspähn«. Das hätte Brigitte Reimann mit ihrem frühen Hang zum Theater und mit ihrem späteren Zug zur Ironie wohl gefallen. Daß der Schriftstellerkollege aus dem vorangegangenen Jahrhundert es in der Kleinstadt nur zwei Monate ausgehalten hat, wäre ihr sicherlich plausibel gewesen.

Doch auch die Großstädte hat sie nie sonderlich gemocht. Im November 1964, im Alter von einunddreißig Jahren noch, wird sie nach drei Tagen Aufenthalt in Ost-Berlin *ganz zerrüttet* sein *von dem Verkehr und den Menschenmassen*, und in Westberlin erst wird der Kurfürstendamm für sie *einfach ein Wahnsinn* bleiben: *Wie kann man da bloß leben, sich über den Damm wagen, als Mensch existieren zwischen Lichtschreien und flachschnäuzigen gefräßigen Stahltieren?*

Eine karge Landschaft und Abgeschiedenheit aber waren ihr auch nicht recht: *Sand Sand Sand. Der langweilige Himmel. Die langweiligen Kiefern. Ich wünsche mir einen blauen Strauch, oder einen rosa Baum, oder den Himmel grün … irgend etwas außer der Ordnung, eine Kokospalme,*

Nordlicht, Sonne mitten in der Nacht. Warum passiert hier nichts? wird sie ihre Romanfigur Franziska Linkerhand sagen lassen. Aber damit wird nicht die Kleinstadt, sondern die fiktive öde Neubausiedlung Neustadt gemeint sein, deren Urbild sie in Hoyerswerda erlebt hat. *Warum sind wir nicht weitergewandert, bis nach Feuerland oder an den Amazonas?* fragt Franziska und träumt sich aus Enge und Kargheit in üppige schwüle Urwälder.

Doch fluchtartig verlassen hat Brigitte Reimann weder ihre Heimatstadt noch die folgenden Stationen ihres Lebens, jedenfalls nicht so ad hoc wie der in der Apotheke des Dr. Kannenberg angestellte Apothekergehilfe Fontane. Der spottete in seinen Burger »Federzeichnungen« kräftig drauflos. Das Städtchen der Schneider, Tuch- und Handschuhmacher habe seinen Roland, das Wahrzeichen der Stadt, in die Schweinekoben und Hühnerställe gestopft und weise überhaupt alle großen Geister von sich. Von kleingeistigem Gezänk um die Walnüsse aus Nachbars Garten wird in Brigitte Reimanns Roman die Rede sein. Auch sie wird sich der Satire bedienen, wenn es um die Atmosphäre der kleinen Stadt geht, doch wird sie feine Stricheleien bevorzugen, kleine, wie nebenbei hingehauchte Szenen zwischen Tragikomödie und Ironie: die Direktorengattin Frau Raffke, die sie lang hinschlagen läßt, der ehrbare Hausarzt, der an eine Schlampe wie aus der Schmierenkomödie gerät.

Kleinstadtpersönlichkeiten wie diese hat Brigitte Reimann in ihrer Kindheit und Jugend zur Genüge beobachten können, denn das Leben spielte sich auf überschaubarem Areal zwischen der Oberkirche »Unserer Lieben Frauen« und der Unterkirche »St. Nikolai« ab.

Auch die preußischen Leutnants, die noch Fontane beschrieben hatte, haben im Garnisonsstädtchen ihre Spuren hinterlassen. Das Andenken des Carl von Clausewitz, des in Burg geborenen preußischen Offiziers und Kriegstheoretikers, wurde in Ehren gehalten. Als Fontane in den Ort kam, sprach man hier freilich – will man ihm glauben – weniger von militärischen Meriten oder von Weltpolitik als von Wolle und Schafen. Selbst der »Halle-Burgsche Kurier«, die Lokalzeitung, meinte er, vermelde keine Neuigkeiten, sondern verschaffe ihm beinahe täglich »eine göttergleiche Freude« durch sein »allerweichstes Fließ-Papier«.

Die Zeitungen von 1933 verkünden dann doch Ereignisse, die bald die Beschaulichkeit des Städtchens hinwegfegen und die Weltgeschichte blutig bestimmen werden: Die Nationalsozialisten reißen die Macht an sich. Im Geburtsjahr Brigitte Reimanns gibt es keine Gewerkschaften mehr und keine Parteien außer der NSDAP. Im Mai 1933 schon werden Bücher »unerwünschter« Autoren in Berlin öffentlich verbrannt, und die »Reichsschrifttumskammer« rüstet zur »Gleichschaltung« der deutschen Literatur.

Der beginnende Terror gegen Andersdenkende hat Burg jedoch im Juli 1933 noch nicht in vollem Umfang erreicht. Man exponiert sich politisch nicht allzu sehr, pflegt bürgerlich-preußische Traditionen und harrt der kleinen Sensationen, die immer wieder einmal die Kleinstadt erreichen. War es im Burg Fontanes eine circensische »Menagerie« mit Leuen, Tigern, Kamelen und Affen, so ist es im Juli 1933 ein Autorennen mit 500 Rennfahrern, darunter Manfred von Brauchitsch, was die Einwohner begeistert. Während Brigitte Reimanns Mutter Elisabeth sich in den Wehen windet, fiebern die Burger dem Renn-Ereignis entgegen. Sie errichten Straßensperren entlang der Rennstrecke oder putzen sich fürs Tanzvergnügen in den Burger Bierhallen.

Elisabeth Reimann gebiert an diesem heißen Freitag in ihrer Wohnung in der Bahnhofstraße 5 eine gesunde, kräftige Tochter, die den Namen Brigitte erhält. Der Vater Wilhelm, Sohn eines Druckers, ist gelernter Bankkaufmann, arbeitet aber in der Druckerei des Kunstverlages seines Freundes Paul Hopfer. Wie es in einer altmodischen kleinen Druckerei nach Leim und Druckerschwärze riecht, wußte Brigitte Reimann schon früh, später wird Franziska Linkerhand den Geruch der Druckerei für den aufregendsten Duft der Welt halten. Im Roman wird ein idyllisch gelegener Kleinbetrieb beschrieben, der dem Hopferschen wohl ähnlich ist: *die Druckerei lag hinter unserem Stadthaus, im Garten, dem altmodischsten Garten, den du dir vorstellen kannst, Malven und Clematis, ein Tempelchen ganz verhangen von Geißblatt, und die Setzer aßen ihre Frühstücksbrote auf den steinernen Bänken am Kiesweg.* Wilhelm Reimann beschäftigt sich im Verlag unter anderem mit den Reihen »Heimbücher der Kunst« und »Deutsche Bauten«.

Die Architektur liege eben in der Familie, wird die Architektin Franziska im Roman Brigitte Reimanns behaupten. Und auch als Journalistin wird die Schriftstellerin zumindest gelegentlich arbeiten – nicht nur wie Vater Reimann als Filmkritiker für das Lokalblatt, sondern auch für überregionale Blätter. Sie wird hoffen, etwas bewirken zu können, etwas in Bewegung zu setzen im Sinne eines humanistischen gesellschaftlichen Ideals.

1934 wird Brigitte Reimanns Bruder Ludwig geboren, mit dem sie besonders innig verbunden sein wird und dem sie später die Erzählung »Die Geschwister« widmet, jenes Buch über eine exemplarische Geschwisterliebe im geteilten Deutschland, das 1963 – zwei Jahre nach dem Bau der Mauer – den Lesern unter die Haut gehen wird wie sonst nur noch »Der geteilte Himmel« von Christa Wolf. 1941 wird der Bruder Ulrich geboren, 1943 die Schwester Dorothea. Da ist die Familie bereits in das obere Stockwerk eines Hauses in der Neuendorfer Straße umgezogen.

Mit den beiden »Kleinen« kann das Mädchen Brigitte nicht allzuviel anfangen. Lieber stöbert sie im Bücherschrank des Vaters, als der winzigen Dorothea, genannt Dorli, die Windeln zu wechseln, erinnert sich der ältere

Bruder. Erst als Erwachsene wird sie zur Schwester ein fürsorgliches, liebevolles Verhältnis entwickeln, ihr Kleider schenken und sie wegen ihres natürlich-unkompliziert scheinenden Lebensweges als Ehefrau und Mutter bewundern und heimlich beneiden.

Im Hause der Reimanns in der Neuendorfer Straße geht es fröhlich und laut zu: Kissenschlachten, Toben bis zum Umfallen, heftiger Streit und schnelle Versöhnung. Als kleine Kinder spielen Brigitte und Lutz gemeinsam im Garten des Elternhauses, das etwas abseits, an einer ruhigen ungepflasterten Straße liegt. »Da konnte man moddern, kieseln, Kluterschlacht machen und Humpelmal. Wir haben sehr viel zusammen gespielt, auch mit gleichaltrigen Freunden aus der Umgebung«, weiß Ludwig zu berichten. Vielleicht pflanzte sie auch einen *Wald aus Schachtelhalmen* wie die spielende Franziska? Die jedenfalls hockt struppig und braungebrannt im Sandkasten auf ihren Fersen und knetet ein *wunderliches Märchenschloß mit Zinnen, Türmen und hochbogigen Fenstern*, windet sich *wie ein Iltis durch die Zaunlatten* und behauptet sich mit schriller Kleinmädchenstimme gegen eine *auf schnelle Ohrfeigen gegründete Autorität* des Bruders. Im Roman ist der Bruder Wilhelm freilich der Ältere. Irgendwann muß sich das Kräfteverhältnis zwischen den Geschwistern Brigitte und Ludwig verkehrt haben. Ohrfeigen, überhaupt körperliche Gewalt werden im Elternhaus nicht problematisiert und gehören, wie damals üblich, zum normalen Alltag. »Aber preußische Erziehung war das nicht. Natürlich wurden wir angefaßt wie alle Kinder damals. Es war noch keine Kindesmißhandlung, etwas mit dem Rohrstock zu bekommen«, meint Ludwig Reimann rückblickend.

Im Vergleich der Wirklichkeit mit den späteren Reimannschen literarischen Fiktionen wird deutlich, daß sie männliche Autorität meist verstärkt oder erhöht hat. Brigitte Reimanns Vater war kein selbständiger und freier Verleger wie der Vater Franziskas, sondern Angestellter eines Verlages; ihr Bruder nicht der Ältere und Überlegene, sondern jünger. Das sagt etwas aus über ein früh sich entwickelndes Anlehnungsbedürfnis und eine heimliche Sehnsucht Brigitte Reimanns nach männlichem Schutz. Vielleicht war beides während ihres kindlichen Streunerlebens entstanden, als sie weitgehend sich selbst überlassen war, während der Vater arbeitete, im Krieg war und in Gefangenschaft, die Mutter mit den neu hinzugekommenen winzigen Geschwistern Uli und Dorli beschäftigt und die Kriegswirren über Burg hinwegbrausten.

Schon als Kind muß sie begonnen haben, hemmungslos zu lesen. Was zitiert das Schulmädchen Franziska Linkerhand aus der Privatbibliothek ihres Vaters? Heine, die Brüder Mann, Dickens, Fielding und Dostojewski, Tieck, Eichendorff, Hauff und Brentano, Horaz, Seneca, Vergil und Cicero. Hinter der achtjährigen Franziska, die beim Licht einer Taschenlampe unter der Bettdecke *durchaus ungehörige Romane las und Gretchens Monologe seitenlang auswendig lernte*, kann man die Autorin selbst vermuten. »Sie hat mit acht oder neun Jahren Shakespeare gelesen«, erzählt Ludwig Reimann. »Und sie hat es auch in der Schule in Aufsätzen angebracht. Ich weiß noch, wie die Lehrer dann gesagt haben: Aber Brigitte, was willst du denn damit sagen, wo hast du denn diese Ausdrücke her? Das hat sie alles verarbeitet.«

Verarbeitet hat sie ihre kindliche Gier nach Worten auch, wenn sie im Roman schildert, wie Franziska die vorerst nur als eine *Wortschnur* wahrgenommenen Sätze des Londoner Rundfunks gegen Ende des 2. Weltkrieges aufschnappt und die neuen Worte, die mit der russischen Besatzung einziehen: *Kommandantur, Vergewaltigung, Deutschenhasser, Kultura*, memoriert.

Die Familie, in der Brigitte Reimann aufwächst, ist ein behüteter Raum, in dem man die Kinder weitgehend von politischen Einflüssen abzuschirmen sucht. Die Eltern sind nicht reich, aber auch nicht arm. Man fährt in den Urlaub, bewirtet Freunde. Die Mutter kommt aus einer rheinländischen Familie, die von Köln nach Burg gezogen ist. Sie ist nicht fromm, bringt aber den Einfluß des Katholizismus in die Familie. Elisabeth Reimann ist eine Frohnatur, doch gehörte angeblich auch ein puritanischer Zug zu ihrem Wesen. *Der Haushalt war bescheiden, Kleiderluxus verpönt, die Kinder gingen in Leinenzeug und Loden, und ein Marionettentheater, das der Bildung ihrer Phantasie dienen sollte, ersetzte das üppige Spielzeug der Nachbarskinder* - dieser Satz über die Romanfamilie Linkerhand könnte aus der eigenen Kindheit schöpfen. Der Vater neigt zu einer preußisch-strengen Erziehung. 1943 wird er zum Militär eingezogen und kommt erst am 4. Oktober 1947 – nach überstandener Lungenentzündung abgemagert, mit zersplitterter Kniescheibe und übernervös – aus russischer Gefangenschaft zurück.

Ob in den Jahren seiner Abwesenheit die im Hause lebende Kölner Großmutter tatsächlich so dominant wurde, wie man aus der Figur der Großen Alten Dame im Roman *Franziska Linkerhand* schließen könnte? Da kauert das Alter ego Franziska *hinterm Sessel der Großmutter, die, zart und proper und weißhäutig, so unerlaubt jung aussah, daß ihr Matronenkleid mit züchtigem Stehkragen wie eine Kostümierung wirkte, und kokett verspielt auch die Würde des goldenen Kreuzes, die Demut gefalteter Hände. Franziska liebte die Große Alte Dame, ihre Klippfisch-Salate und Weinpuddings, die Geschichten von einem gewissen Klärchen auf der Weltreise, mit denen sie Milchholen belohnte, hechtgraue Seide, die Knopfschachteln voll schwarzer Samtbänder, Medaillons und glitzernder Kinkerlitzchen, und die Drohungen im dicksten Dialekt: »Waat, Kääl, ich schnigge dir der Hals aff!«* Von der Großmutter geht eine bürgerlich-robuste und zugleich elegante Würde aus, die das Kind Franziska bewundert. Im späteren Briefwechsel mit ihrer Freundin Veralore

Schwirtz wird die siebzehnjährige Brigitte Reimann sie nur ein einziges Mal erwähnen – als es darum geht, im Juli 1950 ihre erste Liebe Klaus an der Großmutter vorbei ins Haus zu schmuggeln. *Wenn sie was spitzkriegt, »kracht's im Karton« – wie der Burger sagt.*

Dennoch scheinen es besonders die moralischen Werte der Großmutter zu sein, die Brigitte Reimann so verinnerlicht, daß sie sie ein Leben lang begleiten werden – gerade da wird das deutlich, wo sie sich von ihnen lösen will. Die Großmutter mütterlicherseits bringt offenbar auch jene Sinnlichkeit mit, die die Enkelin begeistert und in der sie sich selbst und ihre Sehnsüchte wiederfindet. Die Aura der alten Dame und die sie umgebenden Dinge und Worte regen die sinnliche Phantasie der Enkelin an: *Verzauberung auf Redoute und Reunion, Godesberg und Norderney, Wörter grün wie Meerwind, flaumig wie weiße Straußenfedern, duftend wie der Tanzstundenfächer aus Sandelholz.* Man kann sich des Eindrucks nicht erwehren, daß die Schriftstellerin Brigitte Reimann zeitlebens aus der Sinnenfreude und Sinnlichkeit schöpfte, die ihr zuerst in der Welt der Großmutter begegnet sein könnte.

Die Lieder der Franziska Linkerhand aber müssen auch die eigene Schulzeit begleitet haben: *SA marschiert mit ruhig festem Tritt beim Fahnenappell, mit hochgerecktem Arm; Heimat deine Sterne am Küken-Nachmittag, im Schein der dicken, blauen, wehmütig tropfenden VDA-Kerzen; auf den Feldwegen, wenn sie Heilkräuter sammelten, Schafgarbe und Hirtentäschel, wirbelten die nackten müden Kinderfüße im Gleichschritt den Sommerstaub auf, eins, zwei, drei, Die blauen Dragoner sie reiten; Arm in Arm mit der besten Freundin, schallend und unschuldig, Beim erstenmal da tut's noch weh; auf dem Schulhof, O du mein Neckartal, drehten sie sich schwindlig zu zweit, zurückgebogen, die Füße fest gegeneinander gestemmt und mit verschränkten Händen, kreischten und kreisten bis zum Umfallen…*

Ist Brigitte Reimann als Kind so katzendürr und häßlich, wie sich Franziska Linkerhand beschreibt?

Ich wuchs wie eine Pflanze ... ein Körper, der mir niemals fremd oder beschwerlich schien, niemals als Hülle, denn er war ich, und die Haut ohne andere Erfahrungen als die des Schmerzes, wenn ich mich an einem heißen Milchtopf verbrannte oder mit einer Nähnadel stach, und als die von Frieren und Schwitzen, angenehm die Sonne, die Arme und Beine bräunte, unangenehm der kalte Wind, der sie mit einer körnigen Gänsehaut überzog.

Brigitte Reimann wächst jedenfalls zu einem hübschen Mädchen mit großen dunklen Augen und dicken schwarzen Zöpfen heran, ist gesund und sportlich, mißt sich mit ihrer Freundin Christa Knauer, die – wie Ludwig Reimann weiß – später an DDR-Meisterschaften teilgenommen hat.

Da sie in der Schule gute Noten hat, bereitet sie sich auf die Oberschulprüfung vor. Von den vier Aufsatzthemen, die zur Wahl stehen, entscheidet sie sich für »Ein Zwanzigmark-Schein erzählt seine Reise durch Stadt und Land«. Das Erzählerische und das Abenteuerliche liegen ihr mehr als die bloße Beschreibung eines Besuches beim Handwerksmeister. Dabei hätte sie zum Thema »Wie wir uns durch den furchtbaren Winter 46/47 durchgeschlagen haben« auch genug schreiben können. Die Brotrationen sind knapp, und manchmal sitzt die Familie eine ganze Woche ohne Brot da. Sie überbrückt den Mangel mit einer Notsuppe aus Ähren, die man im Sommer auf den Feldern gestoppelt hatte und die nun in einer Kaffeemühle gemahlen werden. Zum Glück haben die Reimanns einen Garten, der zumindest etwas Gemüse liefert. Die Heranwachsende klagt, daß sie nicht satt wird von der ewigen Graupensuppe. *Das Schlimmste aber ist die Kartoffelnot. Da soll nun ein Mensch mit 400 g am Tag auskommen! Du solltest bloß unser Mittagessen sehen! Da findest Du alle halbe Stunde ein Stück Kartoffel. Wenn*

*wir nicht so gesund und widerstandsfähig wären, sähen
wir wie die meisten Menschen, die keine »Beziehungen«
haben, aus, nämlich richtig wie arme Teufel, mit rausste-
henden Rippen und Backenknochen. Die Kleinen sehen
schon fast so aus, trotzdem wir ihnen das Beste geben,*
schreibt die Schülerin im August 1947 in einem Brief an
ihre Freundin.

Auf dem Kanal, der durch Burg fließt, beobachtet die
Vierzehnjährige russische Soldaten mit ihren *Russenlieb-
chen*; Hunger und russische Besatzer – die Zeichen der
Zeit.

Vielleicht lassen sie Brigitte Reimann besonders aufmerksam für Zeitprobleme werden, denn sie entwickelt schon
in diesem Alter besondere Interessen. Sie legt drei Hefte
an, in denen sie Zeitungsausschnitte aus der »Täglichen
Rundschau« aufhebt. In eines klebt sie Witze und Anekdoten über *schlechte Behörden, Schieber und Nazis,* manche
davon *mit überraschenden Pointen.* In einem zweiten sammelt sie politische Witze mit Bildern und im dritten Artikel über große und kleine Städte in der russischen Zone.

Gerade hat sie das Gymnasium erwartungsvoll betre-
ten, da trifft sie im Alter von vierzehn Jahren eine Krankheit, die ihr Leben von Grund auf verändert: Sie erkrankt
an spinaler Kinderlähmung. Isoliert muß sie im Burger In-
fektionskrankenhaus liegen, darf ihre Familie nur durchs
Fenster sehen. *Ich kann Dir bloß sagen, Kinderlähmung
ist so ziemlich die schrecklichste Krankheit, die es gibt.
Diese Hilflosigkeit macht mich bald verrückt. Das rechte
Bein war zu Anfang vollständig gelähmt, das linke Bein
war sehr schwach. Ich habe schrecklich geheult, als ich ins
Krankenhaus mußte,* schreibt sie am Heiligabend 1947
an die Freundin Veralore.

Mehr als vierzig Tage muß sie in der Klinik verbringen.
Als sie aus der Isolierstation in Burg und nach einem anschließenden Aufenthalt in einer Magdeburger Privatklinik
endgültig entlassen wird, ist sie eine andere. Sie kann zwar

wieder laufen, aber ein leichtes Nachhinken, ein schmerzhaftes Hüftleiden wird bleiben – lebenslänglich.

Die Einsamkeit im Krankenhaus hat in ihr den Wunsch zu schreiben geweckt. Am 25. Dezember 1947 hält sie fest: *Ich habe große Pläne. Wir haben über meinen Beruf gesprochen, und ich will gerne Schriftsteller werden, aber nicht nur nebenbei, sondern als Hauptberuf.* Ihr Bruder Ludwig sieht das heute so: »Nun war da ein Bruch, der alles veränderte, der sie eigentlich erst dazu brachte, daß sie schrieb. Denn einerseits war sie nun auf sich allein gestellt, auf ihre Gedankenwelt, und versuchte, dem Ausdruck zu geben. Und andererseits mußte sie sich nun immer wieder bestätigt fühlen. Das stellt sich auch in ihren Tagebüchern dar. Nicht nur, daß sie interessant erzählen konnte und schriftstellerisch begabt war, sondern auch, daß sie als Frau angenommen und begehrt wurde. Das war wie ein Opium, das sie haben mußte. Aber ausgelöst, glaube ich, durch diese spinale Kinderlähmung.«

Während und nach der Krankheit schreibt sie zunächst vor allem Briefe, etliche davon an ihre zwei Jahre ältere Freundin Irmgard Weinhofen, die sie 1948 während der Physiotherapie in der Burger Badeanstalt kennengelernt hatte. Auch Irmgard Weinhofen muß sich dort – wie Brigitte Reimann – einer Nachbehandlung mit Reizstrom und Massagen unterziehen. Sie hatte ein anderer Schicksalsschlag getroffen, der – wie die Kinderlähmung – ein Schlaglicht auf die Zeit wirft. Ihre ganze Familie hatte sich eine Fischvergiftung zugezogen, Irmgard Weinhofen sogar so stark, daß sie gelähmt wurde und kaum mehr laufen konnte.

Das gemeinsame Schicksal schweißt sie zusammen; zwischen beiden entwickelt sich eine Freundschaft, die ein Leben lang anhält, obwohl Irmgard Weinhofen 1950 von Burg nach Berlin zieht und 1963 die DDR verläßt, um einen Niederländer zu heiraten. Sie werden sich trotzdem immer wieder sehen: im Burger Elternhaus, am Bahnhof

Friedrichstraße, im Presseclub in Berlin. Brigitte sei »von einer so spontanen Herzlichkeit« gewesen, »sie konnte sich so mächtig über alles freuen«, erinnert sich Irmgard Weinhofen. Und so macht man sich gegenseitig Geschenke. Die Freundin bringt Pullover mit oder schmuggelt Kriminalromane durch den Zoll. Als Brigitte Reimann 1968 nach Neubrandenburg gezogen ist, wird sie der Freundin eine alte Gründerzeituhr schenken, an der sie sehr hängt und mit der es eine besondere Bewandtnis hat. Der Freundin aus Kindertagen wird Brigitte Reimann auch im Neubrandenburger Domizil oder am Telefon gelegentlich ihr Herz ausschütten. Die Staatssicherheit hört so manches mit, denn Kontakte zu einer ehemaligen DDR-Bürgerin sind prinzipiell verdächtig. Die Staatssicherheit wird 1969 auch eine Reise Brigitte Reimanns in die Niederlande verhindern, wo ein Verlag ihre Erzählung »Die Frau am Pranger« drucken will. In einem Treffbericht vom 8. Mai 1969[1] weiß ein IM »Neupeter« über die Verbindung zwischen Brigitte Reimann, ihrer als Deutschlehrerin in den Niederlanden arbeitenden Freundin und dem Sohn eines reichen holländischen Verlegers recht gut Bescheid. Er wird der Schriftstellerin die für die Reise ins westliche Ausland erforderliche Bürgschaft verweigern. Die beiden Freundinnen werden sich ärgern über die Ablehnung der Reise, ohne die Hintergründe zu kennen und ohne etwas dagegen unternehmen zu können. Für den Bürger in der DDR waren die scheinbar willkürlich getroffenen Entscheidungen der Behörden in der Regel undurchschaubar. Daß man obendrein kein Recht auf Begründungen hatte, war eine alltägliche Erfahrung.

Wenn Brigitte Reimann ihre Freundin auch nicht in den Niederlanden besuchen darf, Irmgard Weinhofen hält ihr die Treue bis zu einer letzten bitter-traurigen Begegnung am Bett der Todkranken 1972.

[1] BStU Neubrandenburg AOPK III 259/73, Blatt 11.

Wie war Brigitte Reimann als Schulmädchen, welche Träume hatte sie?

Eben habe ich meine Tagebücher aus den Jahren 1947 bis 1953 verbrannt – wohl zwanzig Stück –, und jetzt tut mir das Herz weh, als hätte ich etwas Lebendiges vernichtet, beginnt Brigitte Reimann eine Tagebucheintragung im November 1959, und dann wirft sie auch noch die Jahrgänge 1953 und 1954 ins Feuer. Verbrannt hat sie die Aufzeichnungen aus der Pubertät und die politischen Bekenntnisse der Abiturientin in Burg, die Notizen aus der Zeit als Lehrerin, Buchhändlerin, Sprechstundenhilfe und Reporterin, von der ersten Hochzeit, der zweiten Fehlgeburt, einem Selbstmordversuch. Sie will ein neues Leben beginnen und schwankt zwischen Scham und Trauer über das Vergangene: *Drei Bücher über meine erste richtige Liebe (Klaus, mein Gott! hat es ihn wirklich gegeben? Der schöne blonde Junge, der heute einen Bauch und beginnende Glatze und ein Kind hat) [...] meine überströmend begeisterten Bekenntnisse [...] Ich habe meine Kindheit und Jugend verbrannt, meine Erinnerungen, an die ich nicht mehr erinnert werden will.*

Die letzten Jahre der Kindheit und die Jugend Brigitte Reimanns wären weitgehend verborgen geblieben, wenn nicht der Briefwechsel mit einer anderen Freundin aus Kindertagen aufgetaucht wäre: Veralore Weich.

Die beiden wurden unzertrennliche Freundinnen, als Brigitte Reimann elf Jahre alt war. Veralore war 1944 mit ihrer Mutter nach Burg gekommen. 1947 erkrankt sie an Tuberkulose und wird zur Genesung in den Harz geschickt. Statt nach Burg zurückzukehren, geht die Mutter in den Westen, nach Pyrmont, wo Veralores Vater wartet. Die beiden über die Trennung untröstlichen Mädchen beginnen einen Briefwechsel, der erst abbricht, als Brigitte Reimann zum erstenmal heiratet. So können wir nun vieles nachlesen, was zwischen dem 11. Juni 1947 und dem 12. September 1953 in Brigitte Reimanns Kinder- und Jugendtagen geschehen ist.

2

Jugendträume

Um Ostern 1948 kehrt Brigitte Reimann nach der akuten Phase der Kinderlähmung wieder in ihre alte Klasse an der »Geschwister-Scholl-Oberschule« in Burg zurück. Humpelnd und mit einer quietschenden Metallschiene, die bis zur Wade reicht, quält sie sich die Treppen hinauf. Sie hat nicht nur körperliche Schmerzen; es ist ihr auch peinlich, weil alle sie anstarren. Sie beißt sich die Lippen blutig und hält durch – so, wie sie sich später immer wieder mit aller Kraft gegen innere und äußere Hindernisse wehren wird.

Mit der Schiene am Bein übt sie für sich allein tanzen: *langsamen Walzer und Tango, aber ohne Drehen.* Jetzt hätte sie doch gerne an der Tanzstunde teilgenommen, über die sie sich zuvor so mokiert hat. Sie setzt sich ein Ziel: Zum Abschlußball im Sommer will sie unbedingt wieder beweglich sein.

Im Dezember 1948 teilt sie der Brieffreundin Veralore Weich mit, daß es ihr *so etwas unter mittelbrillant* gehe. Rennen kann sie gar nicht, aber sie schwimmt schon wie früher, fährt mit dem Fahrrad und ist froh, daß alles so vergleichsweise glimpflich abgelaufen ist. Das Hinken wird bleiben und sich – je nach Wettereinfluß und Gemütsverfassung – schwächer oder stärker zeigen. Die psychischen Folgen aber machen sich erst allmählich bemerkbar. Anerkennung holt sie sich fortan auf ihre Weise: Sie beginnt tatsächlich zu schreiben – so, wie sie es sich vorgenommen hatte, als sie Weihnachten 1947 auf der Isolierstation lag. Jetzt, genau ein Jahr später, wird ihr erstes Laienspiel zur Schulweihnachtsfeier *uraufgeführt.* Sie nennt es ein *Stück von Kameradschaft zwischen Jungs und Mädchen.*

Endlich wird sie wieder beachtet, hat die Resonanz, nach der sie sich so sehnt. Sie ist stolz und begeistert über die unerwartete Anerkennung. Selbst die Lokalzeitung hat über die Aufführung berichtet. Die Fünfzehnjährige ist überglücklich und sonnt sich in der Aufmerksamkeit, die sie von allen Seiten erfährt.

Ihr Selbstbewußtsein erhält Auftrieb. Sie beginnt, sich in der Klasse durchzusetzen, wagt es, *ihre Meinung gegen die 14 übrigen anzuschreien*. Stolz, aber auch mit beginnender Selbstironie teilt sie der Freundin ihre Beobachtungen über sich selbst wie über eine dritte Person mit: *und leider siegt sie auch meist dank ihres großartigen Dickkopfes, ihrer großen Schnauze und auch oft der Hilfe der Lehrer, die mich wegen meiner Rednergabe sehr schätzen.* Später wird sie allerdings in ihrem Tagebuch häufig von Hemmungen erzählen, von der Angst vor öffentlichen Auftritten. Ein Leben lang wird sie zwischen diesen beiden Polen schwanken: zwischen Gehemmtheit aus mangelndem Selbstvertrauen und vehementer öffentlicher Parteinahme für einen Menschen, einen Grundsatz oder eine Idee. Hat sie etwas als richtig erkannt, verteidigt sie es, ohne lange zu überlegen.

In der Schule wird sie nun »Schwarzer Panther« genannt, wegen ihrer *Wildheit* und – wie sie meint – auch wegen ihrer *auffallend spitzen und scharfen Eckzähne*, die angeblich *raubtierhaft wirken*, und wegen ihrer *komischen Mongolenaugen*. Sie stammen von einem *asiatischen Seitensprung vor etlichen Generationen, dessen Erbteil jetzt bei mir mal wieder durchgebrochen ist*, versichert sie ihrer Freundin.

In dieser Zeit kurz vor dem Abitur wächst ihre Freude am Schreiben. Bei einem Ideenwettbewerb für Laienspiele, den die Volksbühne in Berlin ausgeschrieben hat, gewinnt sie 1950 mit ihrem zweiten Laienspiel den 1. Preis. Beflügelt von Beifall und Erfolg, sprüht sie nun vor Ideen. Über John Brown, den »Negerheiland«, will sie ein kleines Drama schreiben. Dabei macht sie zum erstenmal die Erfahrung, daß Schreiben auch Arbeit ist. Während sie die Laienspiele bisher mit leichter Hand schrieb, befindet sie sich bei ihrem dritten Stück nach zwei Monaten immer noch in der Grübelphase: *Der John Brown läßt mir keine Ruhe mehr. Immerhin staune ich, wie langsam das Ding wächst. Die beiden ersten Laienspiele hatte ich an einem Nachmittag geschrieben – am ersten Bild des ersten Aktes vom »Negerheiland« sitze ich schon drei Tage. Man bedarf doch, besonders durch das Einflechten von Liedern, einer größeren geistigen Konzentration.*

Am 7. Oktober 1950 zieht sie jedoch euphorisch Bilanz: *Zwei Laienspiele sind in Berlin, zwei Agitationsspiele in Leipzig, drei Laienspiele und der 1. Akt eines künftigen Schauspiels sind in Halle. Bloß ein paar Novellen habe ich noch auf Lager.* Für die Freundin Veralore aber, die darum bat, wenigstens eines der Werke lesen zu dürfen, hat die junge Dramatikerin angeblich kein Exemplar übrig. Natürlich ahnt Brigitte Reimann den Widerwillen der Freundin gegen so manche der Themen und Tendenzen, die ihr am Herzen liegen. In einer Novelle zum Beispiel schildert sie das *Schicksal eines kleinen Arbeiters in einem Provinznest, der vom Rias als Spitzel verleumdet wird.* Der Held geht am Mißtrauen der spießigen Kleinstadtnachbarn und Genossen zugrunde und nimmt sich am Ende das Leben.

Die Lehrer, die über das Nachwuchstalent an ihrer Schule entzückt sind und die junge Dramatikerin begeistert bis zur *Landesregierung* herumreichen, können nicht ahnen, welch kritischer Geist sich in den heute eher naiv und unfreiwillig komisch wirkenden frühen Versuchen vorbereitet.

Auch die Verlockung des Geldes erfährt Brigitte Reimann damals bereits. Weil sie für das beim Ideenwettbewerb der Volksbühne eingereichte Laienspiel im Juni 1950 dreihundert Mark bekommen hatte, beginnt sie im Oktober desselben Jahres forsch zu kalkulieren: *Ich muß mal wieder was schreiben, das bringt eine ganze Menge ein.*

Hatte ich Dir eigentlich damals geschrieben, daß ich gerade, als ich in einer furchtbaren Klemme steckte, für einen einzigen Artikel in einer führenden Berliner Zeitung bare 100 DM bekam? Ich bekam eine leichte Ohnmachtsanwandlung – das kannst Du Dir wohl vorstellen. Vielleicht kann ich noch einmal schnell einen Artikel zu den Wahlen schreiben. Der würde dann ohne weiteres für einen Kacheltisch oder einen Sessel reichen. Übrigens erwarte ich in den nächsten Tagen das Honorar für ein Laienspiel von Halle.

Will sie der Freundin in Bad Pyrmont imponieren? Die Berechnung scheint sich bald verflüchtigt zu haben, denn vom Schreiben als Geldquelle ist später nur noch selten, etwa als Zubrot fürs geplante Studium, die Rede. Vielmehr berichtet sie über ihre Lektüre, an der sie sich orientiert und mit deren Hilfe sie um eigene Maßstäbe ringt. Mit siebzehn Jahren liest sie Anna Seghers' Roman »Das siebte Kreuz«, findet Günther Weisenborns »Memorial« wunderbar und ist von Andersen Nexös »Ditte Menschenkind« begeistert. Weisenborn (der wiederum – laut Hermann Henselmann – 1964 von ihrer Erzählung *Die Geschwister* so beeindruckt sein wird, daß er sie in einer einzigen Nacht durchlesen muß) und Andersen Nexö nennt sie ihre Lieblingsdichter, und sie weiß auch, warum: *Wirklich, selten oder nie habe ich so fesselnde, so farbige und dabei so erschütternde Werke gelesen wie die beiden.*

Sie vermißt bei Veralore eine feste politische Meinung, einen Standpunkt, und begründet die Notwendigkeit, eine Weltanschauung zu haben, mit einem Maxim-Gorki-Zitat aus »Die Mutter«: »Man muß immer ein festes Ja oder Nein sagen!« Selbst mit Dante Alighieri kann sie aufwarten, um die Freundin zu überzeugen: *Und Dante erzählt in seiner »Göttlichen Komödie«, in einem der ersten Gesänge der »Hölle«, wie er gemarterte Seelen trifft, die hier gequält werden, weil sie im Leben kein festes Ja oder*

Nein sagen konnten. Wer das nicht kann, ist feige oder beschränkt.

Solche Belehrungsversuche, selbst wenn mit Zitaten der Weltliteratur agiert wird, müssen unweigerlich zu Spannungen zwischen den Freundinnen führen.

Zunehmend vertieft sich Brigitte Reimann in politische Broschüren: in einen Ausschnitt aus einem Rechenschaftsbericht Stalins auf dem XVII. Parteitag der KPdSU vom 26. Januar 1934 oder in das Kommunistische Manifest, das sie schon länger kennt und dessen Studium sie *sehr interessant, fesselnd* und *begeisternd* findet. Beides dient ihr zur eigenen politischen und weltanschaulichen Meinungsbildung, aber auch weiterhin als Argumentation gegen die ferne Freundin Veralore, die sich zu Recht agitiert fühlt. Politische Streitgespräche sind der Freundin in Pyrmont offenbar kein Bedürfnis. Daß sie Brigitte Reimanns Engagement nicht teilt, auch nicht übermäßig neugierig ist auf das, was in der russisch besetzten Zone vorgeht, aus der am 7. Oktober 1949 die DDR geworden ist, ist aus den Antwortbriefen leicht abzulesen. Veralore schickt ihr sogar ein Gedicht mit der Überschrift »Der Agitator« – Brigitte Reimann antwortet mit Stalin-Zitaten gegen die Phrasendrescherei. Sie wirft Veralore vor, nicht politisch zu denken, und schockiert sie mit Karl-Marx-Zitaten über die »Einsicht in die gesellschaftlichen Verhältnisse und ihre historischen Bedingtheiten«.

Berichtete sie der Freundin im Juni 1947 noch belustigt: *Stell Dir vor, Ulla Sch. ist als einzige in der Klasse in der F.D.J.!*, so ist sie selbst drei Jahre später nicht nur einfaches Mitglied in dieser Jugendorganisation, sondern stürzt sich begeistert von einer Funktion in die andere. Sie arbeitet als *Werbeleiterin* an der Schule, als *Gruppenleiterin* ihrer Klasse und als Redakteurin der Wandzeitung. Ihre leidenschaftliches Engagement erfährt Anerkennung, und nicht ohne Stolz zählt sie sich *zur Prominenz der Schule.*

Damit nicht genug, bekleidet sie auch noch *den ehren-vollen Posten eines »1. Vorsitzenden der Betriebsgruppe der Gesellschaft für Deutsch-Sowjetische Freundschaft«.* Der Schulalltag, stellt sie fest, besteht zum größten Teil nur noch aus FDJ-Arbeit. *Menschenskind, wenn Du wüß-test, wie hier bei uns gearbeitet wird!* schreibt sie der Freundin im Westen und: *Aber wir schaffens, verlaß Dich drauf!* Überhaupt redet sie fortan von *wir* und *uns* und meint damit die DDR, in die sie sich selbst mit einbe-zieht – im Gegensatz zu denen da drüben im Westen.

Diese Identifikation mit dem Staat und seinen grund-sätzlichen Zielen wird lange bestehenbleiben. Das Ein-verständnis mit der sozialistischen Utopie bleibt lebens-länglich. Der Eifer der Jugendlichen aber wird einer zu-nehmenden Skepsis weichen, und bald verliert sich auch die unkritische Begeisterung, mit der die FDJlerin etwa noch das III. Parlament der Freien Deutschen Jugend 1949 in Leipzig unfreiwillig komisch gegen Angriffe des Rund-funksenders RIAS verteidigt. Brigitte Reimann schreibt im Mai 1950 an ihre Freundin Veralore: *Außerdem haben sich diese »Hunderte von unehelichen Müttern« höchst verfassungswidrig benommen, denn der Artikel 21 h im Abschnitt IV der Verfassung, »Rechte und Pflichten des F.D.J.lers« sagt ausdrücklich: »Er sollte gute moralische Qualitäten, wie* Kameradschaftlichkeit, *Hilfsbereitschaft, Höflichkeit u. s. w. sowie* gesunde und saubere Beziehun-gen zwischen Jungen und Mädchen *zum innersten Ge-setz seiner Handlungen machen.« Da staunste, was?*

Zwar geht Brigitte Reimann so in ihren verschiedenen Funktionen auf, daß sie über den Schulkreis hinaus be-kannt wird, doch intolerant wirkt ihre sich in Briefen aussprechende Haltung – bei allem Eifer – keineswegs. Ihren Klassenkameraden Abrecht P. zum Beispiel, den sie als *ihren Widerpart* empfindet, weil er ein überzeugter Christ ist und *alles Heil von oben erwartet,* glaubt die Siebzehnjährige sogar *ein bißchen lieb* zu haben, *um seiner*

25

Ehrlichkeit willen. Ja, sie ist radikal, kämpferisch und besessen, wenn es um das Durchsetzen von Ideen geht, aber sie bewahrt sich offenbar auch in der größten Euphorie ihr Empfinden für andere Menschen. Ist es Wunschdenken oder innerer Vorsatz oder Tatsache, wenn sie am 3. August 1950 über ihre Laienspiele schreibt: *Meine Stücke sind auch durchaus nicht politischen Inhalts, sondern behandeln allgemein menschliche Probleme – Kameradschaft und Freundschaft –, ohne daß einmal das Wort »F.D.J.« oder sonst was fällt.* Sie streitet zwar bis zum äußersten für sozialistische Ideen, ist aber nicht rechthaberisch, läßt auch mal die Meinung der Freundin gelten. Ihren Brief an Veralore vom 25. November 1950 ziert der vorletzte Satz: *In puncto Politik hast* Du *recht gehabt!*

Sie denkt politisch, empfindet aber menschlich und mißt daher auch politisches Geschehen mit menschlichem Maß. Und sie geht mit wachen Sinnen durch ihre Welt. Ende Dezember 1950 berichtet sie der Freundin in Pyrmont, daß an ihrer Schule während des Unterrichts ein Junge der 10. Klasse verhaftet worden sei, vermutlich vom NKWD. Sie schreibt auch, daß aus der Oberschule in Genthin gleich ein paar Jungen abgeholt worden sind. Genaueres weiß niemand aus ihrer Umgebung; Gerüchte über »staatsfeindliche Umtriebe« sind in Umlauf.

Brigitte Reimann ist erschüttert: *Ein Bursche, den man gut kannte, mit dem man zwei Stunden zuvor noch gesprochen und gelacht hatte, war plötzlich verschwunden – vielleicht für immer. Und das Schlimmste – er ist gewiß nicht das, was man in ihm sieht. Ich glaube ihn als einen albernen, wenn auch oppositionellen, so doch harmlosen, etwas frechen und sonst völlig unbedeutenden Menschen zu kennen. So einer, der nie »staatsfeindlicher Umtriebe« fähig wäre, weil er dazu einfach zu dumm und wohl auch zu feige und kleinlich wäre. Auch zum Verräter gehören Mut und eine gewisse Portion Gehirn.*

Siehst Du – und da ist in mir 'was kaputtgegangen. Ein

Glaube, wenn Du es so nennen willst. Warum befleckt man eine große Sache mit – vielleicht mit dem Blut eines halben Kindes?

Tagelang weint sie vor Verzweiflung, flucht, schimpft und spottet laut auf dem Flur des Schulgebäudes. Später wird sie immer dann ungezügelt draufloswettern, wenn sie das Gefühl hat, einer sinnlosen Maschinerie ohnmächtig ausgeliefert zu sein.

Aus dem Bereich des Traums in den der Realität rückt für Brigitte Reimann in jenen Jahren die Liebe. Träumt die an Kinderlähmung erkrankte Vierzehnjährige nur von ihrem Schulschwarm Hannes, der vermutlich nichts von seinem Glück ahnt, so übt sich die aus der Rehabilitationsklinik Entlassene bereits in Kuß-Pfänderspielen mit Jungen.

Als sie im April 1948 ihre erste Mensis bekommt, läuft dieser Vorgang – will man den Briefen an Veralore glauben – unproblematischer ab als für Franziska Linkerhand im Roman. Die heftige Abwehr biologischer Zwänge und tradierter sozialer Rollen sind offensichtlich erst aus späteren Erfahrungen heraus ins Teenager-Alter der Franziska Linkerhand projiziert. Die vierzehnjährige Brigitte Reimann jedenfalls überwindet ihre Scheu, sich der Mutter anzuvertrauen, rasch und bemerkt erleichtert: *und jetzt ist alles gut. Gott sei Dank!*

Zu erbitterten Streitereien zwischen Mutter und Tochter wird es erst zweieinhalb Jahre später kommen, als die Mutter die Trennung von ihrem ersten Liebsten verlangt: wegen des »Seelenheils« und der möglichen Folgen der sexuellen Beziehung. Doch bis dahin ist es noch weit.

Im Grunde unaufgeklärt und unberaten, stürzt sich das junge Mädchen in die ersten Abenteuer. Im Dezember 1949 beichtet sie der Freundin, daß sie allein im Herbst drei ebenso harmlose wie glücklose *Verhältnisse* mit *dummen Jungs* gehabt habe. Mit keinem habe sie es länger als einen Monat ausgehalten. Dann aber habe *Amors Pfeil* sie bei Ulrich aus Ostpreußen getroffen: *ausgerechnet mein größter Feind.* Bald merkt sie, daß sie seinetwegen ihren Ehrgeiz verliert und bereit wäre, ihr *Ziel, Schriftstellerin, berühmt zu werden,* aufzugeben. Das ist eine bemerkenswerte Selbsterkenntnis für eine Fünfzehnjährige.

So ernsthaft es im Gefühlsleben des Teenagers zugeht, so bleibt doch alles noch im spielerischen Bereich, im Erproben und Ausloten von Verhaltensmustern und Grenzen, um das eigene Maß zu finden und die vielbeschworene große Liebe. Die glaubt sie 1950 in Klaus, *ihrem Gegenteil,* gefunden zu haben: *sehr groß, fabelhafte Figur, blondlockig, blauäugig – also Typ Nordmensch.* Sich selbst beschreibt sie zu jener Zeit: *Ich bin mächtig üppig geworden, also sagen wir mal höflich: vollschlank. Mein einziger Trost ist, daß ich wenigstens richtig proportioniert bin. Außerdem gefalle ich Klaus so, und das ist die Hauptsache.*

Obwohl sie Klaus liebt – und hier kündigt sich das Grundmodell für alle ihre späteren Beziehungen zu Männern an –, genehmigt sie sich *halt so kleine Seitensprünge* […] *Ich kann einfach nicht treu sein,* gesteht sie ihrer Brieffreundin. *Schon das geringste Gefühl eines Gebundenseins stachelt mich zu einer Auflehnung gegen diese Bindung auf. Ich bin sehr schnell entflammt – wohlgemerkt: entflammt, nicht verliebt.* Diese Eigenschaft wird ihr im Laufe ihres Lebens manchen Genuß bescheren, aber sie wird auch zu tragischen Verwicklungen und unglücklichen Verkettungen führen.

Trotz des *kecken Schusses Lebensfreude,* den sie der gerade an Liebeskummer leidenden Freundin empfiehlt: *nicht nachdenken, hineingreifen ins volle Menschenleben,* stellt sie sich vorerst ihre *eigenen Gesetze* auf, sie will sich ihre Jungfräulichkeit bewahren – *bis zu etwa 20–22 Jahren.* Oder *bis eben eines Tages mal das Kind-Sein aufhört, denn Kind ist man schließlich doch so lange, bis das Große ins Leben tritt, das nur von einem Menschen aus-*

gehen kann, von dem man wirklich weiß: das ist der Mensch, den Du lieben kannst. Auch diese romantischen Ideale und Vorsätze der jugendlichen Brigitte Reimann werden – wie sollte es anders sein – durch die Wirklichkeit ad absurdum geführt.

Es macht ihr Spaß, dem gleichaltrigen Klaus den Kopf zu verdrehen. Sie gibt ihm den Phantasienamen Kolja. Auch später wird Brigitte Reimann vielen der Männer, die ihr nahestehen, exotische Namen geben. Klaus alias Kolja bringt sie das Küssen bei, und bald hat sie ihn – wie sie glaubt – in der Hand und spricht von einer *erotischen Fessel.* Es dauert nicht lange, und sie hat *eine Ahnung von der manchmal ekelhaften Natürlichkeit des Ganzen,* plagt sich – nach dem Übertreten von moralischen Verboten – mit Schuldgefühlen herum, will der großen Liebe später einmal einen *reinen Körper übergeben* können.

So manche Widersprüchlichkeiten ihrer späteren Lieben brechen bereits bei dieser ersten Liebe auf: Sie sucht *das Empfinden absoluter Geborgenheit und Sicherheit* und *Vertrauen, leistet sich* aber selbst andere Flirts und Seitensprünge. Dasselbe Recht gesteht sie dem Partner nicht zu. Schon dem ersten Geliebten macht sie aus Eifersucht *furchtbare Szenen.* Sie erprobt ihre weibliche Macht am Partner, und wenn sie ihn völlig beherrscht, wird er ihr gleichgültig, und sie sucht nach neuen Eroberungen. *Übrigens bin ich selbst scheußlich boshaft. Ich bin innerlich eiskalt – trotz meiner Leidenschaftlichkeit und meines vielbewunderten und -getadelten Temperaments. Es macht mir einfach Spaß, einen Menschen zu reizen (speziell erotisch zu reizen) und dann, wenn er den Kopf verliert, ganz unbefangen fröhlich »good bye« zu sagen. Ich kenne eigentlich nur ein Gefühl bei mir, das ich nicht sachlich beobachte wie ein Mediziner, das ich auch nicht studiere wie ein Literat, das, kurz gesagt, ein ganz ursprüngliches Gefühl ist – die Wut.* Sie trennt sich und kehrt wieder zurück, trennt sich erneut und so weiter.

Das Grundmodell ihres Verhaltens in Liebesdingen aber wird das, was sie erstmalig im Alter von siebzehn Jahren erfährt und *Brot und Salz* nennt. Im September 1950 schreibt sie an Veralore: *Nun, ich finde, man kann sehr gut gleichzeitig in zwei Menschen verliebt sein. [...] Klaus ist für mich das Brot, also das, was wirklich unbedingt zum Leben gehört. [...] Meine neue Flamme, Wolf Dieter, aber ist das Salz, so der pikante Beigeschmack, der keinerlei Einfluß auf meine Freundschaft mit Klaus hat.*

Der *pikante Beigeschmack* wird ihr in späteren Jahren oft bitter werden und – vor allem in der zweiten Ehe mit Siegfried Pitschmann – nicht nur zu Zerreißproben für alle Beteiligten führen, sondern auch zu Trennung und Leid.

Die Beziehung zu Klaus ist von Anfang an dissonant. Brigitte Reimann fühlt sich von ihm, der ein Kopf größer ist, körperlich angezogen. Sie vergleicht ihn mit einem Seeräuber und bewundert seine *fabelhafte Figur,* an der sie sich *immer wieder berauschen kann,* und die *etwas sinnlichen, vollen Lippen. Schau Dir mal Viktor de Kowas Mund an – der hat mit Klaus' verblüffende Ähnlichkeit.* Aber sie fühlt sich ihm geistig überlegen und vermißt *eine wirklich tiefe Unterhaltung mit ihm.* Außerdem kann sie sich mit ihm nicht mal auseinandersetzen, weil ihm Politik gleichgültig ist. Sie schreibt: *Er ist also so ziemlich in jeder Beziehung mein Widerpart.* Das Pärchen schlägt sich, verträgt sich, und die siebzehnjährige Brigitte Reimann verliert alle Illusionen: die von einer *reinen Liebe* und vor allem die über sich selbst. Als sie sich von Klaus *nach Monaten furchtbarster Kämpfe* verführen läßt und er sie zur Frau gemacht hat, ist sie vom *Gefühl einer tiefen, unauslöschlichen Schuld* erfüllt. Dennoch bedauert sie den Schritt nicht: *Ich bereue nichts, Veralore – keine Minute der schönen Stunden, die wir uns seitdem immer wieder zu verschaffen suchen – und die wir leider nur zu selten finden.*

Ende 1950 kommt es im Hause Reimann zu den erwähnten spannungsgeladenen Szenen. Das sexuelle Verhältnis läßt sich nicht länger verheimlichen. Die Mutter ist entrüstet, stellt ihre Tochter zur Rede und verlangt von ihr, die mitten in den Abiturvorbereitungen ist, daß sie sofort die Beziehung zu Klaus beendet. Das Paar trennt sich zunächst, und beide stürzen sich in andere Aktivitäten. Brigitte Reimann macht als Delegierte des Kreises zum 3. DDR-Kongreß der Gesellschaft für Deutsch-Sowjetische Freundschaft einen Ausflug nach Berlin ins *große Leben*, betäubt sich dort mit Liebeleien; Klaus nimmt sich eine andere Freundin. Dennoch wird es fast zwei Jahre dauern, bis sie endgültig voneinander lassen. Für Brigitte Reimann wird die sich zäh hinziehende, ruhelose Beziehung zu Klaus zur Haßliebe.

Am Tag ihrer Defloration, im November 1950, hatte Brigitte Reimann Rückschau gehalten und ins Tagebuch geschrieben: *Ich bereue wenig von dem, was ich getan, aber viel von dem, was ich gelassen habe.* Dieses *Ich bedaure nichts* wird fortan zu einem Leitmotiv ihres Lebens, dem sie bis zu ihrem Tod treu bleibt. Andererseits trug sie sich schon damals mit Selbstmordgedanken, besonders als sie während der schwierigen Trennungsphase mitten im Abitur von Klaus schwanger wird.

Verzweifelt sucht sie nach einem Ausweg. Da in der DDR Schwangerschaftsabbrüche noch nicht legalisiert sind, denkt sie an Chinin, das es ohne Rezept aber nicht gibt, versucht es dann unter großen Gewissensqualen mit heißen Bädern und Rotwein. *Ach, es ist eine furchtbare Sünde, solch ein winziges, keimendes Leben zu töten*, klagt sie Veralore in einem Brief vom Juni 1951 ihr Elend. Als der Rotwein den gewünschten Erfolg gebracht hat, leidet sie noch lange unter den gesundheitlichen Folgen: körperliche Schmerzen und tiefe Depression. Im Sommer muß sie sich eine Woche lang einer Behandlung in der Magdeburger Frauenklinik unterziehen. Aus Wut über Klaus, vor allem aber aus Selbstverachtung und Scham flieht sie prompt in neue Verliebtheiten, von denen die in den *blutjungen Arzt Dr. Engel* in der Frauenklinik eine der seltsamsten Varianten ist. Wie sehr muß sie in dieser Zeit seelisch zerrüttet gewesen sein. Die Hilferufe an Veralore sprechen von *Eiseskälte, Bitterkeit, Übersättigung und Mutlosigkeit.*

Erst Veralores Frage nach dem Sinn des Lebens bringt sie wieder zu sich. Sie steckt ihre Lebensziele neu ab.

Auf keinen Fall will sie das Kindergebären, Strümpfestopfen und Umsorgen eines geliebten Haustyrannen zum alleinigen Inhalt ihres Daseins machen. Sie nimmt sich vor, nicht zu heiraten, sondern ihr Leben ihrem Beruf zu widmen. Sie überlegt: *Angenommen, ich hätte Talent genug zur Schriftstellerin – ich würde meine Lebensaufgabe darin sehen, meine ganze Kraft zu entwickeln und anzuwenden darauf, mit meinen Werken die Menschen zu erziehen und besser zu machen, reif für eine schöne Zukunft.*

Das klingt schon sehr nach einer Lehrerin. Bevor sie sich jedoch tatsächlich ad hoc zur Pädagogin machen läßt, schwebt ihr etwas anderes vor. Die Verfasserin von Laienspielen bewirbt sich um einen Studienplatz für Theaterwissenschaften am Deutschen Theaterinstitut in Weimar. Nach dem mündlichen Abitur, bei dem sie ihre Fünf in Mathematik durch eine *göttliche Unverschämtheit* in der Geschichtsprüfung ausgleicht, indem sie quasselt wie ein Buch, obwohl sie über das Thema nichts weiß, macht sie in Weimar die Aufnahmeprüfung. Zu ihrer Verblüffung erhält sie die Zulassung zum Studium dort nur unter Vorbehalt, weil sie »zu bürgerlich« und »individualistisch« sei. Wo die Gesellschaftswissenschaften im Vordergrund stehen, zeigt sie offenbar zu viel Persönlichkeit oder Eigensinn. *Man hatte ehrlich Angst, ich könnte den Leutchen ihr schönes Kollektiv kaputtmachen.*

Obwohl sie in Weimar letztlich zum Studium zugelassen worden ist, ändert sie ihre beruflichen Pläne. Innerhalb einer Stunde schwenkt sie um, will nicht mehr nach Weimar, sondern noch ein Jahr bei den Eltern in Burg bleiben. Denkbar ist, daß sie plötzlich Angst vor der eigenen Courage hatte oder daß es sie kränkte, nur unter Vorbehalt zugelassen worden zu sein. Später wird sie in einem Lebenslauf angeben, daß ein Unfall den Studienantritt in Weimar verhindert habe. Der Freundin schreibt sie: *Weil ich aber schließlich nicht dieses ganze Jahr müßig sein kann, entschloß ich mich, Lehrerin zu werden, begab mich in derselben Stunde zum Schulrat und wurde als »qualifizierte Deutschlehrkraft« mit offenen Armen aufgenommen.* Die DDR braucht unbelastete, nicht aus der Nazizeit stammende Lehrkräfte und schickt Brigitte Reimann zu einem Lehrgang für Neulehrer auf das Institut für Lehrerbildung in Staßfurt.

Der Lehrgang ist zwar mit täglich zwölf Unterrichtsstunden sehr anstrengend, Brigitte Reimann bringt es aber fertig, von dort *als Verlobte* zurückzukommen. Ihr Helmut ist *ein feuriger Halbungar mit pechschwarzem Haar und prächtigen dunklen Augen.*

Kaum ist sie wieder in Burg, wo sie erneut Klaus begegnet, verwirft sie die Verlobung. Sie ist ruhelos, läßt sich von Mann zu Mann treiben. Später wird sie an ihre Freundin Veralore rückblickend schreiben: *Ich habe mich ausgetobt, wie das eigentlich nur jungen Männern – angeblich! – gestattet ist.* Brigitte Reimann verlobt sich erneut, verdreht zwischendurch auch dem jungen Schulleiter an der Schule, in der sie unterrichtet, den Kopf.

Sie ist in einer schlimmen Verfassung: Als Lehrerin wird sie von ihren Schülern geliebt, aber sie fühlt sich innerlich leer und unbefriedigt. Sie genießt es, viele Anbeter zu haben, aber sie ist ohne Gefühl. Sie spielt die Rolle der forciert Lustigen, aber sie ist nicht fröhlich. Sie flirtet und tanzt und ist *so ziemlich jeden Abend auf einem anderen Fest*, liegt aber nachts stundenlang weinend wach. Sie raucht, aber die Zigaretten beruhigen sie nicht mehr. Sie trinkt und vermißt am Ende den Rausch. Sie läßt sich treiben und landet immer wieder in den Armen von Klaus. Erneut erwägt sie den Freitod, ist dann zum Glück auch in dieser Beziehung zu willensschwach und energielos. Sie schreibt: *mich kann jetzt nur noch eine große Liebe – oder eine große Aufgabe retten.*

Da lädt sie der Mitteldeutsche Verlag zu einer Arbeitstagung junger Autoren nach Halle ein. Das ist die Aufgabe, die sie aus der Krise rettet: *Ich will, nein: ich muß endlich wieder schreiben!* Obwohl sie die Schule mit zusätzlichen Aufgaben als Pionierleiterin und Leiterin einer Laienspielgruppe überhäuft, kommt sie zu dem Schluß, daß allein das Schreiben ihr *ein Stückchen innere Ruhe verschafft und ihre eigentliche Selbstbefriedigung.* Sie hat wiedergefunden, was sie verloren glaubte: *es macht froh, Gestalten, Menschen vor sich zu sehen, die man selbst geschaffen, denen man seine eigene Seele gegeben hat,* schreibt sie am 11. November 1951. Ihre Tätigkeit als Lehrerin mit der Berufung zur Schriftstellerin vergleichend, stellt sie fest: *Schöpfer ist größer als Bearbeiter.*

Als ein neuer Schulleiter an ihre Schule kommt, der sich von ihren Augen und ihrem Lächeln nicht beeindrucken läßt, also *nur seine Pflicht kennt* und trotz seiner 24 Jahre nicht mehr lachen zu können scheint (*Er ist der Typ, zu dem wir alle gemacht werden sollen.*), bricht die junge Lehrerin Brigitte Reimann unter einem *15-Stundentag* zusammen. Sie wird Zeugin einer wüsten Schlägerei und fällt im wahrsten Sinne des Wortes einfach um vor *Empörung, Entsetzen und Ekel.* Diese Ohnmachtsanfälle mit anschließendem nicht enden wollendem Weinkrampf werden sie fortan ihr Leben lang begleiten.

In dieser Situation entschließt sie sich, die Pädagogik aufzugeben und in Jena Dramaturgie zu studieren. Das gleiche Studium in Berlin zu beginnen, traut sie sich nicht zu.

Aber ihre Bewerbung in Jena wird abgelehnt. Das ihr

statt dessen angebotene Pädagogikstudium lehnt sie ab und muß notgedrungen ein weiteres Jahr im Lehrerberuf ausharren.

Wieder lebt sie exzessiv. Sie trinkt andere unter den Tisch, genießt es, im HO-Tanzcafé bei biederen Bürgern Aufsehen zu erregen und damit ihr Image zu ruinieren. Das steht nur scheinbar im Widerspruch zu der Verlobung, die sie aus *Prestigegründen* eingegangen ist, denn *in einem letzten Anfall von schlechtem Gewissen* löst sie diese Verlobung wieder und läßt einen verzweifelten jungen Mann zurück. Sie liest und schreibt nächtelang, treibt Schindluder mit ihrer Gesundheit und trudelt immer aufs neue auf ihre erste Liebe, Klaus, zu.

Da begegnet ihr im Kanu-Klub ihres Bruders Lutz *ein großer, bildhübscher Bengel mit wildem blonden Lockenschopf.*

3

Kleines Piratenglück

Im August 1952 verliebt sich die neunzehnjährige Brigitte Reimann Hals über Kopf in den Arbeiter Günter D. Sie nennt ihn den *Piraten*; vom Fleck weg hat er sie gekapert, sie ihrem Verlobten ausgespannt. Erst Günters Nähe befreit sie endgültig von Klaus.

Sehr verschieden sind die Ansprüche der beiden Verliebten an das Leben. Sie weiß es selbst von Anfang an und schlittert dennoch offenen Auges in diese Ehe mit einem gleichaltrigen Mann, der das kleine, selbstgenügsame häusliche Glück sucht. Als hätte sie nicht längst einen größeren Lebensentwurf im Kopf, beginnt sie sich in ein Lebensmuster zu fügen, das den traditionellen Rollenerwartungen entspricht. Ein Jahr zuvor war sie schon einmal klüger, als sie bemerkt hatte, wie ihre Freundin Ursel *mehr und mehr zum spießbürgerlich braven Hausmütterchen* geworden war.

Möglich, daß Brigitte Reimann die Illusion hat, ihren Günter erziehen und ändern zu können. Analog zum Märchen vom Froschkönig, der sich in einen Prinzen verwandelt, wird sie ihn später von *Pirat* in *Frosch* umtaufen. Aber vergeblich hofft Brigitte Reimann jahrelang auf seine Verwandlung zum Märchenprinzen. Jemand, mit dem sich über das reden ließe, was sie bewegt, wird er nie werden. Auch gelegentliche Weiterbildungsversuche – wie die Teilnahme an einem Meisterlehrgang 1955 – ändern nichts an dieser Konstellation.

Die Jahre 1952 und 1953 aber scheinen noch ein Füllhorn überschwenglicher Gefühle und gemeinsamer Pläne zu sein. Zunächst wird ihre Liebe aber auf eine Probe gestellt. Kaum haben sie sich kennengelernt, da wird Günter von seinem Betrieb für ein halbes Jahr zum Erzbergbau nach Johanngeorgenstadt im Erzgebirge delegiert. Obwohl das Städtchen – nicht so sehr wegen des rauhen Klimas, als vielmehr wegen der rüden Sitten der im Uranbergbau arbeitenden Männer – als *Deutsch-Wildwest* oder auch *Texas* verschrien ist, will Brigitte Reimann ihm dorthin folgen. Mit ihren Eltern, die sie natürlich davon abbringen wollen, streitet sie sich erbittert. Dickköpfig, wie sie ist, bewirbt sie sich als Kulturinstrukteurin bei der Wismut-AG, jenem 1947 als sowjetische Aktiengesellschaft gegründeten Unternehmen, das 1954 in eine sowjetisch-deutsche Aktiengesellschaft mit 50 Prozent DDR-Beteiligung umgewandelt wurde. Wegen der Strahlenbelastung durch das Uran in den Tagebauen und Stollen war die Arbeit dort gesundheitsschädlich, und deshalb wurden die Arbeiter der SDAG Wismut überdurchschnittlich entlohnt. Die Goldgräberstimmung zog allerhand Abenteurer an, überdies mußten dort Strafgefangene arbeiten.

Brigitte Reimann, die alles durch die rosarote Brille der Verliebten sieht, bekommt die Stelle und zieht Günter nach. Bald aber kehrt sie – ernüchtert und überdies schwer erkältet – reumütig nach Burg zurück. Gar zu arg waren die eisige Winterkälte und die anzüglichen Bemerkungen der Bergleute, die ihr nicht nur mit Blicken nachstellten. Nein, eine schwangere Texaskönigin, wie ihr ein Kumpel prophezeit hatte, wollte sie nicht werden.

Heimgekehrt ins Burger Elternhaus, ändert sie ihr Leben, erlaubt sich keine Vergnügungen mehr, keine Flirts; statt dessen fliegen Liebesbriefe zwischen Johanngeorgenstadt und Burg hin und her. Die angehende Braut ist treu geworden; ihre Unruhe ist verschwunden, ihre Depressionen und Euphorien sind einer frohen Erwartung gewichen. *Ich lebe nur im Gedanken an ihn*, schreibt sie im Dezember 1952 ihrer Brieffreundin Veralore. Sie arbeitet wieder als Lehrerin und spart Geld für die Hochzeit, die im nächsten Herbst stattfinden soll. Zur Neuordnung ihres Daseins gehört auch, daß sie *aus marxistischer Überzeugung* aus der Kirche austritt. Sie plant erneut, nach Berlin zu ziehen, ein Regiestudium bei der DEFA zu beginnen, und arbeitet an einem *Jugendroman* mit dem Titel *Die Denunziantin*. *Mir erscheint jetzt, da mein Leben so reich und so ausgefüllt ist, nur der Tag sinnlos und vergeudet, an dem ich keine Zeile geschrieben oder sonst irgendwie an meinem »Werk« gearbeitet habe*, läßt sie Veralore im Februar 1953 wissen.

Die Fabel des Romans *Die Denunziantin*, der nie gedruckt werden wird, schöpft aus ihren eigenen Erlebnissen und Erfahrungen als Oberschülerin während der Stalinzeit: Die begeisterte FDJlerin Eva bezichtigt einen Lehrer der Verbreitung reaktionären Gedankenguts, doch niemand will auf sie hören. Erst als er am Nutzen des antifaschistischen Kampfes in Nazideutschland zweifelt, gilt er als entlarvt, kann aber nach Westdeutschland fliehen.

Was Brigitte Reimann schreibt, hat Resonanz. Die angehende Autorin hat einen Mentor gefunden: den Schriftsteller Otto Bernhard Wendler, der ihre Versuche mit stilistischen Hinweisen kritisch begleitet und ihr den Weg in die gerade erst gegründete Arbeitsgemeinschaft Junger Autoren des Bezirkes Magdeburg ebnet. Solche Arbeitsgemeinschaften zur Förderung des Nachwuchses unterhielt der Schriftstellerverband in allen Bezirken. Im Kreis der Autoren ist Brigitte Reimann die Jüngste und obendrein eine der wenigen Frauen. Enthusiastisch wird sie von den jungen Kollegen aufgenommen, als sie Probekapitel aus ihrem Roman liest. Daß sie umschwärmt wird und alle in ihr ein großes Talent sehen, beflügelt sie ungemein. Täglich arbeitet sie bis nachts um zwei oder drei Uhr an ihrem Manuskript, weil einige Kapitel sofort in einer »Anthologie junger Schriftsteller« gedruckt werden sollen. Ein Jahr später wird sie sich mit Mitgliedern der Arbeitsgemeinschaft heftig überwerfen, weil sie – wie sie in einem Brief an die AG vom 13. November 1953 schreibt – nicht daran denkt, *gegen ihr Gewissen* die Figur der Eva umzuschreiben. 1952 aber sonnt sie sich noch in der Anerkennung Gleichgesinnter. Dennoch verleitet sie die Begeisterung der jungen Schriftstellerkollegen nicht zur Selbstüberschätzung: *Ich will Regisseur werden – oder Schriftsteller. Über letzteres mag mein »Erstling« entscheiden, denn ich kann selbst noch nicht an meine Begabung glauben – trotz aller Versicherungen meiner Förderer.*

Der Himmel hängt in den ersten Monaten des Jahres 1953 voller Geigen. *Das Leben ist doch schön*, schreibt sie froh nach Bad Pyrmont und preist sich *so glücklich und zufrieden wie nie bisher. […] Ich liebe – so tief und echt, wie ich es mir selbst nicht zugetraut hätte.* Günter, der aus *Texas* nur alle drei Monate zu Besuch kommt, scheint außerdem mehr Zutrauen zu sich selbst und seinen Fähigkeiten zu entwickeln. Es ist die Rede davon, daß er die Technische Hochschule besuchen will, um Ingenieur zu werden. Erwartungsfroh signalisiert Brigitte Reimann ihrer Brieffreundin: *damit hast Du den Grundriß unserer Zukunft.*

Die rosigen Zukunftswolken verfliegen rasch. Brigitte Reimann ändert wiederum ihre Pläne. Sie fühlt sich beim *geistessprühenden zünftigen Schriftstellergelage* in der Magdeburger Abreitsgemeinschaft so wohl, daß sie nun doch nicht in Berlin studieren will. Ihr Förderer Wendler und der Vorsitzende der Arbeitsgemeinschaft, Wolf Dieter Brennecke, haben ihr andere Perspektiven in Aussicht gestellt: die Existenz als freie Schriftstellerin. Bis zum Schuljahresabschluß spielt sie noch die Lehrerin – dann folgt *zur Probe* ein Jahr als freie Autorin. Mit großem Eifer schreibt sie *Die Denunziantin* bis Mitte 1953 zu Ende und sendet das Typoskript an den Mitteldeutschen Verlag, der sich sehr dafür interessiert.

Oh, Freiheit! Oh, Glück, endlich arbeiten zu dürfen! jubelt Brigitte Reimann Anfang März 1953 und bekennt: *Ich könnte mir auf dieser Erde wahrhaftig kein höheres und reineres Glück erträumen.*

Günter muß das anders gesehen haben. Jahrelang findet sich nirgends ein Hinweis, daß er für die Schriftstellerei seiner Gefährtin Interesse gezeigt hätte. Erst 1956, als ihr erstes Buch *Die Frau am Pranger* erschienen ist, wird er entzückt sein, aber nur, weil sie ihm ihr Buch gewidmet hat. Und wenn er später doch einmal *gespannt und sichtbar mit Verständnis* zuhört, wenn sie aus ihren Texten liest, wie anläßlich eines Workshops der DEFA am 18. November 1956 in Sacrow, dann offensichtlich nur, weil er sonst inmitten der sie umschwärmenden Männer keine Chance hätte, überhaupt noch ihre Aufmerksamkeit zu erregen. Von Anfang an kann er wohl weder ihre schöpferischen Höhenflüge begreifen, noch die Stunden der Verzweiflung mit ihr teilen, in denen sie mit sich und den Manuskripten ringt. Auch von seinem geplanten Ingenieurstudium ist bald keine Rede mehr. Was Brigitte Reimann bereits im April 1953 desillusioniert feststellt, hätte ihr in bezug auf ihre Heiratspläne zu denken geben müssen: *Er ist ein Mensch, der mit dem eben Erreichten unbedingt zufrieden ist, und wir haben schon manche heftige Auseinandersetzung gehabt, wenn er mir vorwarf, ich sei »Karrierist«.* Ich habe geglaubt, ich könnte mich hinwegsetzen über diese nervtötende Zufriedenheit von ihm, aber ich spüre gerade in letzter Zeit stärker denn je, daß ich es niemals können werde. *Es macht mich einfach verrückt, ihn von häuslichem Glück, von ruhiger Arbeit und von still gemütlicher Zurückgezogenheit träumen zu hören. Dieses Spießerglück würde mich töten!* Und weiter unten heißt es in diesem Brief an Veralore: *Der Himmel bewahre mich davor, jemals mit mir und meinem Los zufrieden zu sein – Zufriedenheit ist Stagnation und damit aller Laster Anfang.*

Obwohl sie eigentlich vom Glück eine andere Vorstellung hat, wird sie jahrelang nicht müde werden, ihre Ehe als *glücklich* zu bezeichnen. Ja, was hält sie denn eigentlich bei Günter? Günter gibt ihr, will man ihren Äußerungen glauben, *neue Kraft*, umhüllt sie mit *rührender Aufmerksamkeit*, wenn sie krank ist – und das ist sie häufig. Er ist geduldig und damit das Pendant zur manchmal vor Ungeduld sprühenden Brigitte. Sie lobt seinen *gesunden Intellekt* – was auch immer sie unter *gesund* versteht –, seinen *prächtigen Charakter* und seine *Lauterkeit und Ehrenhaftigkeit*. Auch nach zwei Jahren Ehe wird sie ihm noch *vertrauen wie keinem anderen*, selbst dann noch, als er – von ihren Eskapaden zermürbt, eifersüchtig und mißtrauisch geworden – ihr Tagebuch stiehlt und sie damit zu erpressen versucht. *Vor seiner Liebe verbleichen Klugheit, gutes Aussehen, Geld und Stellung anderer Männer,* schwärmt sie. In seiner Gegenwart hat sie das Gefühl, beschützt zu sein. Sooft sie sich auch von ihm entfernt, immer wieder findet sie zu ihm, der inzwischen seinen Kummer durch Trinken betäubt, zurück. Er verzeiht ihr stets aufs neue ihre erotischen Ausflüge; sie rühmt dafür seine Güte. Im November 1955 notiert sie: *Welche Mühe er sich gibt, mir zu gefallen! Wenn er abends nach Hause kommt, zieht er sich um – und er ist wirklich ein bildhübscher Kerl, finde ich. Er rasiert sich auch regelmäßig. Es mag lächerlich klingen, aber durch eine solche Äußerlichkeit gewinnt er in meinen Augen.*

Macht Brigitte Reimann sich etwas vor? Betrügt sie sich selbst im Tagebuch mit solchen Äußerungen? Man will es nicht glauben, daß es ihr so wichtig ist, daß ihr Mann wie aus dem Ei gepellt daherkommt. Es scheint, als wollte sie immer wieder eine Wahrheit übertönen, die sie schon vor der Ehe erkannt hat. *Ich schrieb Dir ja schon einmal, daß er recht ungebildet ist und in allen künstlerischen Dingen ein richtiges Kind – literarisch einfach ohne jeden Geschmack*, hatte sie der Freundin bereits im September 1953 mitgeteilt. Es ist kein Zufall, daß sie zur selben Zeit ihrem Bruder Lutz nachtrauert, der zum Studium nach Rostock gegangen ist. Die Unterhaltungen mit ihm, das Philosophieren und Diskutieren über Kunst, Wissenschaft und Politik, kann Günter nicht ersetzen. Sie erklärt ihm, daß sie ihn nicht heiraten kann – und doch läßt sie sich noch im selben Jahr auf die Ehe mit ihm ein: am 17. Oktober 1953. Das *nächtliche Fensterln* und die *verbotenen* und *desto süßeren* Schäferstündchen haben vorerst ein Ende, doch läßt es sich Günter nicht nehmen, das heitere Spiel bei Gelegenheit wiederzubeleben.

Es ist viel über die Gründe der Mißheirat gemunkelt worden: Charaktereigenschaften wie Unüberlegtheit und Spontaneität oder der Wunsch, den Mitmenschen eine Entschiedenheit und Festigkeit vorzutäuschen, die sie nicht hatte. Ein wenig Trotz gegen die entsetzten Eltern mag im Spiel gewesen sein, eine Schwangerschaft und Schwärmerei fürs Proletarische. Ebenso wahrscheinlich ist, daß sie sich von der Ehe mit dem recht unkomplizierten und geradlinigen Günter einen Halt erhoffte. Tatsächlich ist ihr Günter in gewissen Grenzen auch ein Halt gewesen. Er hielt sie davon ab, sich selbst zu ruinieren.

Aus einer späteren Tagebuchaufzeichnung erfahren wir davon eher beiläufig: *Oft ist in mir solche Angst vor etwas Unbekanntem, daß ich fürchte, ich werde eines Tages wieder Gift schlucken – aber diesmal soll mir der Günter nicht zu früh dazwischenkommen!* erinnert sie sich in einer Tagebuchaufzeichnung vom März 1956 an ihren Selbstmordversuch im Jahr 1954.

Die Depressionen, die Brigitte Reimann zeitlebens heimsuchen, kann auch die Ehe nicht heilen. Oft sind ihre Zustände der Verzweiflung für andere kaum verständlich, manchmal aber haben sie nachvollziehbare Ursachen wie die in der Notiz vom Januar 1954 angedeuteten: *Ich hatte vorgestern [...] eine Frühgeburt im sechsten Monat. Das Kind [...] ist gleich gestorben. Ich bin sehr unglücklich. Ich habe nicht geahnt, daß man wahrhaft Mutter wird erst in dem Augenblick, da das Kind seinen ersten Schrei tut.*

Doch im Honigmond ist das Paar mit dem Trauschein zunächst glücklich vereint, obwohl jeder vorerst weiter bei den Eltern wohnen muß, denn die Wohnungsnot in der DDR ist groß.

Brigitte Reimann, die ihre glücklichsten Momente in jenen Jahren beim Schreiben gefunden hat und in der Gemeinschaft Gleichgesinnter, entflieht dem kleinen häuslichen Piratenglück so häufig, daß bereits nach zwei Ehejahren von Scheidung die Rede ist. *Wir zanken und vertragen uns am laufenden Band,* heißt es im September 1955. Unerfreuliche Szenen, Trennungen und Versöhnungen muß es häufig gegeben haben, aber als mit dem Redakteur der kulturpolitischen Wochenzeitung »Sonntag«, Georg Piltz, nicht nur ein amouröses Abenteuer, sondern auch ein geistiger Anreger ins Spiel kommt, schlagen die Wogen hoch. Brigitte Reimann hatte geschworen, niemals Ehebruch zu begehen – und doch geschieht es, als sie in Georg Piltz einen Mann trifft, der ihre Kreativität durch harte Kritik herausfordert. Er gibt ihr das, was sie in der Ehe vermißt. Von einem Arbeitstreffen mit ihm in Rheinsberg kehrt sie derart im siebenten Himmel schwebend nach Burg zurück, daß sie ihrem Ehemann sogleich alles gesteht und ihm freistellt, die Scheidungsklage einzureichen. Bald aber hat sie ihn erneut so umgarnt, daß er ihr volle Freiheit zusichert, wenn sie nur bei ihm bliebe.

Die Frage, ob man denn zwei Männer zugleich lieben könne, die sie im September 1955 beschäftigt, wird sie sich von nun an noch oft stellen und – jeweils auf andere Weise – immer mit Ja beantworten. Sie kann sich nicht entscheiden. Und ihre Entscheidung für Georg Piltz, als sie von den beiden Männern gedrängt wird, einen von ihnen zu wählen, ist eine rein rhetorische. Welch Stoff für eine Tragikomödie: Ehemann Günter erwischt seine Frau mit dem Geliebten in flagranti.

Er bricht die Tür auf, sie flieht in die Veranda, während sich der Liebhaber dem Angreifer stellt. Dann aber entwickelt sich eher ein Melodram. Brigitte Reimann sitzt zwischen beiden Männern, die sich ungerührt über ihren Kopf hinweg über ihre Zukunft unterhalten. Zwei Balzhähne, die sich gegenseitig zu übertrumpfen und einzuschüchtern suchen. Günter droht, sie »anzuschmieden«; Georg Piltz schmeichelt ihr mit Komplimenten über ihre schriftstellerische Begabung und meint, daß sie *in einigen Jahren eine bekannte Persönlichkeit sein werde.* Hat er wirklich die Absicht, sich ihretwegen scheiden zu lassen, wie er behauptet? Brigitte Reimann leidet und genießt zugleich die Situation, wie sie zugibt.

Der Ehemann rächt sich dafür, daß die Frau den anderen gewählt hat, mit dem Diebstahl ihres Tagebuchs und verfaßt nun doch die Scheidungsklage – zumindest in Gedanken. Der Geliebte aber besinnt sich auf seine eigene Ehefrau und führt seine Kinder ins Feld ... Jedenfalls hat er es verstanden, bei späteren Treffen die Erneuerung der erotischen Zweisamkeit mit Brigitte Reimann zu vermeiden. Sie scheint das lange nicht begriffen zu haben und ist immer wieder enttäuscht. Daß der Geliebte von ihrer eigenen Wankelmütigkeit enttäuscht gewesen sein könnte, kommt ihr nicht in den Sinn.

Man möchte von den wechselnden intimen Erlebnissen gar nichts wissen, und doch sind die Tagebucheintragungen unerläßlich, wenn man ein vollständiges Bild von der Persönlichkeit Brigitte Reimanns gewinnen will. So wird das Bild der sinnlichen, souverän alle moralischen Fesseln abstreifenden Frau durch das der in sich zerrissenen und hilflos getriebenen ergänzt, die sich obendrein ihrer Inkonsequenzen schämte.

Der Ehekrieg zwischen Brigitte Reimann und ihrem Mann setzt sich jahrelang fort. Bösartige Szenen wie jene Ende September 1955, bei der die ganze Familie Reimann zusammenläuft (sie wohnt immer noch bei ihren Eltern, er besucht sie nur), die mitunter in Schreikrämpfen Brigittes enden, wechseln mit Phasen der Versöhnung, doch alles steuert auf eine Scheidung zu.

1955 zieht Günter noch einmal seine Klage zurück, will sich aber vorübergehend von ihr trennen. Der Versuch mißlingt; die Kasernierte Volkspolizei, ein Vorläufer der späteren Nationalen Volksarmee, der er sich für drei Jahre verpflichten will, nimmt ihn nicht auf. Eifersucht und Mißtrauen gegenüber seiner Frau, deren Ambitionen er offensichtlich immer weniger nachvollziehen kann, wachsen und mit ihnen die Fremdheit zwischen den Eheleuten.

Die Schriftstellerin flieht in die Gesellschaft von Literaten und Verlagsmitarbeitern – und manchmal auch in deren Arme. Der November 1955 zum Beispiel findet sie unentschieden zwischen Günter, Georg Piltz und dem Schriftsteller Eberhard Panitz, der im Verlag des Ministeriums des Innern als Lektor arbeitet. Silvester 1955 verbringen die Eheleute getrennt, ebenso den Rosenmontag 1956. Während sich Brigitte Reimann in einem Chinesenkostüm *herrlich amüsiert, sumpft Günter wieder irgend-wo herum.* Er hat wieder zu trinken angefangen und ist in Schlägereien verwickelt. Wie *tödlich langweilig,* ja *beschissen,* erscheint ihr der vierzehntägige Ostseeurlaub mit Günter im Ostseebad Ahrenshoop im Vergleich zu den knisternden Situationen, in die sie sonst ständig gerät, etwa beim Flirt mit ihrem Lektor Walter Lewerenz im Berliner Hotel Johannishof, während Georg Piltz schon im Vestibül wartet, um mit ihr in der Bar ein paar Cocktails zu schlürfen.

Doch mit keinem läuft es so, wie es soll: *Und den einzigen Mann, der mir immer als Märchenprinz vorschweben wird, bekomme ich in aller Ewigkeit nicht. Ich bin zutiefst unzufrieden,* notiert sie im März 1956. Und im Mai registriert sie resigniert: *Gram und Alkohol haben erfolgreich an mir geknabbert...*

Im Sommer 1956 ist sie erneut schwanger und verlebt *zwei garstige Monate,* dann läßt sie in Westberlin einen Schwangerschaftsabbruch vornehmen.

Sooft sie nur kann, flieht sie aus der Enge des Heimatstädtchens nach Berlin und macht dort in Verlags- und Schriftstellerkreisen eine Eroberung nach der anderen: von Eberhard Panitz war schon die Rede, Karl Heinz Berger (genannt *Ernst*), Günter Deicke. *Diese Tage in Berlin sind wie dunkelrote Rosen in dem schlichten Feldblumenstrauß meines Provinzler-Daseins – aber sie duften so stark, daß mehr als drei kaum erträglich sein dürften – oder man vergiftet sich,* notiert sie im August 1956. Nach Höhenflügen findet sie sich in Stimmungstiefs, spricht zerknirscht von ihrer *Schlechtigkeit* und *Verlogenheit. Mein Kopf ist so wirr [...]. Es gibt Stunden, in denen ich fürchte, ich werde wahnsinnig werden oder Selbstmord begehen.*

Die von durchzechten und durchliebten Nächten heimkehrende Ehefrau wird von ihrem Mann mit Blumen und einem adrett aufgeräumten Zimmer empfangen. Mit Generalbeichten reizt sie ihn dafür bis aufs Blut. Andererseits gesteht sie ihrem Mann die Freiheiten, die sie sich selbst einfach nimmt, keineswegs zu. Es ist, als hätte sie die typische Männer-Rolle einfach umgekehrt. Als ihr während des Arbeitsseminars der DEFA das Gerücht zugetragen wird, Günter habe etwas *mit einem Mädchen angeknüpft*, wirft sie das fast um. Sie muß es sofort überprüfen und ist erleichtert, als sie feststellt, daß Günter *treu wie Gold* ist. Ihre eigenen Eskapaden mit den Schriftstellern Max Walter Schulz, genannt *Joe*, und Herbert Nachbar, genannt *Jerry*, veranlassen sie immerhin, die sonst weitgehend verdrängten Gedanken an die Brüchigkeit ihrer Ehe zuzulassen. *Wie oft habe ich mit dem Gedanken gespielt, mich von Günter zu trennen, und ich habe Furcht davor gehabt, ihm so entsetzlich weh zu tun. [...] Gewiß wäre es besser für ihn, er lebte mit einer schlichten, guten, unkomplizierten Frau statt mit mir, der er geistig nicht gewachsen ist – wir reden ja immer aneinander vorbei, wir verstehen uns im Grunde ja gar nicht,* fällt ihr im Oktober 1956 wieder auf. Zwei Jahre später, nach der Scheidung, wird sie sich verwundert fragen: *Worüber, um Gotteswillen, haben wir früher überhaupt gesprochen?*

Wie groß die Kluft zwischen ihren und seinen Ansprüchen eigentlich schon immer gewesen ist, wird sie erst Jahre nach der Trennung erkennen, als sie ihrem Ex-Gatten im Mai 1961 noch einmal begegnet: *Er hat sich so ein kleines Spießerglück aufgebaut, inclusive Garten und Kaninchen [...] Unvorstellbar, daß wir einmal zusammengelebt haben.*

Mehr und mehr wird die Ehe eine Kette von Vorwürfen und Verteidigungen, Verdächtigungen, Lügen, Betrug, bösen Szenen und letzten Versöhnungen – bis zum bitteren Ende. Einmal, als Brigitte Reimann sich in Sacrow in ein Knäuel aus Liebeswirren verstrickt hat, reißt Günter nach Schwaben aus. Statt die Trennung als Chance zur Neubesinnung zu nutzen, reist Brigitte Reimann ihm nach, um ihn zurückzuholen. Noch kann sie den Schlußstrich nicht ziehen, noch ist sie keinem begegnet, der ein verläßlicherer Gegenpol zu ihrer Unruhe sein könnte. Günter aber verfällt dem Alkohol und wird zunehmend hilfloser und roher, beginnt sie zu schlagen.

Als er Anfang Dezember 1957 betrunken einen Polizisten verprügelt, wird er wegen Widerstandes gegen die Staatsgewalt verhaftet und landet im Untersuchungsgefängnis. Brigitte Reimann, die verzweifelt nach ihm gesucht hat, wendet sich an die Staatssicherheit, die sich zuvor bereits mit Erfolg um sie bemüht hatte und sie nun erpreßt. Davon wird im sechsten Kapitel noch die Rede sein.

Es dauert Wochen, bis sie im Burger Gefängnis mit Günter darüber sprechen kann. Seine Antwort hält sie im Februar 1958 fest: *Ich erzählte Günter vom Angebot der Stasi. Er war empört und untersagte mir entschieden, seinetwegen für die Leute zu arbeiten; lieber wolle er seine 6 Monate absitzen. Er ist ein ehrenhafter Mensch.*

Tatsächlich sitzt er seine Strafe ein halbes Jahr lang ab – erst im Burger, dann im Magdeburger Gefängnis.

Als er im Juni 1958 entlassen wird, hat er seine Frau an den Schriftsteller Siegfried Pitschmann verloren. Am 28. November 1958 wird die Ehe, die fünf Jahre gedauert hat, geschieden. Brigitte Reimann läßt, wie sie am 18. Juni 1958 bekennt, eine fremde Welt hinter sich: eine Welt, *die nicht meine Welt ist, mit Menschen, deren Sprache nicht meine Sprache ist; mit einer Lebensführung, die mir nicht mehr entspricht oder niemals entsprochen hat, und mit dieser fürchterlichen innerlichen Einsamkeit.*

4

Abenteuer Phantasie

Als Brigitte Reimann dem Schriftsteller Siegfried Pitschmann begegnet, ist sie selbst bereits eine Schriftstellerin, wenn sie auch vom Schreiben allein nicht leben kann.

Durch die Ehe mit Günter materiell abgesichert, führt sie das Leben einer freiberuflichen Autorin. Die Mühen der freischaffenden Existenz kennt sie, seit sie den Lehrerinnenberuf 1953 an den Nagel gehängt hat und sich allein dem Jugendroman *Die Denunziantin* widmete. Der anfängliche Jubel über die Möglichkeit, sich endlich mit Haut und Haar der Schriftstellerei widmen zu können, war binnen kurzem einer kompletten Desillusionierung über die unsichere materielle Seite der Schriftstellerexistenz gewichen. *Ein junger Schriftsteller ist nämlich in 99 von 100 Fällen ein verdammt armes Schweinchen, und bedauerlicherweise gehöre ich momentan noch zu diesen 99*, hatte sie der Brieffreundin Veralore im September 1953 geklagt. Die spärlichen Honorare für Zeitungsartikel, Kurzgeschichten und Autorenlesungen reichten gerade für das bei den Eltern abzuliefernde Kostgeld und ein wenig Luxus wie die Sekt-Schäferstündchen mit Günter. Wichtiger als die Honorare ist ihr aber, daß sie in ihrer Entwicklung als Schriftstellerin vorankommt. Was sie an geistiger Unterstützung in ihrer Ehe vermißt, findet sie bei anderen Autoren, zunächst vor allem bei Georg Piltz.

Als sie sich im Sommer 1955 in Rheinsberg treffen, ist er Redakteur der kulturpolitischen Zeitschrift »Sonntag«, Kunsthistoriker, Schriftsteller und Kritiker. Georg Piltz hat sie zu einem Arbeitsaufenthalt dorthin eingeladen, weil im »Sonntag« ihre Erzählung *Die Frau am Pranger* in Fortsetzungen erscheinen soll.

Brigitte Reimann ist vorgewarnt worden, daß Georg Piltz ein Schürzenjäger sei, und so erwartet sie *den üblichen Flirt*, nachdem sie sich mühsam vom mißtrauischen Ehemann frei machen konnte. Was dann geschieht, ist eine Romanze, die zumindest Brigitte Reimann stark erschüttert und ihrem Leben – wenn auch nicht äußerlich, so doch innerlich – eine andere Richtung gibt.

Der im Literaturbetrieb zynisch gewordene Redakteur wandert mit der noch naiven und von Idealen besessenen, acht Jahre jüngeren Debütantin durch den Schloßpark und zum Leuchtturm hinaus, rudert mit ihr über den Grienericksee und zur Remusinsel und spricht dabei nicht nur streng über ihr Buch, sondern schweigt auch lange neben ihr im Gras. Der Ehemann und Familienvater sitzt mit ihr auf den Bänken am Rheinsberger See und fühlt sich zu der jungen Frau, die zwar Flirts liebt, aber sexuellen Abenteuern scheu ausweicht, stark hingezogen.

Es kommt, wie es kommen muß. Brigitte Reimann kann dem Mann nicht widerstehen, der die Rolle des Überlegenen, Führenden, ja des väterlichen Beschützers übernimmt. Zu groß ist ihr Bedürfnis nach Liebe und nach einem Partner, der sie herausfordert und die in ihr ruhenden Möglichkeiten weckt. Die emotional labile dreiundzwanzigjährige Brigitte Reimann findet in Georg Piltz einen Mann, der ihr hilft, sich zu orientieren und Festigkeit zu gewinnen. Das Wichtigste: Er glaubt an sie und ihre Fähigkeiten: *Georg meint, ich könne, wenn ich den rechten Weg fände, eine zweite Seghers werden; ich könne aber auch, verfehlte ich den Weg, in glatter Mittelmäßigkeit landen. Er will nicht, daß ich der herrschenden Strömung in der heutigen DDR-Literatur verfalle, [...] er will nicht, daß ich »linientreu« schreibe – ich soll meinen eigenen Weg gehen, unbekümmert um Parteiregeln, und wirkliche Menschen gestalten, Bücher schreiben, die nicht heute nur gelten, sondern auch später noch Bestand haben,* hält sie Ende August 1955 fest.

Brigitte Reimann geht ganz in der Rolle der Schülerin auf, die den geliebten Lehrer anhimmelt und ihm blind vertraut. Die Frau, die sich später ganz emanzipiert zeigen wird, schlüpft noch einmal in die Klein-Mädchen-Rolle. Erst im Laufe der Jahre wird sie allmählich diese Rolle aufgeben und zu einer eigenen Meinung kommen, insbesondere wird sie lernen, ihren Idealismus gegen desillusionierte Haltungen wie die seine zu behaupten.

Lange aber wird die *Woche der Glückseligkeit* in ihr

nachhallen, obgleich oder gerade weil sie in der Folge zu
einem Knäuel von Gefühlsverstrickungen führt und zu
jener schon geschilderten turbulenten Szene, in der Brigitte
Reimann vom Ehemann in flagranti mit dem Geliebten
erwischt wird. Es scheint, als begänne die junge Autorin
erst jetzt, genauer über das Verhältnis von Schriftsteller
und Gesellschaft nachzudenken.

Georg Piltz' kritische Sicht hat ihre Kritikfähigkeit geweckt. Sie betrachtet nun selbst das, was sie abgeschlossen glaubte, mit anderen Augen. Vieles, was Brigitte Reimann tut, steigert sie bis zum Exzeß, so auch jetzt die
Selbstkritik. Im Verlag Neues Leben muß sie ihrem Lektor Walter Lewerenz sogar hoch und heilig versprechen,
nichts mehr in den Fahnen der Erzählung *Die Frau am
Pranger* zu streichen – so oft kommt sie dem Verlag mit
Änderungswünschen. Sie beginnt, das, was sie schreibt,
in größeren Zusammenhängen zu sehen, vor allem im
Kontext der DDR-Literatur, die sie – wahrscheinlich genau wie Georg Piltz – *schlecht, feige, banal* und *gewissen-
los* findet.

Es sind vor allem moralische Ansprüche, die sie an die
Literatur stellt. Nicht von ungefähr beginnt sie im Oktober des Jahres 1955 ein zweites Tagebuch, in dem sie
– neben dem ersten über alltägliche Ereignisse, Lieben
und Liebeleien – das aufzeichnen will, was immer ihr auf
dem Wege zur Schriftstellerin widerfährt. Ihre Ansprüche sind hoch, ihre Vorsätze rigoros: *ich will Gutes schaffen, will arbeiten, will mein ganzes Leben nur diesem einen
Ziel widmen: auf dem Weg über die Literatur den Menschen helfen, meiner Verpflichtung nachkommen, die
wir alle der Menschheit gegenüber haben*, schreibt sie am
24. Oktober. Die schriftstellerische Arbeit sieht sie als
Teil einer gesellschaftlichen Bewegung – und sie meint
dabei durchaus die Ideale des Kommunismus: *Der Wegweiser, den unsere Gesellschaft darstellt, ist eindeutig, ich
meine, man könnte in dieser Richtung mit gutem Gewissen*

gehen. Obwohl sie noch in derselben »Wir«-Form spricht wie zu der Zeit, da sie als Oberschülerin Laienspiele verfaßte, beginnt sie, einen deutlichen Strich zu ziehen zwischen der Utopie, die sie vorbehaltlos bejaht, und der gesellschaftlichen Praxis: *Wir müssen nur achtgeben, daß uns nicht Bürokraten die Idee verwässern, Fanatiker – die im Grunde Anarchisten sind – einen in Massenmorde hetzen (ich meine auch geistigen und seelischen Massenmord), wir müssen achtgeben, daß die Idee sauber bleibt und daß dem Menschen seine Grundrechte erhalten bleiben, Freiheit in jeder Hinsicht, [...] Freiheit im Geiste und im täglichen Leben.* Als Schriftstellerin will sie vor allem ihrem Gewissen folgen. Und sie ist voller Glauben und Optimismus: *Aber am Ende muß doch immer die Vernunft siegen, muß die Wahrheit und Menschlichkeit triumphieren.*

Was sie erlebt, bringt sie bald mehr in Widerspruch zu herrschenden Ansichten als gedacht. Der mit Georg Piltz sorgfältig vorbereitete Fortsetzungsabdruck ihrer Erzählung *Die Frau am Pranger* scheitert an einem jähen Ruck in der Kulturpolitik. Präsident Wilhelm Pieck hatte am 31. August 1955 ein Schreiben an die sowjetische Regierung gerichtet, in dem er um die vorzeitige Entlassung aller deutschen »Kriegsverurteilten« und ihre Rückführung in die Heimat ersuchte. Auf einmal paßte der Stoff der *Frau am Pranger* nicht mehr ins aktuelle politische Konzept. Mit der tragischen Liebesgeschichte einer Deutschen zu einem russischen Kriegsgefangenen wollte man lieber nicht an die Schuld der Deutschen erinnern.

Was Brigitte Reimann gleich bei ihrem Debüt als Autorin widerfuhr, blieb typisch für die Kulturpolitik der DDR: Paßte etwas nicht in die momentane politische Großwetterlage, bekam es keine Druckgenehmigung oder wurde vorläufig auf Eis gelegt. Trotzdem war vieles eine Sache der Auslegung und der Courage der Mitarbeiter in Verlagen oder Publikationsorganen, so auch in der Redaktion des »Sonntag«. Ende Oktober 1955 wettert

Brigitte Reimann in ihrem Arbeitstagebuch: *Die Publikation im »Sonntag« scheint endgültig gescheitert. Auch wieder diese verfluchte Feigheit der Redakteure! Georg ist dafür, die ganze Redaktion findet das Buch gut – aber nein, sie wagen nicht, es zu bringen, weil sie fürchten, sie könnten sich damit in die Nesseln setzen.*

Da die Autorin offiziell mit faulen Ausreden abgespeist wird, kann der Konflikt – auch das ist typisch – nicht offiziell ausgetragen werden. Brigitte Reimann ist wütend: *Ich kann diese ganze Schweinerei nicht einmal öffentlich anprangern, weil ich sonst Georg mit hineinreiße. [...] Denn er hätte mir die wahren Gründe für die Ablehnung ja gar nicht verraten dürfen.*

Charakteristisch für die Inkonsequenz der Kulturpolitik ist außerdem, daß zur gleichen Zeit, da der »Sonntag« auf den Vorabdruck verzichtet, *Die Frau am Pranger* beim Ministerium für Kultur anläßlich eines Preisausschreibens für Gegenwartsliteratur in die engere Wahl gezogen wird.

Ähnlich kleinliche kulturpolitische Bedenken erfährt die Schriftstellerin mit dem Manuskript des Buches *Mädchen von Chronos* im Verlag Neues Leben. Anfang November 1955 hält sie fest: *Petersen warnte mich: Es sei ein diffiziles Thema, da die Meinungen über den griechischen Befreiungskampf geteilt seien, auch wisse man nicht, wie sich unsere Beziehungen zu Griechenland entwickeln werden etc. Das kratzte mich schon wieder: als ob Literatur von politischen Tagesfragen abhängig sei ... Der Partisanenkampf war zu seiner Zeit gut und richtig, außerdem geht es mir um das Schicksal meiner Liebenden, ihren menschlichen Konflikt.*

Der Verlag des Ministeriums des Innern bereitet unterdessen eine Erzählung Brigitte Reimanns mit derselben Stoffgrundlage zur Publikation vor: *Der Tod der schönen Helena.* Im 14. Januar 1956 trägt die Autorin ins Arbeitstagebuch ein: *Meine »Helena« ist erschienen. Es war frei-*

*lich nur ein Heft, aber ich habe erwartet, ich würde mehr
empfinden von der Freude und dem Stolz des jungen Autors. Seltsam, daß niemals Wünsche in Erfüllung gehen –
es gibt keine Erfüllung.*

Brigitte Reimann arbeitet zu jener Zeit hart und ist
außerordentlich produktiv. Kaum hatte sie mit dem
Verlag des Ministeriums des Innern einen Vertrag über
diese Erzählung, die in einer Reihe von Abenteuerheften
erschien, abgeschlossen, da interessierte sich der Verlag
Neues Leben schon für die Erzählung *Mädchen von
Chronos*, mit der sie aber dann doch wieder zum Verlag
des Ministeriums des Innern geht, der später in Verlag
des Ministeriums für Nationale Verteidigung und noch
später in Militärverlag umbenannt wird. Vor allem aber
schreibt Brigitte Reimann konsequent an der Erzählung
Die Frau am Pranger, die zwar nicht im »Sonntag«, wohl
aber in der »Berliner Zeitung« in Fortsetzungen erscheint.
Brigitte Reimann notierte: *Ich bin stolz – immerhin die
BZ mit ihren vielen Lesern! Und außerdem habe ich in
ihr meine literarische Defloration erlebt: Sie druckte vor
ca. acht Jahren meine erste Kurzgeschichte, die ich heute allerdings bestenfalls Skizze nennen würde.* In dieser Skizze
ging es um die Entwicklung einer Laienspielgruppe.

Mittlerweile aber trifft der Verlag Neues Leben alle
Vorbereitungen für die erste Buchpublikation der Erzählung *Die Frau am Pranger*. Im August 1955 hatte die Autorin die Entwürfe des Gestalters gesehen: *Das Buch wird
sehr hübsch und dezent: Ganzleinen, olivfarben, mit feiner
Goldschrift und Vignette, einen Frauenkopf darstellend.
Der Umschlag zeigt das Gesicht einer Frau, nicht zu hübsch,
von Leid gezeichnet, mit traurigen, schönen Augen, die etwas Rührendes haben in Ratlosigkeit und Tapferkeit zugleich.*

Damit ist das Wesen der Hauptfigur gut nachempfun-
den. Kathrin, die mädchenhafte Frau eines eher derben
Bauern, lebt in unglücklicher Ehe, als sie sich in den kriegs-

gefangenen Russen Alexej verliebt. Melodramatisch wird die Nebenhandlung, als sich die Schwester, die das Paar angezeigt hat, ertränkt. Tragisch ist der Ausgang der Geschichte: Alexej wird im Konzentrationslager ermordet. Brigitte Reimann legt all ihren Glauben und ihr Hoffen in die Tapferkeit der jungen Frau: Kathrin gebiert im KZ einen Sohn und wird ihn nach dem Ende des Krieges allein großziehen.

Motive des Lebens der Autorin finden sich – wenn auch stark verfremdet und verwandelt – in der Erzählung wieder: die unglückliche Ehe, die leidenschaftliche Liebe zu einem anderen und die durch die öffentliche Meinung verunglimpfte Frau, die sich zu ihren Gefühlen bekennt.

Noch bevor *Die Frau am Pranger* im März 1956 zur Leipziger Buchmesse erscheint, schließt Brigitte Reimann im Februar zwei Novellen ab: *Kornblumen* und *Der Laternenpfahl*. Eine dritte Novelle mit dem Titel *Mädchen an der Grenze* will ihr nicht so recht gelingen. Sie legt sie vorerst beiseite, fängt dafür eine neue an: *Die Maske trägt Giorgiu.*

Phasen besessenen Arbeitens wechseln mit denen der Niedergeschlagenheit, in denen sie kaum vorankommt. *Die Arbeit fällt mir jetzt wieder schwer, ich bin ohnehin Quartalsarbeiter – manchmal bossele ich wochenlang an Nichtigkeiten herum und komme zu keinem Ende; plötzlich dann überfällt es mich, und [ich] schreibe in wenigen Tagen eine Unmenge mit leidenschaftlicher Begeisterung.*

Ähnlich schwankend wie ihre Arbeitsfähigkeit ist auch ihre Gemütslage, als sie ihr erstes Buch *Die Frau am Pranger* endlich in den Händen hält. Sie ist ernüchtert und enttäuscht, weil beim Rundgang über die Leipziger Messe die *überströmende Freude,* die sie für sich erträumt hatte, ausgeblieben ist. Dann aber, als die Autorenexemplare eintreffen, ist sie stolz und glücklich.

Das Glücksgefühl hält nicht lange an. Es sind noch keine zwei Wochen seit der Buchvorstellung in Leipzig vergangen, da notiert sie im Arbeitstagebuch: *Inzwischen habe ich zahlreiche Glückwünsche empfangen, habe ein dutzendmal auf meinen Erstling getrunken, habe erste Kritiken; eine Neuauflage wird noch in diesem Jahr erscheinen, die »Hamburger Volkszeitung« bringt es ebenfalls in Fortsetzungen – und, jetzt bin ich quälend unzufrieden und möchte es noch einmal ganz neu schreiben, d. h. ich möchte nicht, weil mich meine Liebesgeschichten in Anspruch nehmen, aber die »Frau« gefällt mir einfach nicht mehr. Es ist ein Kreuz! Ich wundere mich jetzt, was andere daran finden, es ist doch ziemlich mies geschrieben und wirkt nur durch die Handlung (die mir übrigens eine Menge Kleinbürger sehr übelnehmen).*

Längst denkt sie an ein neues Buch, das den Titel *Ein Stern fällt in ein Menschenherz* tragen soll. In ihm will sie ihre Beziehung zu Georg Piltz bekenntnishaft verarbeiten.

Dieser Entwurf ist nie ausgeführt worden oder Fragment geblieben wie die zuvor genannten Erzählungen *Mädchen an der Grenze* und *Die Maske trägt Giorgiu.* Auch die Erzählungen *Kornblumen* und *Der Laternenpfahl* wurden nie gedruckt; die Manuskripte sind verschollen.

Brigitte Reimann ist inzwischen auf Vorschlag von Reiner Kunze in die Leitung der Arbeitsgemeinschaft Junger Autoren gewählt worden. Seit Erscheinen der *Frau am Pranger* ist sie auch Mitglied des Schriftstellerverbandes.

Am 31. Dezember bilanziert sie das Jahr 1956: *Ich habe ein paarmal Ehebruch begangen, ich habe geliebt und war glücklich und unglücklich – alles in guter Mischung. Ich bin noch nicht ganz gesundet von den Sacrower Wochen, aber daran möchte ich nicht denken.*

5
Verwirrspiele

Ab Oktober 1956 nimmt Brigitte Reimann an einem mehr-
wöchigen Autorenseminar der Filmgesellschaft DEFA
im »Lieselotte-Hermann-Heim« in Potsdam-Sacrow teil.
Ihren Jugendtraum, Theater-Regisseurin zu werden, hat
sie zwar aufgegeben, doch liebäugelt sie schon seit längerem mit einer Regie-Assistenz beim Film. Der Verfasserin der Erzählung *Die Frau am Prager* hatte die DEFA
vorgeschlagen, das Drehbuch für einen Agentenfilm nach
einem bereits vorliegenden Stoff zu schreiben. In ihm
sollte es um Sprengstoffanschläge auf Betriebe und den
Güterverkehr in der DDR gehen. Der Dramaturg Wen-
zel Renner hatte sie zwar zu diesem Projekt überredet,
obwohl ihr bald Bedenken kamen, doch sie brauchte
Geld. Das Exposé für den Film mit dem Arbeitstitel *Ekra-
sit*, das sie innerhalb von drei Tagen schreibt, wird sehr
gut honoriert. Wie sie sich ausrechnet, verdiente sie damit
pro Tag 1250 Mark. Eine reine Brotarbeit, denn wie ihr
bald klar wird, befriedigt *die untergeordnete Rolle des Autors in der Filmproduktion* ihren Ehrgeiz durchaus nicht.

Sie reist in einer erwartungsvollen und lebenslustigen
Stimmung nach Sacrow, wo man in Gruppen an verschiedenen in Arbeit befindlichen Filmen arbeiten will.
Das Rahmenprogramm des Seminars wühlt sie zutiefst
auf: Nach den Filmen »Die Mörder sind unter uns« und
»Ehe im Schatten«, die im Babelsberger Atelier gezeigt
werden, weint sie bitterlich.

Doch bald schlagen die Wogen der Emotion auf ganz
andere Weise noch viel höher. Brigitte Reimann gerät in
einen rauschhaften Zustand, in dem sie von einem Mann
zum andern taumelt und jedesmal ernsthaft und auf andere Weise liebt oder zu lieben glaubt.

In manchen Kreisen geht es sexuell recht freizügig zu,
so auch bei diesem Autorenseminar der DEFA. Brigitte

Reimann findet daran keinen Geschmack. Im Dezember 1956 notiert sie rückblickend: *Bös war auch der Abschieds-abend, den das Seminar feierte. [...] Der Abend war, alles in allem, recht widerlich: Ein paar Frauen von der Defa waren da, und es gab ein wüstes Durcheinander-Geschlafe. Immerfort verschwanden Männlein und Weiblein.*

Nein, auf sexuelle Tabubrüche mit wechselnden Partnern ist Brigitte Reimann nicht aus und wird es auch später niemals sein. Vielmehr muß ihr tiefe Empfindungsfähig-keit in die Wiege gelegt worden sein, eine Gefühlsintensi-tät, die sie befähigt, sich immer aufs neue bis über beide Ohren in ganz unterschiedliche Männer zu verlieben, oft sogar in mehrere gleichzeitig. Diese Fähigkeit behält sie ihr Leben lang, und sie beschert ihr ebenso intensive Glückserlebnisse wie Verwirrung, Kummer und Leid.

In Sacrow fängt alles ganz harmlos an. Erst spaziert sie mit dem Schriftsteller Herbert Otto durch den Park und denkt ihn sich schon als ihr *Gspusi während der sechs Wo-chen*. Doch bereits am nächsten Tag bietet ihr ein Dra-maturg die Möglichkeit, die bei Georg Piltz so gut einge-übte naive Kleinmädchenrolle weiterzuspielen – um ihn bald darauf mit *Kaltschnäuzigkeit und Weltspott und Klugheit und Reife und all das blöde Zeugs* zu überraschen. Brigitte Reimann, die gekommen war, um das Drehbuch für einen Film nach strapaziertem Ost-West-Feindkli-schee zu schreiben, inszeniert vielleicht mehr unbewußt als bewußt ein spannungsgeladenes verzwicktes Liebes-drama, in dem sie selbst die Hauptrolle spielt, oder bes-ser: mehrere Hauptrollen auf einmal. Gerade hat sie bei Karl Heinz Berger, der damals noch Lektor beim Verlag Neues Leben war, die Abgeklärte gemimt, da ist sie für den Dramaturgen die Natürliche: *Er bewundert mich um meiner Gradheit und Frische [willen] und Naivität wohl.* Zwischendurch macht sie eine Stippvisite bei Günter und spielt für ihn beim Oktoberfest die Kokette. Wieder in Sacrow, verdreht sie dem Schriftsteller Max Walter Schulz den Kopf. Erst wird er ihr *Beichtvater* und Vertrauter, dann ihr Liebhaber, den sie *Joe* nennt. Ihm wird sie dreizehn Jahre lang innerlich anhängen. Bei ihm ist sie zuerst die Sanfte: *ich fühle mich geborgen und bin erfüllt von einer sanften, warmen Zärtlichkeit,* dann seine *qualvoll Geliebte Brix.* Kaum hat sie begonnen, Joe zu einem *entzückenden Lustspiel,* »*Venus in Korinth*«, zu inspirieren, da erhält Joe Konkurrenz von Jerry. Jerry ist der Schriftsteller Herbert Nachbar. Bei ihm geriert sie sich als die Einsame. Er nennt Brigitte Reimann »Maria« wie die Heldin des Buches, an dem er gerade schreibt.

Mehrmals fällt in ihren Aufzeichnungen das Stichwort vom *Sacrower Irrenhaus,* denn sie selber hat sich so in Beziehungen verstrickt, daß sie unmöglich heil herausfinden kann. Die Schuld am Zusammenbruch der Liebesverhältnisse aber gibt sie Joe und Jerry: *Die Männer haben nicht Format genug gehabt, durchzuhalten bis zum selbstverständlichen Ende: wenn jeder zurückkehrt in seinen Kreis, reicher um eine gute und schlimme Erinnerung, die tiefe Wirkung haben könnte auf seine literarische Arbeit.*

Ist die Gefühlsverstrickung zwischen zwei Männern und einer Frau eine einzige Inszenierung? Ist Brigitte Reimann nicht hingerissen von ihren Gefühlen, sondern eine Frau mit Kalkül? Bekenntnisse wie: *Ich glaube beide zu lieben, und vielleicht sind sie mir beide im Tiefsten gleichgültig,* legen diesen Schluß nahe. Sie verhält sich widersprüchlich, und widersprüchlich sind auch ihre Reflexionen über sich selbst: *an mein Innerstes lasse ich keinen heran, ich will nicht, daß ein anderer mich besitzt. Joe weiß das, und es tut ihm weh. Er »hat« mich nicht, in den schönsten, innigsten Minuten nicht, irgendwo bleibt in mir eine unberührbare und unberührte Stelle.* Oder: *Ich werde auch immer mehr zur Männerfeindin; das mag paradox klingen angesichts meiner Liebesromanzen, und doch ist es wahr: ich hasse das Besitzen wollen der Männer und ihre Jägerinstinkte, und wo ich kann, verwunde ich, um mir meine Selbständigkeit zu bewahren und zu beweisen.*

Was ihr beim Autorenseminar der DEFA widerfährt, macht einmal mehr deutlich, daß sie in ihrem Ehemann nicht den Mann gefunden hat, der ihr entspricht und genügt.

Ihr Verstricktsein in Liebesabenteuer nimmt ihre Kräfte so in Anspruch, daß sie die andere, größere, gesellschaftliche Wirklichkeit nur noch am Rande wahrnehmen kann. 1956 ist immerhin das Todesjahr Bertolt Brechts. Im Tagebuch findet das keine Erwähnung. In der Politik beider deutscher Staaten ist das Jahr 1956 voller Ereignisse, die den nächsten Jahren und Jahrzehnten Richtung geben. In der Bundesrepublik verabschiedet der Bundestag mit Zweidrittelmehrheit eine Ergänzung zum Grundgesetz, die »Wehrergänzung«, die den Weg zur Bildung der ersten Einheiten der Bundeswehr ebnet und folgerichtig zum Wehrpflichtgesetz führt. Verboten wird in der Bundesrepublik die Kommunistische Partei Deutschlands.

Die Volkskammer der DDR beschließt daraufhin die Bildung der Nationalen Volksarmee (vorerst noch ohne Wehrpflicht) und des Verteidigungsministeriums. Außerdem ziehen Vertreter der DDR ins Oberkommando des Warschauer Paktes ein. In der Sowjetunion kritisiert Nikita Chruschtschow auf dem XX. Parteitag der KPdSU den Personenkult der Stalinära und schlägt eine Politik der »aktiven Koexistenz« vor. In Posen wird ein Arbeiteraufstand vom Militär niedergeschlagen; in Ungarn gibt es antistalinistische Aufstände, die von sowjetischem Militär blutig erstickt werden. Am 23. Oktober, dem Tag der beginnenden antistalinistischen Demonstrationen in Budapest, notiert Brigitte Reimann lediglich, daß sie wieder in ihren *Frosch* verliebt sei. Erst am 19. November, als sie dem Schriftsteller Herbert Nachbar in Sacrow begegnet, nimmt sie die Erschütterungen der Zeit allmählich wahr: *Später dann standen wir zufällig zusammen am Kla-*

vier. Wir hatten über Politik gesprochen, über die Geschehnisse der letzten zehn Jahre, über all das Grauenhafte, das geschehen ist im Namen des Sozialismus und der Menschlichkeit. Plötzlich sagte er mit erschreckender Bestimmtheit: er wisse, daß er nur noch wenige Jahre habe, daß er zugrunde gehen werde an dem Zwiespalt unserer Zeit.

Die politischen Ereignisse, vor allem das Tauziehen zwischen Stalinisten und Reformern, registriert Brigitte Reimann wohl, wie solche Eintragungen andeuten, doch ist sie viel zu sehr mit ihrem eigenen Zwiespalt in Liebesdingen beschäftigt. Allerdings können die Tagebücher nur einen Eindruck, einen Ausschnitt von ihren jeweiligen Interessen vermitteln. Was sie im Tagebuch reflektiert, ist oft durch Gespräche angeregt. Während der Schriftstellerkollege Herbert Nachbar vom Zugrundegehen an den gesellschaftlichen Konflikten spricht, denkt Brigitte Reimann an die *Wollust des Sterbens* aus Liebesverzweiflung. Sie stellt sich vor: *eine Röhre Tabletten, über dem Waschbecken die Pulsadern geöffnet, sich verströmen sehen und leerer werden und verlöschen... So nah bin ich dem unbekannten Bezirk nie gekommen.* Dann aber faßt sie sich: *Nein, ich gehe nicht. Ich habe Hunger auf das Leben, ich trinke meinen Becher aus bis zur Neige.*

Obwohl Brigitte Reimann zeitweilig gänzlich in erotischen Verwirrspielen unterzugehen droht, nimmt sie dann schließlich doch die politische Situation wahr, als Wolfgang Harich, der damalige Chefredakteur der »Deutschen Zeitschrift für Philosophie«, Lektor des Aufbau-Verlages und Philosophie-Dozent an der Humboldt-Universität, am 29. November 1956 verhaftet wird, weil er eine Gruppe um sich geschart hatte, die ein Programm für eine entstalinisierte SED und einen reformierten Sozialismus entworfen hatte. Dem im Ostberliner Club der Kulturschaffenden zwischen Oktober und Dezember 1956 tagenden literarischen »Donnerstagskreis« gehörten – neben Wolfgang Harich und Walter Janka – u. a. Fritz Jochen Raddatz, Manfred Bieler, Günter Kunert, Heinz Kahlau, Jens Gerlach, Erich Arendt, Walter Püschel, Paul Wiens, Heinz Nahke sowie Brigitte Reimanns Geliebte Karl Heinz Berger und Georg Piltz an. Den zuletzt Genannten wird sie – rund zwei Jahre nach der Rheinsberger Begegnung – zufällig auf der Berliner Friedrichstraße wieder treffen. Da hatte er längst beim »Sonntag« gekündigt – aus Protest gegen die Verhaftung des Leiters des Aufbau-Verlages, Walter Janka, des »Sonntag«-Chefredakteurs Heinz Zöger und dessen Stellvertreters Gustav Just. *Nun privatisiert er, schreibt Kunstgeschichten und ist gallebitter geworden.*

Am 10. Dezember 1956 hält Brigitte Reimann rückblickend fest, welche Gedanken und Gefühle sie bewegten, als am letzten Tag des Aufenthalts in Sacrow die Nachricht von Harichs Verhaftung eintraf: *Am letzten Abend erfuhren wir durch das Radio, daß Dr. Harich verhaftet worden ist. Ich dachte, die ganze Literaten-Gruppe, zu der er gehörte, sei aufgeflogen. Ernst ist auch dabei, und Walter und Piltz. Wir waren verrückt vor Angst und Zorn. In der Nacht noch habe ich Ernst angerufen, obgleich Jerry mir abriet, weil er fürchtete, es könne ein anderer am Telefon sitzen, falls Ernst verhaftet ist. Er ist nicht verhaftet, noch nicht. Die Gruppe ist illegal. Der Geist bei uns lebt illegal – Herrgott, ist das eine Welt!*

Als Brigitte Reimann vom Seminar nach Burg zurückkehrt, hat sie das Treatment für den Agentenfilm doch im Gepäck, obwohl sie schon nach der Hälfte der Sacrower Zeit festgestellt hatte: *der Film in seiner Primitivität widert mich an.* Wichtiger für sie ist: Sie hat den Plan für ein Buch mit dem Titel *Ich werde diese Nacht allein sein* im Kopf. In der Geschichte, die sie Joe und Jerry versprochen hat und an der sie im Dezember selbst im Zug und in Wartesälen arbeitet, will sie sich von den Sacrower Liebeserschütterungen freischreiben. Einen Verleger hat sie für die Erzählung über eine Frau zwischen zwei Männern allerdings nie gefunden. Den Ungarnaufstand und die deutschen Versuche der Entstalinisierung aber wird sie erst viel später, beim Schreiben des Romans *Franziska Linkerhand*, im biographischen Hintergrund der Figur des Geliebten Ben verarbeiten.

6
Deckname Cathérine

In den ersten Monaten des Jahres 1957 ist der *Zauber von Sacrow* verflogen. Brigitte Reimann setzt sich bis in den Frühherbst hinein *mit einer Unmasse von Problemen – ziemlich politischer Art* – auseinander, verzichtet aber darauf, das, was sie wirklich bewegt, aufzuschreiben. Teilt sie die Empörung vieler Intellektueller über das verhängnisvolle Eingreifen der Sowjetunion in Ungarn? Wie nimmt sie Chruschtschows Kritik am Personenkult auf? Wir können nur vermuten, daß die Prozesse gegen Walter Janka, Heinz Zöger, Gustav Just und andere im Juli 1956 und die Emeritierung von Ernst Bloch an der Karl-Marx-Universität Leipzig im August ihr Vertrauen in die Macht so erschüttert haben, daß es ihr schwerfällt, ihre Enttäuschung oder Wut geordnet zu Papier zu bringen. Um so heftiger muß sie wohl – will man ihren spärlichen Hinweisen glauben – in der Öffentlichkeit für die ideologisch Verfolgten gestritten haben. Aus einer Tagebucheintragung vom 28. September 1957 geht hervor, daß der Prozeß gegen Wolfgang Harich sie *irrsinnig aufgeregt und erschüttert hat* und daß sie Walter Janka *verteidigt hat, wo sie nur konnte.* Walter Janka, von 1951 bis 1956 Leiter des Aufbau-Verlages, wird 1957 wegen Bildung einer »konterrevolutionären Gruppe« in einem Schauprozeß zu fünf Jahren Zuchthaus verurteilt und ins berüchtigte Zuchthaus Bautzen gebracht. Mit dem Wort »konterrevolutionär«, das ein Höchstmaß an politischer Verdächtigung bedeutet, sieht sich Brigitte Reimann beleidigt, als ihre Erzählung *Die Denunziantin*, die sie vermutlich unter dem Titel *Wenn die Stunde ist, zu sprechen* dem Verlag Neues Leben angeboten hat, nun auch dort abgelehnt wird. Das Manuskript beziehungsweise Teile davon haben inzwischen eine fünfjährige Odyssee hinter sich. 1952 hatte sie die ersten beiden Kapitel, die in der Arbeitsgemeinschaft Junger Autoren in Magdeburg so enthusiastisch aufgenommen worden waren, im Aufbau-Verlag abgegeben – mit der Bitte, sie an Anna Seghers weiterzuleiten. 1953 sandte sie es dem Mitteldeutschen Verlag in Halle, der sich nicht entscheiden konnte oder wollte. 1955 endlich landete es beim Verlag Neues Leben, wo sich ebenfalls niemand – sicherlich aus verschiedenen Gründen, aber vermutlich auch wegen der politisch unerwünschten Darstellung dogmatischer Funktionäre und übler Praktiken des Strafvollzugs – zum Druck entschließen konnte. *Wenn die Stunde ist, zu sprechen* wird in den Jahren der Hatz gegen Reformer erst recht nicht veröffentlicht.

Als der Literaturprofessor Alfred Kantorowicz, Direktor des Germanistischen Instituts der Humboldt-Universität zu Berlin, nach Westberlin flieht, schreibt sie ihm einen Brief und vervielfältigt die Erklärung, die er am 22. August 1957 über den Sender Freies Berlin abgibt und die am 23. August im »Tagesspiegel« nachzulesen ist. Sie verteilt sie an Freunde. Brigitte Reimann ist sich durchaus bewußt, damit gegen die Verfassung der DDR zu verstoßen, die laut Artikel 6 die sogenannte »Boykotthetze« als Verbrechen im Sinne des Strafgesetzbuches definiert. Hart ist Brigitte Reimann aus den luftigen Höhen der Ideale auf den Boden der Realität aufgeschlagen und hat sogleich zu kämpfen begonnen. Am 25. September 1957 notiert sie im Tagebuch: *Wo sind die Gefühle – ein Überschwang an Gefühlen – die Ideale und schönen Vorsätze meiner Jugend? Ich hab sie abgestreift wie eine Schlange ihre alte Haut, und es hat verdammt weh getan –*

aber nun hab ich bald meine Haut, und sie ist bunter und zäher als die alte. Durch die neue Haut schimmert politische Desillusionierung und eine deutlichere Sprache: *Von meinen beiden ersten Büchern bin ich abgerückt; ich hab sie verstoßen wie mißratene Kinder.* Zwei weitere sind mir abgelehnt: *»Die Denunziantin« war konterrevolutionär (d. h. ich bin ein halbes Jahr zu spät gekommen, nachdem das Schwein U[lbricht] bereits einen wiederum neuen, schärferen Kurs eingeschlagen hatte) und unterstützte angeblich – ich hab es mir schriftlich geben lassen – »die Tendenzen der Leute, die die kapitalistische Ordnung bei uns wiederaufrichten wollen.« […] Das zweite, »Joe und das Mädchen auf der Lotosblume«, kam ebenfalls zurück, etikettiert mit Bemerkungen wie: dekadent, morbid, skurril etc. Ich hatte es mir nicht versagen können, in einem als Liebesgeschichte getarnten Buch politische oder allgemein weltanschauliche Ungezogenheiten zu begehen. Es war ein verflucht harter Schlag, und es hat lange gedauert, ehe ich mich davon erholt habe,* schreibt sie Ende September 1957.

Es dauert nicht lange, bis der Staatssicherheitsdienst an ihre Tür klopft. *Der SSD war bei mir; ich hatte das eigentlich erwartet: ich hab kein sauberes Gewissen, kann den Mund nicht halten und sage in der Öffentlichkeit Dinge, die nicht für jedermanns Ohren bestimmt sind.*

Was sie dem Tagebuch nicht anvertraut, was sie aber offensichtlich später in einem Verhör durch die Magdeburger Staatssicherheit äußert: Sie hat mit einem ehemaligen Schulkameraden, der in Nordhausen als Lehrer tätig war, gesprochen. *Im Juli oder August 1957 teilte mir … mit, daß er des öfteren mit Mitarbeitern des MfS in Halle zu tun hatte, und dabei gute Erfahrungen gemacht habe.* Was diese angeblichen Aussagen Brigitte Reimanns aus einem Vernehmungsprotokoll der Staatssicherheit Magdeburg vom 31. Oktober 1958 bedeuten, bleibt nebulös. Ob es sich um einen ersten Anwerbungsversuch gehandelt hat, oder ob der Vernehmer die Episode erfand, um sich wichtig zu machen und die Protokollseiten zu füllen, wird vermutlich nie geklärt werden.

Eindeutig ist: Der Staatssicherheitsdienst kommt am 26. September 1957 in Person des Leutnants Kettner. Der weiß ihre Unsicherheit, die sie offensichtlich trotz ihres kämpferischen Auftretens vor einem Publikum hat, geschickt auszunutzen. Daß sie – aus welchen Gründen auch immer – ein schlechtes Gewissen dem Staat gegenüber hat, verrät ihre Wortwahl im Tagebuch: *kurz, ich hab einiges auf dem Kerbholz.* Sie redet sich ein, keine Angst zu haben und Gleichmut bewahren zu können, und dann zittert sie doch, als sie Kettner ins Zimmer bittet und sich eine Zigarette anzündet. Ein Gespräch zu verweigern kommt ihr, wie den meisten DDR-Bürgern in dieser Situation, nicht in den Sinn. Sie überspielt die Aufgeregtheit mit *vergnügtem Plauderton.*

Was sie nicht weiß: Herr Kettner arbeitet für die Abteilung V/1 der Bezirksverwaltung Magdeburg, die beschlossen hat, »im September 1957 [soll] eine Geheime Informatorin (GI) aus Kreisen der freischaffenden Schriftsteller geworben werden, die außerdem Kontakte zu Jugendlichen und Verbindungen zur DEFA in Berlin hielt«.[1]

Also zugegeben, Kettner ist ein guter Psychologe, und er hat mich wunderschön eingewickelt, kommentiert Brigitte Reimann die erste Begegnung mit dem Werber der Stasi. Er macht sich Brigitte Reimanns grundsätzliches Einverständnis mit den Idealen des Kommunismus, ihren Ehrgeiz, ihr schlechtes Gewissen, ihren Zorn auf Mißstände, ihre Ehrlichkeit und ihre Lust am Widerspruch zunutze, um sie zur Mitarbeit zu gewinnen: *Wir unterhielten uns vier Stunden lang; ich war – aus Trotz wahrscheinlich und aus Oppositionslust – überaus aufrichtig; es liegt mir eh nicht, aus meinem Herzen eine Mördergrube zu machen. – Nun ist Kettner ein vernünftiger Mann,*

[1] Joachim Walther, »Sicherungsbereich Literatur. Schriftsteller und Staatssicherheit in der DDR«, Berlin 1996, S. 145.

mit dem sich diskutieren läßt, und er war nicht gekommen, um mich für meine kleinen Sünden zu verhaften, sondern um eine Art Meinungsforschung zu treiben. Warum er gerade mich ausgesucht hat von den 14 Schriftstellern unseres Bezirkes, ist mir schleierhaft – er behauptete, er finde halt leichter Kontakt zu einer Frau als zu einem Mann. Ich hoffe [...], er erwartet nicht, daß ich diese Erklärung ernst nehme; auch nicht, daß ich beim SSD einen »guten Leumund« habe.

Sei denn wie immer: Der SSD will mich für eine bestimmte Aufgabe gewinnen. Nein, ich nenne diese Aufgabe nicht Spitzeldienst. Kettner hat mir erklärt, es sei nicht nur Anliegen des SSD, Feinde zu entlarven, sondern auch Aufklärung zu geben, die Ansichten der Menschen – in diesem speziellen der Schriftsteller – zu erforschen und Fehler und Mißstände, die zu Unzufriedenheit führen, zu beseitigen. Ein wenig naive Abenteuerlust ist auch dabei: *Außerdem reizt mich das Abenteuer; ich mußte immerfort lachen über diese Indianerspielerei – Decknamen, Geheimwohnungen und dergl.*

Leutnant Kettner gibt ihr das Gefühl, eine gleichberechtigte Gesprächspartnerin zu sein: *Unsere Diskussion über Harich beispielsweise endete mit Remis.* Vor allem aber hat er bei Brigitte Reimann aus ideellen Gründen Erfolg: *drittens glaube ich, die ich selbst verzweifelt bin und schwankend und bis zum Haß abgeneigt und enttäuscht (ich hab daraus keinen Hehl gemacht), ein bißchen beitragen zu können, wenn es darum geht, die gute, saubere Sache des Sozialismus von all dem Dreck zu befreien, der ihr anhängt.*

Es scheint schizophren: Brigitte Reimann ist davon überzeugt, eingewickelt zu werden – und sie läßt sich einwickeln.

Sie schreibt eigenhändig eine Erklärung, die sie zu strengstem Stillschweigen verpflichtet, wählt als Decknamen das Pseudonym »Cathérine« und erklärt sich bereit, *berechtigte Klagen über Fehler und Unzulänglichkei-*

ten an den SSD weiterzuleiten, damit Abhilfe geschaffen wird.

Allerdings will sie sich den Regeln des Staatsicherheitsdienstes nicht völlig unterwerfen und versucht, die Bedingungen selbst zu diktieren. Wie der Stasimann in seinem »Schlußbericht zur Werbung«[1] am 2. Oktober 1957 festhält, ändert sie »Verpflichtungserklärung« in *Bereitschaftserklärung*, betont, daß sie immer frei in ihrer Meinung und Handlung sein müsse und auf jedes Argument ein Gegenargument suche. Zwar habe sie sich einverstanden erklärt, sich künftig in einer konspirativen Wohnung in Magdeburg zu treffen, doch der Werber ahnt schon, »daß die Zusammenarbeit mit der Schriftstellerin viele Komplikationen mit sich bringt«, und beschließt deshalb, sie sei »in erster Linie für Aufklärungszwecke und zur Anwerbung anderer Schriftsteller« zu »benutzen«.

Ich werde die mir bekannt werdenden und für das Ministerium für Staatssicherheit interessanten Mißstände und Unzulänglichkeiten der gleichen Dienststelle mitteilen, schreibt Brigitte Reimann am 26. September 1957 in ihrer *Bereitschaftserklärung.*[2]

Daß sie Berichte über Kollegen abgeben soll, kann Kettner ihr nicht recht klarmachen. *So ein etwas zweideutiges Sätzchen über »Feinde« hab ich abgelehnt; Namen werde ich nie nennen, und zudem gehen meine und des SSD Meinung über »Feinde« auseinander. [...] Persönliche Vorteile hab ich von der ganzen Sache nicht und würde sie niemals verlangen. Allenfalls könnte ich später mal ein Buch über die Arbeit des SSD schreiben.* Der Zynismus der Staatsicherheit ist wirklich nicht zu überbieten: Kettner hat tatsächlich die Schriftstellerin, die ihre Kollegen verraten sollte, damit gelockt, ihr Material für ein solches Buch zur Verfügung zu stellen.

Sofort nach dem ersten Gespräch mit Kettner kommen

[1] BstU Magdeburg AIM 77/59, Blatt 18–21.
[2] Ebenda, Blatt 22/23.

der anfangs doch recht Arglosen erste Bedenken. Am 28. September 1957 notiert sie im Tagebuch: *Wenn ich genau überlege – und ich grübele seit zwei Tagen unablässig –, warum ich mich auf diese Geschichte eingelassen hab, und wenn ich eine künstlerische Abenteuerlust streiche, bleibt am Ende wirklich, so heftig ich mich dagegen sträube, wieder mal ein rosarotes Ideal. Ich habe doch all meinen Idealen abgeschworen – und nun kommt einer daher und redet mir ein, ich könnte durch meine bescheidene Hilfe dem Sozialismus (über dessen moralische Berechtigung ich mir nicht einmal recht klar bin!) einen Dienst erweisen. Und ich falle, verdammt noch mal! drauf rein und glaube stundenweis selbst, ich täte damit etwas Gutes und Nützliches.* Je mehr sie darüber nachdenkt, um so mehr verliert sie ihre Unbekümmertheit: *Ich muß manchmal an Piltz und die anderen denken. Ich bin nicht ganz sicher, daß sie mir noch die Hand geben würden, wenn sie wüßten, was zu tun ich im Begriff bin.*

Aus der Sicht des Stasi-Leutnants zeigt sich Brigitte Reimann vom ersten Treffen nach ihrer Verpflichtungserklärung an unkooperativ. In seinem Bericht hält er fest, daß sie ihre Verpflichtung bereits bedauert und Bedenken äußert. Anstatt Informationen von ihr zu erhalten, gehe die Zeit des Treffens für »politische Erziehungsarbeit« drauf. Sie habe »politische Unklarheiten« und stelle immerzu Fragen. Außerdem habe der GI [Geheimer Informator] zum Ausdruck gebracht, daß er »dem MfS erst dann entsprechende Informationen übergeben würde, wenn er selbst von allem endgültig überzeugt sei«. Brigitte Reimann zeige sich »wankelmütig«, erscheine nicht zu vereinbarten Treffen in der konspirativen Wohnung »Hochhaus«, halten die Berichte fest.[1]

Noch glaubt sie, jederzeit wieder aussteigen zu können: *Eine Absage kann ich dem SSD immer noch geben; den Kopf wird's nicht kosten.*

[1] BStU Magdeburg AIM 77/59, Blatt 11/12.

Die vierundzwanzigjährige Brigitte Reimann hat jedoch die Methoden des Staatsicherheitsdienstes unterschätzt. Als der betrunkene Günter einen Volkspolizisten verprügelt, wird er wegen Widerstands gegen die Staatsgewalt verhaftet. Es gibt keine konkreten Anhaltspunkte dafür, aber der Verdacht drängt sich auf, daß die Prügelei nicht aus heiterem Himmel kam, sondern von der Staatsicherheit inszeniert wurde. Brigitte Reimann hatte zwar in ihrer *Bereitschaftserklärung* versichert: *Über dieses bestehende Verhältnis werde ich zu keinem Menschen, auch nicht zu meinen engsten Familienangehörigen, sprechen*[1] – aber dann hatte sie doch ihrem Ehemann von anzüglichen Bemerkungen Kettners berichtet. *Er forderte eine Aussprache mit K. und seinem Vorgesetzten, Hauptmann Michael, und verbat sich jede weitere Belästigung,*[2] wird Brigitte Reimann am 20. Mai 1958 dem Bezirksvorstand des Deutschen Schriftstellerverbandes Magdeburg in einem Brief mitteilen. Als sich der Ehemann ungebeten einmischt, appellieren die beiden Funktionäre der Staatssicherheit an sein »Klassenbewußtsein«, aber daß die Staatssicherheit der Ermahnung Nachdruck verleihen will, liegt nahe.

Wenn die Stasi den Zwischenfall Günters mit dem Polizisten inszeniert hat, um Brigitte Reimann erpressen zu können, scheint der teuflische Plan zunächst aufzugehen. Am 25. 12. 1957 hält sie im Tagebuch fest: *Ich habe das MdS zur Hilfe gerufen und durch sie einiges erreicht; sie lassen's mich bitter bezahlen, aber was hilft's, wenn ich mich quäle und tobe und in Aufruhr bin – sie sind die Stärkeren; und was immer ich tue, das tue ich für Günter.*

Die Sondererlaubnis, die sie erwirkt, um mit Günter sprechen zu können, die Versprechungen, daß sie ihn häufiger besuchen darf als erlaubt und daß er nur auf Bewährung verurteilt wird, wenn sie Informationen liefert,

[1] BStU Magdeburg AIM 77/59, Blatt 22/23.
[2] BStU Magdeburg AOP 196/61, Blatt 22.

bedrücken sie. Schon nach kurzer Zeit durchschaut sie das üble Spiel und sieht sich in der Zwickmühle: *Diese grausame Entscheidung: meinem Liebsten zu helfen und dafür Spitzeldienste zu tun – oder abzuspringen und den Günter seinem Schicksal zu überlassen [...].*

Erst hatte man sie nicht über Günters Verbleib benachrichtigt, dann ließ man sie vier Tage nach ihm suchen, und schließlich tut die Stasi, als wäre sie der Retter, nachdem man Brigitte Reimann das entlockte, was sie eigentlich nicht wollte: Personenberichte für das Ministerium für Staatssicherheit.

Sie berichtet ihrem Führungsoffizier am 16. Dezember 1957 etwas, von dem sie – wie sie später in einem Brief an den Schriftstellerverband erklärt – glaubt, daß es niemandem mehr schaden könne.

Brigitte Reimanns Aussagen sind handschriftlich überliefert. In ihrer beinahe ebenmäßigen, festen Schrift, in der die Großbuchstaben mit schwungvollen Überlängen herausragen und die Unterlängen regelmäßig schon die nächste Zeile heraufzuholen scheinen, kommt sie im ersten Bericht ohne Streichungen aus. Die Unterschrift aber zerfällt in zwei Teile, als ginge durch Cathérine ein Riß. Es geht um den Versuch der Gründung einer unabhängigen Zeitschrift durch die Autoren Manfred Bieler, Heinz Kahlau und Jens Gerlach. Sie hatten im Oktober/ November 1956 geplant, mit der Zeitschrift »Junge Autoren« ein Forum für junge Schriftsteller zu schaffen, deren Arbeiten als »dekadent«, »existentialistisch« oder »nihilistisch« galten. Ein Lektor des Verlages Neues Leben habe es abgelehnt, die Chefredaktion der Zeitschrift zu übernehmen, teilt Brigitte Reimann der Staatssicherheit mit. Erst im Frühjahr 1957 habe sie dann erfahren, daß in der Tat eine Zeitschrift »Junge Kunst« gegründet worden sei, deren erste Nummer im November erschienen sei und unter dem Patronat der FDJ stehe. Brigitte Reimanns Bericht endet: *Die drei genannten Schriftsteller sind aus-*

gebootet worden und betätigen sich jetzt im Club »Junger Künstler«. Chefredakteur der neuen Zeitschrift ist der Dramatiker Heiner Müller.[1]

Der zweite handschriftliche Personenbericht von Brigitte Reimann stammt vom 19. Dezember 1957. Die Handschrift ist diesmal flattriger, und Brigitte Reimann muß einiges streichen. Sie berichtet über einen jungen angehenden Lyriker aus ihrer Arbeitsgemeinschaft Junger Autoren. Er habe angeblich ein halbes Jahr wegen seiner politischen Gedichte in einem bundesdeutschen Gefängnis gesessen und sei danach aus dem Rheinland in die DDR geflüchtet. Brigitte Reimann teilt der Stasi ihren negativen Eindruck von ihm mit, den sie vor allem aus seinem widersprüchlichen Verhalten gewonnen habe. Er habe einen Band politischer Gedichte zusammengestellt, schreibe aber auch *Gedichte, die in der Arbeitsgemeinschaft als dekadent bezeichnet wurden. [...] Er betont zu sehr sein politisches Martyrium; er trägt zu dick auf in seinen Gedichten, deren Tendenzen ausgesprochen plump sind. Im Gegensatz dazu macht er sich in gefürchteten Randbemerkungen lustig über unsere Forderung nach Aussage in der Lyrik.*[2] Außerdem kritisiert sie sein unkollegiales Gebaren. Er habe die Schriftsteller Selber und Kunze um Stellungnahmen zu seiner Lyrik gebeten, sie dann aber verleumdet und ihre Kritiken gegeneinander ausgespielt. Der Bericht endet: *Nach meinem Gespräch mit [...] habe ich den Eindruck gewonnen, daß er unaufrichtig ist, seine politische Haltung erscheint forciert.*[3] Was sie der Stasi nicht mitteilt: Sie hält ihn, wie sie Wolfgang Schreyer sagt, selbst für einen Spitzel.

In ihrem Brief an den Bezirksvorstand des Schriftstellerverbandes in Magdeburg wird sie am 20. Mai 1958 rückblickend schreiben: *Ich war damals in einem Zustand*

[1] BStU Magdeburg AIM 77/59, Blatt 31/32.
[2] Ebenda, Blatt 35/36.
[3] Ebenda.

verzweifelter Ratlosigkeit, in dem ich für meinen Mann alles getan hätte. Man versprach mir eine Sprecherlaubnis; dafür schrieb ich einen Bericht über ein Mitglied der AG Junger Autoren [...]. Am Heiligen Abend bekam ich die Erlaubnis, meinen Mann im Gefängnis zu sprechen.[1]

Was der Schnaps, den Kettner ihr bei dem Treffen *eintrichterte*, nicht bewirken konnte, das bewirkt nun die Angst um Günter. Noch bevor er von ihr im Februar fordert, auf die Erpressung nicht einzugehen, beschließt Brigitte Reimann ernüchtert, mit der Stasi zu brechen: *Mit der Stasi muß ich Schluß machen, es geht nicht anders. Sie haben versucht, mich zu erpressen [...]: Sie versprechen mir, Günter wird Bewährung kriegen und ich darf ihn häufiger sehen als eigentlich erlaubt (offiziell gibt es nur alle Vierteljahr eine Sprecherlaubnis), und sie werden Briefe von mir unter der Hand befördern. [...] Großer Gott, was sind das für Schweine! Sie spekulieren auf mein Gefühl [...] Als Gegenleistung soll ich Berichte über unsere Schriftsteller liefern.*

Ein prachtvoller Romanstoff! [...] Erst war ich entschlossen, meine moralischen Bedenken über Bord zu werfen und ich habe ihm Hoffnung gemacht – aber ich kann's nicht aushalten. Es gibt gewisse Dinge, über die ein Mensch mit einem Rest an Gewissen nicht hinwegkommt, schreibt sie am 25. Januar 1958 ins Tagebuch.

Sie versucht, die Kontakte zu beenden, sagt Termine ab, verschiebt sie oder erscheint nicht mehr zu den konspirativen Treffen. Die Staatssicherheit beginnt ihr zu drohen: *Neulich war K. bei mir: Er habe gehört, ich sei in den Westen geflüchtet. Er drohte mir unverblümt: Ich werde drüben sofort verhaftet – die Stasi hat meine schriftliche Erklärung in der Hand und kann mich jederzeit hochgehen lassen.*

Das scheint das letzte Mittel des Leutnants Kettner ge-

[1] BStU Magdeburg AOP 196/61, Blatt 23.

wesen zu sein. Da auch diese Drohung bei der Schriftstellerin nicht den gewünschten Erfolg hat, wird ihr Verbindungsoffizier ausgetauscht. Statt von Kettner wird sie nun von einem Leutnant Niepel bedrängt.

Als letzten Ausweg vollzieht die Erpreßte den Bruch: Sie dekonspiriert sich, indem sie zu einem Freund geht: dem Schriftsteller Wolfgang Schreyer. Sie erzählt ihm von ihren Kontakten zur Stasi und daß sie erpreßt wird, die Meinungen von Schriftstellerkollegen auszuspionieren. Sie geht dabei jedoch nicht ins Detail. *Wolfgang meint, der Verband könne sich diese dauernden Verdächtigungen nicht gefallen lassen – ich bin nämlich nicht die einzige, die man anwerben wollte,* notiert sie am 25. Januar und schließt die Tagebucheintragung mit den Worten: *Wie gut, daß ich wenigstens Wolfgang habe! Unsere Freundschaft ist noch fester und ehrlicher geworden [...]. Ich bin ihm so dankbar, daß er mir trotz meines Geständnisses nicht mißtraut.*

Von ihrem Decknamen Cathérine habe ihm Brigitte Reimann nichts erzählt, erinnert sich Wolfgang Schreyer, wohl aber, daß sie sich »mehr oder weniger freiwillig verpflichtet hätte, aber dann bald mißbraucht fühlte«. »Namen und Hausnummer« zu nennen, statt Stimmungsberichte zu geben, habe sie nicht gekonnt.

Zuvor hatte die Stasi versucht, von Brigitte Reimann auch Aussagen über Wolfgang Schreyer zu bekommen. Das geht aus einem Gedächtnisprotokoll des Stasi-Offiziers vom 14. Oktober 1957 hervor. Darin heißt es: »In Gesprächen und Diskussionen sowie persönlichen Debatten mit dem GI wurde festgestellt, das Schreier [d. i. Schreyer] positiv zur Deutschen Demokratischen Republik steht. Nach der Stellungnahme Schreiers zu Harich, Kontorawitsch [d. i. Kantorowicz] und Jahnke [d. i. Janka!] befragt, gibt der GI an: Schreier lehnt das Programm Harichs vollkommen ab.«[1]

Es ist bekannt, daß solchen Gedächtnisprotokollen nicht

[1] BStU Magdeburg AIM 77/59, Blatt 13.

zu trauen ist, weil ihre Verfasser unter Leistungsdruck standen und deshalb manchmal Aussagen fälschten oder erfanden. Sie mußten sich die eigene Wichtigkeit beweisen. In so manchen Fällen hat der Führungsoffizier Stasigarn gesponnen, in diesem Fall vermutlich nicht. Wahrscheinlich ist, daß Brigitte Reimann bewußt positiv über ihren Freund berichtet hat, um ihm Unannehmlichkeiten zu ersparen.

Der Treffbericht des Leutnants Kettner vom 14. Oktober 1957 gibt jedoch Aufschluß über die Bedingungen, unter denen man versuchte, Brigitte Reimann Aussagen über Wolfgang Schreyer zu entlocken. »In der K. W. [konspirativen Wohnung] brach der GI zusammen und bat darum, sich auf die dort befindliche Couch hinlegen zu dürfen. Der Schüttelfrost sowie das Fieber des GI waren dermaßen stark, wozu noch ein heftiger Hustenanfall kam, daß die Treffdurchführung fast unmöglich war. Der GI hatte 40 Grad Fieber und war kaum in der Lage, zusammenhängende Sätze zu sprechen.«[1] In dieser Verfassung äußerte sich Brigitte Reimann über Wolfgang Schreyer: zu seinem Charakter, zur Literatur, die er aus Westdeutschland bekomme, zu seiner Meinung über Pressefreiheit und seiner Auffassung vom Begriff des sozialistischen Realismus. Brigitte Reimann ist trotz des hohen Fiebers auf der Hut: Sie äußert Positives über den Freund, obwohl ihr offensichtlich Denunziation suggeriert wird: »Putschversuche und Staatsstreiche liegen nach Meinung des GI außerhalb der Gedanken von Schreier«, schreibt Kettner im Treffbericht.[2]

Wolfgang Schreyer erinnert sich: Als Brigitte Reimann sich ihm anvertraut hatte, habe er ihr gesagt: »Brigitte, du kommst da nur raus, wenn wir das an die kleine Öffentlichkeit des Schriftstellerverbandes bringen.« Es habe aber »Wochen, vielleicht sogar drei Monate gedauert«, bis sie

[1] BStU Magdeburg AIM 77/59, Blatt 13.
[2] Ebenda.

diesen Vorschlag in einem Brief an den Schriftstellerverband in die Tat umgesetzt habe. Wolfgang Schreyers Erinnerung trügt ihn: In Wirklichkeit hat es etwa ein halbes Jahr gedauert. Zuvor habe sie auch erwogen, die DDR zu verlassen: »Sie war zeitweise so frustriert von dem ständigen Drängen ihres Führungsoffiziers, daß sie ihrem Bruder nach Westdeutschland folgen wollte. Ich erinnere mich an eine Szene, da fuhr sie einmal mit uns im Auto nach Potsdam, dann von Potsdam aus nach Westberlin mit der S-Bahn. Und unterwegs brach sie in Tränen aus und sagte, sie kann jetzt nicht mehr weiter, sie überlegt, im Westen zu bleiben. Ich habe dann angehalten, meine damalige Frau hat sie in die Arme genommen und getröstet. Sie solle sich das alles doch noch einmal überlegen. Das hat sie ja dann auch tatsächlich getan und ist dann doch diesen Weg der Dekonspiration gegangen.«

Zuvor aber macht sie ein wahres Martyrium durch. Die Stasi ist nicht so einfach abzustreifen, wie sie geglaubt hatte. Am 18. Juni 1958 – Günter hat sein halbes Jahr im Gefängnis abgesessen – stellt sie verzweifelt fest: *und obgleich ich hundertmal nein gesagt hab, kommen sie immer wieder und lassen sich nicht abschütteln und drohen und machen Versprechungen – es ist ekelhaft und deprimierend.* Sie fühlt sich systematisch beobachtet, hat große Angst, daß die Stasi ihr *Staatsverleumdung* anhängt: *Mir – zum Teufel: mir, die ich den Sozialismus, unsere Idee, liebe, so ehrlich wie nicht viele andere, und bereit bin, für diese Idee zu arbeiten, auf saubere, anständige Art zu arbeiten [...]. Wenn nachts ein Auto vorfährt, zucke ich zusammen und lausche und erwarte, man wird mich holen.*

Was sie nicht weiß: Stasi-Offizier Niepel hat inzwischen erkannt, daß Brigitte Reimann auch unter unerträglichen Repressalien keine Spitzeldienste leisten wird. Zwei Tage nach ihrem verzweifelten Tagebucheintrag gibt er auf und stellt in seinem Bericht fest, daß kein operativer Erfolg verzeichnet werden kann. Der GI sei äußerst geschickt und verstehe es, das MfS zu umgehen und Ausreden zu gebrauchen. Bewußt gebe der GI an, daß es sich um politische Unklarheiten handele und deshalb eine weitere Zusammenarbeit als unzweckmäßig erscheine.

»Politische Unklarheiten«? Eine so klare Vorstellung, was sie tun mußte, hatte Brigitte Reimann selten zuvor: *Ich werfe hin, ganz gleich, was danach kommt, ich mag diese Sauerei nicht mitmachen, um keinen Preis. Ich will ein reines Gewissen gegenüber meinen Freunden und Kollegen behalten – mag ein B[...] den Spitzel machen; er tut's aus Überzeugung.*

Am 29. Juni 1958 glaubt sie, die Stasi losgeworden zu sein, *vorerst jedenfalls.* Am 12. Juli notiert sie: *Ich hab meinem »Betreuer« ein langes Referat gehalten und meine Gründe dargelegt, die sowohl moralischer als auch politischer Natur sind. Blutenden Herzens ist er abgezogen.*

Nachdem auch der zweite Stasimann Brigitte Reimann nicht erpressen konnte, beschäftigt sich ein dritter mit ihr: Oberst Knoppe. Da hat sie – nachdem außer Wolfgang Schreyer zwei Vorstandsmitglieder des Schriftstellerverbandes eingeweiht worden sind – längst ein offizielles Schreiben an den Schriftstellerverband verfaßt, in dem sie das öffentlich macht, was ihr widerfahren ist. Sie schreibt am 20. Mai 1958 von ihrer *Bereitschaftserklärung* und daß das MfS sie getäuscht habe: *Es kam nicht auf eine reale Hilfe an, sondern auf eine organisierte Überwachung meiner Kollegen. Ich sollte über jeden einzelnen Schriftsteller berichten, über seine politischen Ansichten und privaten Neigungen, und Diskussionsbeiträge aus unseren Tagungen wiedergeben.*[1] Sie schreibt von der Erpressung durch Günters Inhaftierung und von ihren beiden Personenberichten, dann von ihren vergeblichen Versuchen, die Stasi loszuwerden. Um sich endgültig von der sie sehr belastenden Verbindung zu befreien, bittet sie die Kolle-

[1] BStU Magdeburg AOP 196/61, Blatt 22.

gen, *irgendwelche Schritte in dieser Sache zu unternehmen.*[1] Am 12. Juli 1958 erinnert sie sich im Tagebuch: *Als ich meinen Bericht über all jene Vorgänge geschrieben hab, ist mir übel geworden, und ich hab geweint im Erinnern an die Schweinereien, die man mir zugefügt hat.*

Bald hat die Stasi im Magdeburger Bezirksvorstand des Schriftstellerverbandes viel zu tun. Hinter verschlossenen Türen – ohne die Autorin, um die es geht – finden »Aussprachen« statt. Daran nehmen u. a. Willi Lewin vom ZK der SED und von seiten des Deutschen Schriftstellerverbandes Verbandssekretär Walther Victor teil, ein einstiger Mitarbeiter der »Weltbühne«, Antifaschist und Publizist. Aus Tonbandprotokollen der Staatssicherheit geht hervor, daß Walther Victor in diesem Fall eine defensive Haltung einnahm und dafür plädierte, »das Ding« aus der Welt zu schaffen, alles schriftliche Material, das Brigitte Reimann und die Staatssicherheit betraf, einzusammeln und zu vernichten.

Wie auch immer die Auseinandersetzungen verliefen, bemerkenswert ist vor allem die Tatsache, daß es überhaupt zu Gesprächen, ja geradezu zu einem Schlagabtausch zwischen dem Magdeburger Schriftstellerverband und dem Ministerium für Staatssicherheit gekommen ist, nachdem Brigitte Reimann ihre Kontakte zur Stasi und ihren vergeblichen Versuch, sich aus der Verpflichtung zu lösen, öffentlich gemacht hatte.

Der Magdeburger Bezirksvorstand des Deutschen Schriftstellerverbandes verfaßte – ohne Datum – ein Grundsatzpapier »Schriftsteller und Staatssicherheit«[2], in dem er seine Auffassung darlegte. Wolfgang Schreyer, Wolf Dieter Brennecke, der Leiter der Arbeitsgemeinschaft Junger Autoren, und Martin Selber erklärten, ohne eigenhändig zu unterschreiben, in zwölf Punkten, daß sie zwar die Staatssicherheit als »einen notwendigen Bestand-

[1] BStU Magdeburg AOP 196/61, Blatt 22.
[2] Ebenda, Blatt 40–42.

teil des Staatsapparates der DDR« akzeptierten, aber sie
verwiesen den Geheimdienst in seine Schranken, ver-
baten sich eine Einmischung in »ideologische Diskussionen innerhalb des DSV«, erklärten die Versuche, Berichterstatter aus den Reihen der Verbandsmitglieder zu
gewinnen, für »unzweckmäßig« und äußerten »Bedenken gegen die intellektuellen und charakterlichen Qualitäten der Berichterstatter«. Sehr genau analysierten sie
die Methoden der Spitzel und wiesen nach, daß mit aus
dem Gedächtnis rekonstruierten Diskussionsabläufen
und aus dem Zusammenhang gerissenen Zitaten durch
Leute, die darauf bedacht sein mußten, sich nützlich zu
erweisen, Fehleinschätzungen entstünden. Diese massive
Kritik zeugt von großem Wagemut der kleinen Magdeburger Schriftstellertruppe. Wie einem Tonbandproto-
koll der Magdeburger Stasi vom 6. September 1958[1] zu ent-
nehmen ist, witterten die Stasi-Mitarbeiter in dem Grundsatzpapier ein Programm oder einen staatsfeindlichen Be-
schluß. Sie wollten aus den freimütigen Worten sogar ein
»Memorandum« machen. Es gelang ihnen jedoch nicht,
die Schriftsteller in diese Falle zu locken, die gewiß zu
einem Urteil wegen staatsfeindlicher konterrevolutio-
närer Gruppenaktivitäten geführt hätte. Brigitte Reimanns
Dekonspiration wäre dann der Anlaß für einen politischen Prozeß gewesen. Schreyer und Brennecke aber blieben während der Diskussion mit den Stasimitarbeitern
am 6. September 1958 dabei: Es ist ein Papier zur Selbstverständigung innerhalb des Magdeburger DSV.

Für das weitere Geschehen um Brigitte Reimann ist wichtig, daß die Autoren auf eine Aussprache drängen, bei
der die »Delinquentin« anwesend sein soll. Am 19. Dezember 1958 ist es soweit.
Brigitte Reimann hat den Verlauf am nächsten Tag in
ihrem Tagebuch festgehalten: *Gestern hatten wir im Ver-*

[1] BStU Magdeburg AOP 196/61, Blatt 1–118.

band eine Aussprache mit der Staatssicherheit. Es war furchtbar. Ich hatte mich [auf] allerhand Unangenehmes vorbereitet – aber das, was dann geschah, übertraf alle meine Vorstellungen. Der Leiter der Staasi, Oberst Knobbe, deckte
mich mit einer Schimpfkanonade zu: Ich sei eine Agentin,
ich arbeite für den Westen, ich habe den Skandal absichtlich angezettelt, um die Staasi in Verruf zu bringen, und er
hätte mich längst verhaftet und mir den Prozeß gemacht,
wenn er nicht die Schriftsteller als Zeugen laden müßte.

Ich bin sonst kalt wie eine Hundeschnauze bei Ver-
handlungen mit Behörden [...]; diesmal verlor ich die
Fassung. Einmal war ich auf so massiven Angriff nicht
gefaßt, und dann – es war erschütternd für mich, zu sehen, wie rechtlos ich war gegen diesen lauten, groben, bru-
talen, brüllenden Landsknecht. Mißtrauen als Prinzip ...
Wofür arbeite ich, da all meine Arbeit, meine Mühe, mein
Kämpfen um Klarheit nichts gelten?

Und all diese Beschimpfungen gipfelten in der Forde-
rung an den Verbandsvorstand, man sollte mich aus dem
Verband rausschmeißen, damit er mich ohne Aufsehen
verhaften könnte. – In diesem Augenblick schlug Wolf-
gang Schreyer mit der Faust auf den Tisch und rief:
»Wenn Brigitte rausgeworfen wird, gehe ich auch!« [...]
Die anderen Schriftsteller wurden immer kleiner vor
Schreck. [...]

Ich mag das Folgende nicht detailliert schildern. Es war
ein Alptraum. Der Oberst war nicht einmal genau unterrichtet über den ganzen Ablauf der Geschichte, er stieß
Beleidigungen und falsche Behauptungen aus. Als Wolfgang sagte, ich hätte unter dem Druck der Ereignisse in
den Westen gehen können, entblödete sich der Kerl nicht,
zu sagen, ich hätte ja nicht »zurückgehen dürfen, solange
mein Auftrag nicht erfüllt war«. Und ich durfte ihm nicht
in die Fresse schlagen, ich war verzweifelt und heulte und
schrie ihn an, seine Unterstellung sei schändlich und un-
wahr – aber was half das gegen dieses Nilpferd? Ein Mann

ohne Gemüt und Gefühl, fleischgewordenes »Vernunft-sein« ...

Dann wandten sie sich gegen Wolfgang. Er hat sich wak-ker für mich und dann für sich geschlagen, und er ist nicht zu Kreuze gekrochen, obgleich sie alles mögliche ver-suchten, ihn dazu zu zwingen. Welch eine widerliche, ab-schreckende Szene!

Daß ihre Schriftstellerkollegen teils offen, teils verdeckt auf ihrer Seite sind und den Oberst immer kleinlauter werden lassen, tröstet die Bedrohte wenig: *Ich bin ganz zerschlagen. Nicht so sehr die Drohung, daß ich verhaftet werde, hat mich kaputtgemacht, sondern die entsetzliche Demütigung: ich muß mich beschimpfen lassen, ohne Mög-lichkeit, mich zu wehren und zu rechtfertigen.*

Daß es zu einer solchen offen ausgetragenen Kontro-verse überhaupt kam, daß sich Schriftsteller und Staatssi-cherheit überhaupt an einen Tisch setzten, um zu streiten, ist meines Erachtens ein einmaliger Vorgang.

Die Verhaftung, auf die Brigitte Reimann bei jedem vor der Tür haltenden Auto nach dieser Versammlung wartet, bleibt aus. Der Zusammenstoß mit der Stasi aber hat ihr manches von ihrer heiteren Naivität genommen, ihren Willen zur Wahrhaftigkeit jedoch nicht gebrochen, son-dern vielmehr gestärkt. In der Folge wird sie kompromiß-loser werden und Machtmißbrauch zur Sprache bringen, wo immer sie ihn – auch dafür sensibler geworden – wahr-nimmt. Selbst die Angst tritt allmählich in den Hinter-grund, weil sie ganz andere, ganz neue Erfahrungen macht.

7

Endlich die Liebe

Als Brigitte Reimann im März des Jahres 1958 dem Schrift-steller Siegfried Pitschmann begegnet, hat sie sich auf der Suche nach dem idealen Partner von ihrem Ehemann in-

nerlich schon weit entfernt. Sie hat sich immer neu verliebt, doch alle Verhältnisse rasch wieder beendet. Von
den beiden Kollegen, mit denen sie Ende 1956 in Sacrow
jenes Dreiecksverhältnis hatte, war sie bald enttäuscht.
Herbert Nachbar *(Jerry)* schien ihr politisch zu vorsich-
tig, und die Beziehung zu Max Walter Schulz *(Joe)* verlor
sich in spärlicher werdenden Briefen, obwohl sie ihn
immer als eine ihrer großen Lieben bezeichnet hat. *Vielleicht war er wirklich ein Mann, der einem nur einmal im Leben begegnet [...]. Aber sein Ideal heiratet man nicht. Ideale
in Hausschuhen und bei ehelich geregeltem Geschlechts-
verkehr verlieren ohnehin bald ihren Glanz.*
    Zwar hatte sie die Tabus der bürgerlichen Ehe längst
gebrochen und sich über sozialistische Moralvorstellungen hinweggesetzt, wechselnde Affären bestimmten ihren
Lebensrhythmus, doch lebte sie nicht hemmungslos.
Nicht jede Sympathie endete im Bett; manchmal blieb es
bei einer Motorbootfahrt oder – wie im Falle des Lyri-
kers und damaligen NDL-Redakteurs Günther Deicke –
bei Liebesgedichten und einem Nervenzusammenbruch
der Ehefrau.
    Als Brigitte Reimann Siegfried Pitschmann kennen-
lernt, ist sie eine natürliche Frau, die die eigenen Grenzen, auch die ihrer Sexualität, auslotet. Wenn sie die dem
Tagebuch anvertrauten Intimitäten nicht eigens erfun-
den hat, um den nach Bekenntnissen schnüffelnden Ehemann zu reizen, so stellen die Sacrower Erlebnisse mit
ihrem raschen Wechsel verschiedenartiger Lust mit verschiedenen Männern eine Grenzüberschreitung im Sinne
der Moralnormen innerhalb tradierter Rollenmuster dar.
Eingezwängt in eine Ehe, die ihren geistigen und körperlichen Bedürfnissen nicht entspricht, strebt sie nach absoluter Freiheit, die ihr dann – wie hätte es anders sein
können – immer nur in Augenblicken gelingt. »Sexuelle
Kapriolen«? »Libidobesessenheit«? »Anarchisches wildes
Naturell«? Solche Charakterisierungen muten wie der

Versuch an, Brigitte Reimann zu einem weiblichen Don Juan zu stempeln. Suchte sie nicht eher – voller Lebenslust und Verzweiflung zugleich – nach dem ihr Gemäßen?

Ohne Lust auf Abenteuer kommt sie im März 1958 ins Schriftstellerheim nach Petzow. Sie schreibt am ersten Teil eines Romans, ist von den Forderungen der Stasi bedrängt und hofft, vor deren Nachstellungen in Petzow endlich Ruhe zu haben. Außerdem hat sie sich vorgenommen, in erotischen Dingen auf ihr Gewissen zu hören und ihren Ehemann, der im Gefängnis sitzt, nicht zu betrügen. *Es ist in der Tat unfair, einen Gefangenen zu betrügen, der sich nicht wehren kann*, notierte sie noch am 20. Februar.

Da geschieht das Unerwartete. In Siegfried Pitschmann begegnet sie einem Mann, der ihr Leben umkrempelt. Am 29. März 1958 schreibt sie: *Es gibt einen Menschen hier, der mich vom ersten Tag beunruhigt hat, weil ich in seinen Augen unsere Verwandtschaft gefunden habe und sein potentielles Irresein – einer dieser Menschen, die im Selbstmord enden oder im Wahnsinn, ich bin sicher. Und welch eine große Begabung! Siegfried Pitschmann.*

In ihm ahnt sie mehr als nur seelische Abgründe, für die sie ohnehin eine Schwäche hat. Anders als Werner K., ein Autor und *Bohemien*, dem sie im September 1957 in der Redaktion der Zeitschrift »Junge Kunst« begegnet war, wirkt Siegfried Pitschmann auf sie nicht zerstörerisch. Der Wahnsinn des Werner K. hatte die destruktive Seite ihres Wesens offenbart. Sie beschrieb diese Episode so: *Ich leugne nicht, daß mich seine fortgeschrittene Schizophrenie besonders anzog. Was ihn an mir anzog, weiß ich nicht, vielleicht witterte er in mir eine verwandte Seele, und in der Tat war ich wenigstens in jenen Tagen zu einem knappen Drittel verrückt und soweit auf den Hund gekommen, daß mir ein Schuß aus dem Dunkel Erlösung gewesen wäre.* Jenen kurzzeitigen Geliebten schilderte sie als einen Psychopathen: *Wir verletzten uns und litten* darunter, es war grotesk und traurig und abscheulich. Die kurze Begegnung hat sie als einen Akt der Selbsterfahrung erlebt: *Selten hab ich so tief gespürt in mir den Widerspruch zwischen Lebensgier und Lebensmüdigkeit,* schrieb sie Ende September 1957 erschrocken über sich selbst, hatte doch auch sie, angezogen von der Morbidität dieses Dramas, wieder mit dem Gedanken gespielt, Selbstmord zu begehen.

Der ihr eigene Hang zu Menschen mit dem Wahnsinnspotential des Künstlers trifft nun in Petzow aufs glücklichste auf einen sensiblen, schöpferischen Mann. *Siegfried – er ist alles andere als der Hörnerne; ein junger, ein schöner Mensch mit bezaubernd schönen Augen und mageren, nervösen Händen,* notiert sie. Die Narbe am Handgelenk, Zeichen eines Selbstmordversuches, übt eine eigenartige Anziehungskraft auf sie aus, weckt in ihr den Wunsch nach Glück und Zerstörung zugleich. Siegfried Pitschmann, der von der jungen, umschwärmten Frau fasziniert ist, hat nicht wie all die anderen Männer die Absicht, sie zu erobern. Sie ist es, die die Initiative ergreift: *Gestern abend kam Siegfried zu mir. Ich hatte ihn gebeten, mir aus seinem Buch vorzulesen. Eine wunderbare Sprache, und die Menschen sind Psychopathen wie er. [...] Niemals habe ich so stark das Gefühl gehabt, dem Menschen begegnet zu sein, der mir ganz entspricht,* schreibt sie ins Tagebuch.

Alles beginnt ganz zart, fast körperlos, als eine Seelenverwandtschaft. *Wir sind Geschwister,* schreibt Brigitte Reimann, und *Wir lagen nebeneinander, Arm in Arm, und manchmal küßten wir uns und streichelten uns ohne Erregung, und als er sagte:* »Meine Schwester«, *traf es mich durch und durch. [...] Ich liebe ihn. [...] Es ist sinnlos, sich dagegen zu wehren.*

Tage später ist die leidenschaftslose Kühle, die Brigitte Reimann in der Zeit vor dieser Begegnung erfaßt hatte, vorbei. Sie ist wie verwandelt: *Vor sechs Tagen schrieb ich noch: Ich glaube, Siegfried liebt mich. Heute weiß ich, daß er sich ganz an mich verloren hat [...]. Einmal zählte er auf, was alles er an mir liebt, und es traf mich mitten ins Herz, als er sagte, er liebe meinen Gang, der süß und aufregend sei. Das hat mir noch niemand gesagt.*

Mit einem Hüftschwung, der mitunter aufreizend wirkte, gelang es Brigitte Reimann oft, ihre Behinderung seit der Kinderlähmung zu kaschieren. An keiner anderen Stelle des Tagebuchs erwähnt sie ihr Leiden.

Auch Siegfried Pitschmann ist verheiratet. Dennoch sitzen beide nächtelang zusammen und träumen von einer gemeinsamen Zukunft: *wie es sein wird, wenn wir geschieden worden sind und uns heiraten und miteinander leben dürfen, und wie wir Bücher schreiben werden und uns kritisieren und ergänzen und zusammen Filme schreiben und berühmt werden.* Tatsächlich ergänzen sie sich auf ideale Weise.

Brigitte Reimann, oft nicht nur geschmeichelt, sondern auch angewidert von den begehrlichen Männerblicken, fühlt sich überaus angezogen von der *Hingabe* und *Zärtlichkeit* des *empfindsamen, zarten, ja fast zerbrechlichen Menschen.* Sie nennt ihn *Daniel,* weil *dieser scheußliche Heldjünglingsname Siegfried [...] weiß Gott nicht* zu ihm paßt. Daniels Zurückhaltung, sein von ihr eher als passiv empfundenes Naturell fordert die aktive Seite ihres Wesens heraus – so sehr, daß Brigitte Reimann sogar über ihr angeblich *in vielen Zügen männliches Naturell* nachdenkt. Ob der Unschuld, Keuschheit, Zartheit von Daniels Liebe verfällt sie noch einmal ins Gegenteil. Sie will ihn provozieren, spielt die Verruchte in einer diabolischen Szene zu dritt mit dem Schriftsteller Günther Rücker: *Ich hatte eine Hand auf Rückers Brust, mit der anderen hielt ich Dans Hand; am Morgen waren meine Arme ganz zerbissen, und ich weiß nicht mal, von wem,* vertraut sie dem Tagebuch Mitte April an.

Bald aber ist nur noch von Daniel die Rede, der sie *das*

Wort Ekstasen begreifen lehrt. *Und wie entfalte ich selbst mich unter seinem Einfluß! Es ist ein gegenseitiges Geben und Nehmen, obwohl ich die Stärkere bin,* meint sie im Mai. Die Frau, die schon resigniert hatte, manchmal böse und zynisch geworden war, die noch am 21. März im Tagebuch darüber klagte, daß *kein Mann imstande ist, die Seele vom Körper zu trennen,* hat kaum zwei Monate später die Harmonie von Körper, Geist und Seele gefunden – und damit zu sich selbst: *ich war sexuell ganz verkorkst, ganz dumm und unerfahren und verbogen – und [weiß] erst seit paar Wochen, was alles zwei Menschen sich Gutes tun können. [...] Früher glaubte ich, man könnte oder müßte das Körperliche vom Seelischen trennen – jetzt weiß ich, daß es eine untrennbare Einheit ist.* Aus der ruhigen »Schwester« ist eine stürmische Geliebte geworden, die sexuelle Erfüllung in Grenzüberschreitungen zwischen Lust und Schmerz nicht mehr in Seitensprüngen oder raschem Partnerwechsel suchen muß. Im Tagebuch geht sie ungehemmt ins Detail, spricht sogar von *Außersich-selbst-Sein* und *sadistischer Raserei.*

Aber ihre Beziehung ist auch in anderer Hinsicht ideal. Brigitte Reimann bewundert die Sprache von Siegfried Pitschmanns Erzählungen. Beide lesen das, woran sie gerade arbeiten, vor den Kollegen in Petzow und finden Anerkennung: *Wir werden jetzt behandelt, als seien wir Mann und Frau, und ich bin immer von neuem überrascht, zu sehen, wie sympathisch allen unser Verhältnis ist. Vielleicht deshalb, weil sie uns als Schriftsteller schätzen; bei unseren Leseabenden hat sich bewiesen, daß Dan und ich die weitaus Begabtesten sind [...] – wobei ich selbst Dan höher einschätze als mich.*

Sie treibt ihn an – und er läßt sich gern von ihr beflügeln, lebt auf einmal im Glück. Und Brigitte Reimann hat einen Partner gefunden, der das gleiche Lebensziel hat wie sie und sie als geistige Anregerin braucht. Im Mai notiert sie: *Zum Teufel, ja, ich bin stolz darauf, und ich be-*

trachte seine Arbeit, als sei es meine eigene, und manchmal denke ich, es sei für mich wichtiger als alles andere auf der Welt, dem Dan ein paar gute Bücher abzuzwingen. Aber natürlich muß ich selbst schreiben und Erfolg haben, [...] sonst verliere ich vor mir selbst das Recht, Dans Gefährtin zu sein.

Das Schriftstellerpaar harmoniert in der Arbeit wunderbar. Siegfried Pitschmann zeigt Brigitte Reimann jede neue Seite, die er geschrieben hat. *Wir sprechen stundenlang darüber, und ich bin ihm eine strenge, ja harte Kritikerin.* Erst viel später wird sie seiner langsamen und von Krisen geschüttelten Arbeitsweise wegen ungeduldig werden und seine Arbeiten ungerechtfertigt an den eigenen messen. Vielleicht ist auch von Anfang an unbewußt schon ihr Minderwertigkeitskomplex mit im Spiel. Ihr anfängliches Urteil: *Aber er ist begabter als ich*, gehört zu den allerersten Eindrücken, die sie von Siegfried Pitschmann hat, und diese Auffassung wird von vielen geteilt: Obwohl Siegfried Pitschmann bisher nur einige Erzählungen in Zeitschriften veröffentlicht hatte, gilt er als große literarische Hoffnung.

Diesmal scheint es wirklich eine Liebesbeziehung von Dauer: *Ich kann nicht arbeiten, nicht atmen ohne ihn*, bekennt Brigitte Reimann im Juni des Jahres 1958.

Noch sind beide Liebenden verheiratet. Auch die Ehe der Pitschmanns besteht zu jener Zeit nur noch pro forma. Die Frauen lernen sich kennen und finden sich offensichtlich sympathisch. Frau Pitschmann geht längst ihrer eigenen Wege. Siegfried Pitschmann wird im Dezember ohne viel Aufhebens geschieden.

Und die Ehe Brigitte Reimanns? Sie befolgt den Rat der Literaturwissenschaftlerin und Autorin Annemarie Auer und hält ihre Liebe zu Daniel vor dem Ehemann Günter geheim, bis er aus dem Gefängnis entlassen wird. Und obwohl sie überzeugt ist: *Daniel ist der Gesuchte und Gefundene, ich bin sicher*, verhält sie sich inkonsequent, als die schönen Wochen im Petzower Schriftstellerheim vorbei sind und sie, nach einem Besuch bei Siegfried Pitschmann in Mühlhausen, nach Burg zurückkehren muß, weil Günter entlassen wird. Angst vor endgültigen Entscheidungen hat sie zeitlebens, so auch jetzt. Die fünf Jahre der Ehe mit Günter, findet sie, hätten sie doch *zusammengeschmiedet.* Sie bringt es nicht fertig, sich ihm zu entziehen, als er – den demütigenden Bedingungen des Strafvollzuges entronnen – das Leben wieder neu entdeckt.

Tatsächlich denkt Brigitte Reimann Anfang Juni 1958 wieder einmal an eine Ehe zu dritt: *Wenn ich nur mit beiden leben könnte! Aber das ist Utopie, soviel hab ich begriffen. Günter will Daniel nicht einmal sehen.*

Nach ein paar weiteren, unter *Tränen und Küssen* mit Günter verbrachten Tagen bringt Brigitte Reimann ihren Ehemann dazu, aus dem immer noch in ihrem Burger Elternhaus bewohnten Zimmer auszuziehen. Noch glaubt er wohl, daß auch diese Beziehung eine der zahlreichen, rasch verfliegenden Launen seiner Frau ist. Es dauert länger als einen Monat, bis er erkennt, daß er sie endgültig verloren hat. Er wird mit einer schrecklichen nächtlichen Szene reagieren, mit Schlägen, Würgen und dem Versuch einer Vergewaltigung. Es ist ja auch schwer zu begreifen: Sie geht mit Siegfried Pitschmann durch Burg, und Günter braucht nur den Schlager »Kleiner Bär von Berlin« hinterherzupfeifen – schon läßt sie den anderen stehen, um bis morgens um halb drei wieder mit ihm zusammenzusein.

Natürlich funktioniert nicht, was der unbekümmerten Brigitte Reimann noch Mitte Juni 1958 machbar schien: *Nun hab ich zwei Männer und hab jeden Monat zwei Hochzeitstage zu feiern: am 17. und am 9., denn am 9. Juni ist Daniel gekommen, und von diesem Tag an sind wir Mann und Frau.*

Als Mann und Frau werden sie von der Familie Reimann durchaus nicht sofort akzeptiert. Der Abschied von Günter ist der Familie sehr nahegegangen, und dementsprechend begegnen die Familienmitglieder dem nach Burg kommenden Siegfried Pitschmann anfangs distanziert. Deshalb zieht er sich ins Hotel zurück.

Zuerst wird er von der Mutter akzeptiert; die Herzen der anderen gewinnt er nach und nach, vor allem das des Bruders Ludwig. Jetzt kann er ins Reimannsche Haus einziehen. Brigittes Zimmer wird umgeräumt. Der Bücherschrank steht in der Mitte – und beide beginnen zu arbeiten, jeder auf seiner Seite. Sie verständigen sich durch Klopfzeichen.

Das frischgebackene Paar leidet unter permanenter Geldnot und ernährt sich kümmerlich: *Wir leben recht erbärmlich, von Tee und Suppenwürfeln und trockenem Brot dazu,* bemerkt die Schriftstellerin Mitte Juni. Das karge Dasein am Tage machen die an Freuden überreichen Nächte wett. *In dieser Nacht gab es einen Augenblick, in dem ich jenseits der Grenzen war, außerhalb eines menschlichen Bezirks, in einen Taumel von Wahnsinn geworfen, und lange danach noch lag ich zitternd und entsetzt, zerrissen von einer Lust, die das Maß des Erträglichen überstieg*, hält die Liebende fest. Am 21. Juli 1958, ihrem fünfundzwanzigsten Geburtstag, schenkt Daniel ihr fünfundzwanzig dunkelrote Rosen und – *als eine Art Verlobungsring – einen goldenen Ring mit einem wunderhübsch gewolkten Lapis.* Das Datum des Tages, an dem er zu ihr nach Burg gekommen ist, hat er eingravieren lassen: 9. 6. 1958.

Auf das Glück aber werfen allerhand widrige Umstände und Ereignisse ihre Schatten und machen das Paar mitunter niedergeschlagen oder streitsüchtig. Zu den existentiellen Sorgen kommen die üblen Nachstellungen des Staatssicherheitsdienstes, das Elend des gewalttätigen und dem Alkohol verfallenen unglücklichen Günter und die aufreibenden Vorbereitungen der Scheidung. Seit 1955 gilt das neue Scheidungsrecht der DDR. Nicht die Schuld der Partner, sondern der Grad der Zerrüttung einer Ehe ist nun ausschlaggebend, und der muß vor Gericht glaubhaft nachgewiesen werden. Angesichts der Tatsachen ist das in diesem Fall nicht schwer: *Die Verhandlung verlief ohne Sensationen; wir machten unsere Aussagen so fair als möglich, keiner erhob Vorwürfe gegen den anderen, am Ende lief alles auf die mangelnden geistigen Verständigungsmöglichkeiten hinaus. Weder Günters Sauferei noch meinen Ehebrüchen wurde betont Erwähnung getan. Der Richter war taktvoll und liebenswürdig,* beschreibt Brigitte Reimann den Termin. Während des eigentlichen Urteilsspruchs sind die Scheidungskandidaten nicht im Saal, sie trinken lieber gemeinsam einen Schnaps in der Gerichtsschänke.

Am 28. November 1958 wird die erste Ehe Brigitte Reimanns geschieden. Sie ist erleichtert: *Ich fühle mich jetzt wie jener Mann nach seinem Ritt über den Bodensee.* Im Dezember ist auch Siegfried Pitschmann nach vierstündiger Gerichtsverhandlung frei. Am letzten Tag des Jahres 1958 bekennt Brigitte Reimann: *Ich bin glücklich wie niemals zuvor, und ich wünsche nichts sehnlicher, als daß ich Daniel genauso glücklich machen kann. Was früher war, ist restlos ausgelöscht.*

8
Mit Daniel auf dem Bitterfelder Weg

Ich habe gefunden, was ich suchte, was will ich mehr? schließt Brigitte Reimann ihre Tagebuch-Bilanz des Jahres 1958. Anfang Februar 1959 heiratet sie Siegfried Pitschmann im Petzower Schriftstellerheim. Nach der schlichten Trauung im Standesamt Werder überraschen sie einander mit Büchergeschenken. Der Bräutigam schenkt der Braut eine zweibändige Ausgabe des »Dekameron«, sie ihm die Werke Heinrich Heines. Von den Gästen im Heim, unter ihnen der Schriftsteller und einstige Spanienkämpfer Bodo Uhse, bekommen sie eine antiquarische Kleist-Ausgabe und von Günter Caspar, dem Cheflektor des Aufbau-Verlages, E. T. A. Hoffmanns Werke. Günter Caspar, der sich besonders um junge Autoren kümmert, interessiert sich für die Erzählungen, die Siegfried Pitschmann schreibt. Noch hat der 1930 im schlesischen Grünberg (heute Zielona Góra) geborene Autor, der im thüringischen Mühlhausen das Uhrmacherhandwerk erlernte und 1957/58 als Betonarbeiter und Maschinist im Kombinat Schwarze Pumpe gearbeitet hat, kein Buch veröffentlicht, doch Günter Caspar erwartet sehr viel von ihm.

Wahnsinnig komisch und ein bißchen makaber nennt Brigitte Reimann die ausgelassene Zecherei im Schriftstellerheim am Schwielowsee, bei der alle einander von schiefgegangenen Ehen erzählten. Sie ist glücklich, nach *langer Illegitimität* endlich mit Daniel verheiratet zu sein, denkt sogar daran, ihren Mädchennamen, unter dem sie bisher veröffentlicht hat, formal aufzugeben und den seinen anzunehmen: *bin ich nicht ein neuer Mensch, seit ich ihn kenne? Warum soll ich nicht auch als Schriftstellerin neu beginnen unter anderem Namen, da ich längst über meine ersten Bücher hinausgewachsen bin?* In der Folgezeit unterschreibt sie mal mit »Pitschmann«, mal mit Doppelnamen, dann kehrt sie doch zu »Reimann« zurück.

Brigitte Reimann ordnet ihr Leben neu und glaubt, mit den Überbleibseln der Vergangenheit aufräumen zu müssen. Darum verbrennt sie am 11. November 1959 die Tagebücher aus den Jahren 1947 bis 1954, insgesamt mehrere hundert Seiten. Sie meint, es Daniel schuldig zu sein, und resümiert: *Wo stünde ich heute, wenn er nicht gekommen wäre? Ich habe zu früh Erfolg gehabt, den falschen Mann geheiratet, in den falschen Kreisen verkehrt; ich habe zu vielen Männern gefallen und an zu vielen Gefallen gefunden.*

Vor einem neuen und anderen Leben und Schreiben aber türmen sich bald ungeahnte Schwierigkeiten auf. Ende Juni 1959 notiert sie im Tagebuch: *Wir sind in der scheußlichsten und verzwicktesten Situation. Nicht genug, daß wir kein Geld haben (an diesen Zustand permanenter Armut gewöhnt man sich); neuestem Vernehmen nach laufen unsere Bücher schief. [...] Wir fragen uns nach dem Sinn unserer Arbeit in einer Zeit, die anscheinend von Literatur (was wir unter Literatur verstehen) nichts mehr wissen will. Wir können nur auf einen neuen, gemäßigteren Kurs hoffen.*

Diese Hoffnungen bleiben vorerst vergebens. Der Kalte Krieg erhitzt die Gemüter, und unter diesen Bedingungen herrscht auch ein schlechtes Klima für die Literatur. *Ost und West begeifern sich in der schmutzigsten Weise, allen voran die Deutschen,* bemerkt sie im Tagebuch. Brigitte Reimann, die nunmehr die Politik aufmerksam verfolgt, ist enttäuscht, als die West-Ost-Außenministerkonferenz 1959 in Genf ergebnislos abgebrochen wird. Sie registriert, wie Angst und Unsicherheit um sich greifen, und glaubt wie viele andere, daß die Welt am Abgrund eines Krieges balanciert. Es ist das Jahr, da die DDR Hammer und Zirkel in die bis dahin mit der Bundesrepublik gemeinsame schwarz-rot-goldene Flagge einfügt.

Auf Abgrenzung ist auch die Kulturpolitik aus. Ein Schlagwort greift um sich und ist in allen Zeitungen und auf Transparenten zu finden: »Sozialistisch arbeiten, lernen und leben«. Von den Schriftstellern wird erwartet, daß sie von dieser neuen Art zu leben schreiben, und viele wollen das auch. Der Art und Weise aber, in der das zu geschehen hatte, waren enge Grenzen gesetzt.

Brigitte Reimanns Roman *Zehn Jahre nach einem Tod*

wird – aus welchen Gründen auch immer – beim Aufbau-Verlag nicht angenommen. Wütend, verzweifelt und trotzig schreibt sie nach Querelen mit dem strengen Cheflektor Günter Caspar in nur einem Monat die Erzählung *Das Geständnis*. Darin bekennt ein junger Arbeiter aus freien Stücken, als Fünfzehnjähriger in den letzten Kriegstagen einen Deserteur angezeigt zu haben. Da ihn die Schuld am Tod des Mannes immer noch bedrückt, stellt er sich mehr als zehn Jahre nach der Tat der DDR-Justiz. Weil er ein vorbildlicher Arbeiter ist, wird ihm vergeben. Wenn man die Erzählung heute liest, drängt sich die schematische, moralisierende Konstruktion und die hölzerne Sprache in den Vordergrund. Brigitte Reimann war damals von der Sprache ihrer *Franziska Linkerhand* noch weit entfernt. Außerdem steht der pädagogische Zeigefinger dem Lesegenuß entgegen. Aber damals paßten die Konflikte in die Zeit, und der junge Arbeiter und seine Braut rührten die Leser. Die beliebte Wochenzeitung »Wochenpost« bringt die Erzählung sogar als Vorabdruck.

Brigitte Reimann hatte im Mai zwar einen Nervenzusammenbruch erlitten, als das Manuskript *Zehn Jahre nach einem Tod* abgelehnt wurde, sich dann aber aus Trotz in das neue Projekt gestützt. Siegfried Pitschmann ergeht es schlimmer. Sein Romanmanuskript »Erziehung eines Helden«, an dem er zwei Jahre lang gearbeitet hat, muß am 11. Juni 1959 bei einer Aussprache des Vorstandes des Schriftstellerverbandes und des Bezirksverbandes Berlin als verachtenswertes Beispiel für die sogenannte »harte Schreibweise« herhalten, ein Begriff, der zum Schlagwort gegen die verpönte Orientierung jüngerer Autoren an amerikanischen Vorbildern wie Ernest Hemingway oder Norman Mailer geworden war. Nach einem vernichtenden Referat von Annemarie Auer und einem Artikel »Die harte Schreibweise« in der BZ vom 26. Juni 1959 sieht Siegfried Pitschmann seine Hauptfigur als »kleinbürgerlich«, sein Manuskript als »nicht sozialistisch« verdammt. Das Schriftstellerehepaar leidet unter den Folgen der Agitation einiger Übereifriger, darunter die Schriftsteller Gerhard Holtz-Baumert (Verfasser des in der DDR sehr beliebten Kinderbuches »Alfons Zitterbacke«) und Eduard Klein, der 1959 Sekretär des Verbandes geworden ist.

Siegfried Pitschmann, der in seinem Buch eigene Erfahrungen im Kombinat Schwarze Pumpe in der Niederlausitz, dem damals größten Braunkohlenveredelungswerk Europas, verarbeitet hat, trifft die Verleumdung seines Manuskriptes schwer. Er versucht, sich mit Schlaftabletten das Leben zu nehmen. Nur durch das schnelle Handeln von Brigitte Reimanns Vater wird er gerettet. Als er im Krankenhaus aufwacht, hält er sich – wie Brigitte Reimann im August ihrem Tagebuch anvertraut – für *einen Versager, der niemals imstande sein würde, ein Buch zu beenden.* Sie schreibt: *Ich war sehr unglücklich, und die Erkenntnis schmerzte mich, daß der nächste, geliebteste Mensch in seinen Entschlüssen einsam ist.*

In ihrer Verzweiflung wendet sie sich an Erwin Strittmatter, der damals Erster Sekretär des Deutschen Schriftstellerverbandes ist. Strittmatter besucht den Gedemütigten im Krankenhaus und tut alles, um den tief depressiven Kollegen wieder aufzurichten. Er verspricht sogar ein Stipendium, damit ihre materiellen Schwierigkeiten gelindert werden. *Wir haben den besten Eindruck von ihm gewonnen: er ist feinfühlig und kein Dogmatiker, und er sorgt sich ehrlich und teilnehmend um seine Mitglieder, zu deren jüngsten wir gehören,* schreibt Brigitte Reimann im August 1959, als es Siegfried Pitschmann wieder besser geht, über Strittmatter. Seit dieser Zeit blieben Erwin und Eva Strittmatter Brigitte Reimann und Siegfried Pitschmann freundschaftlich verbunden.

Das Jahr 1959 hält noch manche Depression bereit. Anfang Dezember stellt Brigitte Reimann voller Bitterkeit fest, daß in der DDR – mit wenigen Ausnahmen – schon seit Jahren *kein anständiges Buch erschienen* sei: *Konjunkturritter und Hohlköpfe machen sich breit: das einzig diskutable Thema für einen Roman scheint die Erhöhung der Arbeitsproduktivität zu sein; Schönfärberei und Dogmatismus treten an die Stelle ehrlicher und kritischer Auseinandersetzung; menschliche Probleme sind nicht mehr gefragt [...].*

Sie ärgert sich über die Bevormundungen, streicht aber dennoch – ohne innere Überzeugung – in ihren Arbeiten herum und ist zugleich wütend über die eigene Inkonsequenz: *eigentlich ist dieses machtlose, feige Sich-Beugen unter eine ungerechte Zensur das Bedrückendste – bedrückender als die Zensur an sich. Immer wieder Konzessionen des Autors, Konzessionen, mit denen man sich die Veröffentlichung erkauft. Wann endlich wird man begreifen, daß die Literatur nicht der Propagierung und Lobsingung einer bestehenden Ordnung zu dienen hat? [...] Wenn der Arbeitsprozeß das Problem ist – nun gut, dann können wir den Verband auflösen und uns mit Volkskorrespondenten begnügen.*

Mit dem Problem von Zensur und Selbstzensur wird sie sich immer auseinandersetzen müssen. An ihrer Biographie kann man ablesen, wie sie versucht, der eigenen Wahrheit immer kompromißloser zu folgen. Ende 1959 aber doktert sie vergeblich an der nie zu Ende geschriebenen Geschichte über die Schuld eines Denunzianten herum. Ihr Elan jedoch ist ungebrochen.

Auch sonst bessert sich ihre Situation nur allmählich. Allzulange hatte das junge Ehepaar im Elternhaus Brigitte Reimanns in Burg ein enges Zimmer bewohnt. Siegfried Pitschmann hatte Brigitte Reimann oft von der harten, aber befriedigenden Zeit, in der er beim Aufbau des Kombinats Schwarze Pumpe beteiligt war, und seinen Kontakten zu den Arbeitern vorgeschwärmt. So war in ihnen allmählich der Plan herangereift, nach Hoyerswerda zu ziehen und im Kombinat mitzuarbeiten, um dort mit den Problemen der in einem modernen Großbetrieb arbeitenden Menschen vertraut zu werden. Erwin Strittmatter hatte sie darin bestärkt und versprochen, daß der Schriftstellerverband die Umzugskosten übernimmt.

Zunächst war dieser Plan dennoch nicht leicht in die Tat umzusetzen, obgleich man ein paar Monate zuvor auf der Bitterfelder Konferenz gefordert hatte, daß die Künstler Verbindung zu Großbetrieben aufnehmen sollten. Leider setzt Brigitte Reimann gerade in dieser Zeit vier Monate mit dem Tagebuchschreiben aus.

Was war der »Bitterfelder Weg«? Ausgerechnet Bitterfeld, wo die Luft nach Kloake stank und der Auswurf der Chemiefabriken alles mit einem grauen Schleier überzog, sollte eine neue kulturpolitische Vision bringen: den »neuen Menschen« in der sozialistischen Literatur. Und nicht nur das. Der V. Parteitag der SED hatte beschlossen, daß die Arbeiter selbst »die Höhen der Kultur« zu »stürmen« hätten. Durch gegenseitige Annäherung der sozialen Schichten wollte man so die »Trennung zwischen Kunst und Leben überwinden«. Daß sich das kühne Konzept – wie so vieles – nicht wie gedacht verwirklichen ließ, sollte sich erst später zeigen. Bei der Veranstaltung im Petrolchemischen Kombinat Bitterfeld im April 1959 wurde kurzerhand eine Tagung des Mitteldeutschen Verlages zu einem kulturpolitisch richtungsweisenden Spektakel umfunktioniert, bei dem sich fast doppelt so viele »schreibende Arbeiter« wie Berufsschriftsteller nach der Devise »Greif zur Feder, Kumpel« tummelten. In der Praxis kamen bald Zweifel auf, ob aus den Niederungen der Brigadetagebücher und allerlei Laienaktivitäten tatsächlich der Gipfel einer »sozialistischen Nationalkultur« zu erklimmen wäre.

Auch ohne eine Kampagne hatten zuvor bereits Schriftsteller wie Siegfried Pitschmann oder Franz Fühmann den Alltag in der Produktion als Stoff zum Schreiben entdeckt. Selbst wenn Brigitte Reimann anfangs skeptisch ist, wie aus dem bereits erwähnten Zitat über den Arbeitsprozeß als literarisches Problem hervorgeht, wird sie bald selbst einen von Hunderten flugs aus dem Boden gestampften »Zirkel schreibender Arbeiter« gründen und leiten, von denen nach fünf Jahren, auf der »2. Bitterfelder Konferenz«, kaum noch die Rede sein wird. Aber sie gehört zu den Schriftstellern, die sich – wie Christa Wolf, Erik Neutsch und andere – freiwillig in die Betriebe begeben, in Brigaden arbeiten oder dort Kontakte knüpfen, dabei neue Stoffe und Figurenwelten für ihre Bücher finden, wenn sie sie auch qualitativ unterschiedlich verarbeiten. Brigitte Reimann gefällt der utopische moralische Anspruch solcher Vorhaben.

Was zu Beginn kaum jemand für möglich hält, wird wahr: Bücher, die ganz oder teilweise in Fabriken, auf Baustellen oder Werften spielen, in denen sich die Konflikte aus den Begegnungen zwischen arbeitenden Menschen verschiedener sozialer Schichten entwickeln, finden ihr Publikum, darunter sollte auch Brigitte Reimanns Erzählung *Ankunft im Alltag* sein, deren Titel zum vielzitierten Schlagwort der ganzen Literaturrichtung wurde.

Als Brigitte Reimann und Siegfried Pitschmann 1959 beschließen, ins Kombinat Schwarze Pumpe zu gehen, ist man dort allerdings von dem Vorhaben der Schriftsteller nicht angetan. Man weiß mit ihnen nichts anzufangen. Hilfe zur Plan-Erfüllung, um die man ja pausenlos kämpfen muß, verspricht man sich von den *spinnerten Schriftstellern* nicht, wie Brigitte Reimann spürt. Anfang September 1959 fahren beide nach Hoyerswerda, um ihr Vorhaben zu beschleunigen. Brigitte Reimann hält ihre Begeisterung im Tagebuch fest: *H. ist überwältigend, das Kombinat von einer Großartigkeit, daß ich den ganzen Tag wie besoffen herumlief. [...] H. und das Kombinat werden noch oft genug – falls dies literarisch überhaupt zu bewältigen ist – in Erzählungen oder sogar einem Roman auftauchen.*

Dieses Vorhaben wird sie wahr machen. Tatsächlich spielen ja nicht nur die Erzählungen *Ankunft im Alltag* und *Die Geschwister* in der Produktion. Der Roman *Franziska Linkerhand* zieht seine Konflikte zu großen Teilen aus dem Leben und Arbeiten in einer Neubaustadt wie Hoyerswerda. Als die Schriftstellerin zum erstenmal in die Neustadt von Hoyerswerda kommt, der – neben Eisenhüttenstadt – zweiten großen Neubaustadt der DDR, für die viel Wald vor der Trattendorfer Heide gerodet wird, ist sie freudig bewegt: *Eine schöne, moderne Stadt wächst hier, und man [kann] ihr beim Wachsen zusehen. Eine optimistische Landschaft – vielleicht kann ich hier innerlich gesund werden.*

Brigitte Reimann hatte gehofft, im Kombinat Schwarze Pumpe Kulturarbeit leisten zu können. Doch statt dessen bietet man ihr und ihrem Mann eine Laboranten-Planstelle in der Produktion mit einem Stundenlohn von 1,56 Mark an. Beide sollen außerdem 200 Mark monatlich von der Gewerkschaft für Kulturarbeit erhalten. Selbst für damalige Verhältnisse ist das nicht üppig, aber man kann davon leben. Die Schriftsteller ahnen jedoch, daß zum Schreiben nicht viel Zeit bleiben wird. Trotz heftiger Bedenken erklären sie sich sogar bereit, Nachtschichten zu übernehmen. Dabei fällt es Brigitte Reimann schwer, stundenlang zu stehen oder zu laufen. Aber sie sagt davon beim Vorstellungsgespräch nichts, auch wenn sie *jämmerliche Angst* hat, *zu versagen, und das Gespött oder auch Mitleid der anderen herauszufordern.*

Für die DDR typische Schwierigkeiten verzögern den Umzug von Burg nach Hoyerswerda. Die Wohnung wird nicht termingemäß fertiggestellt, weil die Baubrigaden schludern. Das Ehepaar läuft stundenlang durch Geschäfte und findet keine Möbel, die ihm gefallen.

Währenddessen hat Brigitte Reimann wieder ernste Auseinandersetzungen mit Günter Caspar, der ihr vorwirft, ein Routine-Talent zu sein und obendrein faul. *Ein*

Jota Wahrheit ist schon daran, aber was weiß der Caspar von meinen inneren Quälereien, von den durchgrübelten Abenden und den Stunden der Depression, vertraut sie ihrem Tagebuch am 4. Oktober 1959 an. Sie ärgert sich über die kritischen Worte des Lektoratsleiters, fühlt sich aber wieder durch seine Kritik herausgefordert. Als er sie im Juni provoziert hatte: sie könne nur über Kleinbürger und Intellektuelle schreiben, machte sie in ihrer Erzählung *Das Geständnis* prompt einen Arbeiter zur Hauptfigur. Ehrgeizig arbeitet sie bis zur Erschöpfung, ist oft – wie sie Anfang Dezember 1959 zugibt – *gallig, boshaft und traurig.* Ihre von Stimmungslagen abhängige spontane Arbeitsweise war mit der schwerfälligen Maschinerie des DDR-Verlagssystems kaum in Einklang zu bringen. Allein das begrenzte Papierkontingent zwang die Verlage zu akribischer Planung bis zu zwei Jahre im voraus, ganz zu schweigen von den langwierigen Druckgenehmigungsverfahren für jedes einzelne Manuskript. Verlagsgutachten und germanistische Außengutachten mußten eingeholt werden – und dann konnte ein von der Hauptverwaltung Verlage beim Ministerium für Kultur zusätzlich in Auftrag gegebenes ideologisches Gutachten mit ein paar Sätzen ein ganzes Buchprojekt zunichte machen. Lektoren, insbesondere Cheflektoren, hatten nicht selten die undankbare Aufgabe, zu vermitteln, sich also einerseits für ihre Autoren stark zu machen und sie andererseits auf die ständig sich wandelnden Erwartungen der verantwortlichen Beamten und Funktionäre hinzuweisen.

Der Dezember sieht das junge Ehepaar noch immer bei Brigittes Eltern in Burg, obwohl die Wohnung in Hoyerswerda nun bezugsfertig ist, aber Möbelwagen sind so schnell nicht zu bekommen. Siegfried Pitschmann tröstet seine Frau zum ersten gemeinsamen Weihnachtsfest mit einem anrührenden symbolträchtigen Geschenk, einem aus einer Silberplatte gesägten Lesezeichen mit der Silhouette des Kombinats Schwarze Pumpe samt Schornsteinen und Kühltürmen.

Aus der Weihnachtsfeier des Schriftstellerverbandes flieht sie entsetzt, weil ihre Kollegen nur über Autos diskutieren und die Familien ihr gar zu verspießert vorkommen. Sie ist gereizt. Schlägt sie die Zeitung auf, ärgert sie sich über Schönfärberei und Dogmatismus; oft genug ist sie verzweifelt, weil sie die zeitfressende Hausarbeit am Schreiben hindert. Ende November, Anfang Dezember noch hatte sie in nur vierzehn Tagen das Hörspiel *Ein Nachmittag von drei bis sieben* geschrieben. Aber in den folgenden Wochen versucht sie vergeblich, sich zu konzentrieren, sie leidet unter Kopfschmerzen und Übelkeit.

Am 27. Dezember formuliert Brigitte Reimann im Tagebuch: *Ich brauche meine Arbeit wie – wirklich beinahe wie ein Rauschmittel; sie ist einfach ein Glück, eine Selbstbefriedigung, ein zugleich egoistisches und altruistisches Vergnügen.*

Der Ausblick am 31. Dezember des Jahres 1959 auf das nächste Jahr ist voller Zweifel: *Das Abenteuer Schwarze Pumpe rückt uns auf die Haut, und ich fürchte, wir sind ihm nicht gewachsen.*

Als man die Strapazen des Umzugs im Januar 1960 endlich überstanden hat, trauert Brigitte Reimann sofort der Geborgenheit des Elternhauses und der Atmosphäre der traditionell gewachsenen Kleinstadt Burg nach. Sie vermißt die idyllische Ruhe des kleinstädtischen Familienlebens, die Anteilnahme ihr vertrauter Menschen, ist krank vor Heimweh und wird von stundenlangen Weinkrämpfen geschüttelt. Anders als bei ihrem ersten Besuch ist ihr die ganze Stadt Hoyerswerda *in ihrer aufdringlichen Neuheit* unsympathisch. Die bunten Wohnblöcke, die sie auf den ersten Blick bezauberten, ähneln nun *einer Riesen-*

Bienenwabe [...], vollgestopft mit bedrohlich fremden Menschen. Gleichzeitig spottet sie über ihre eigene Verzagtheit: *Wie ein eigensinniges Kind habe ich nach Mutti gejammert (ich bin sechsundzwanzig, du lieber Himmel!).*

Die Neugier hilft ihr aus der Niedergeschlagenheit. Der Kulturobmann und die Bibliothekarin empfangen sie überaus herzlich. Sie versichern immer wieder, wie sehr sie sich auf »die Pitschmänner« gefreut haben, von denen sie sich eine Bereicherung der Kulturarbeit versprechen. Während sie aufzählen, was sie von den Schriftstellern alles erwarten, lächelt der weibliche Teil der »Pitschmänner« freundlich, denkt dabei aber mit Entsetzen an die kostbare Zeit, die fürs Schreiben verlorengehen wird. Das Autorenehepaar handelt darum einen Vertrag mit dem Kombinat aus. Jetzt sollen sie doch nicht ins Labor und werden nur einmal in der Woche in der Produktion selbst mitarbeiten, um den Kontakt zu den Arbeitern und ihren Problemen zu gewinnen. In der übrigen Zeit sollen sie eine sozialistische Brigade kulturell betreuen.

Kaum sind die beiden in Hoyerswerda angekommen, wird auch ein »Zirkel schreibender Arbeiter« gegründet. Die Begeisterung der schreibenden Kumpel hält sich allerdings in Grenzen. *Von 20 Eingeladenen waren 4 erschienen; keine Potenzen, nehme ich an,* bemerkt Brigitte Reimann im Februar. *Nur der kleine Volker Braun, Abiturient und seit 4 Jahren in der Produktion, scheint begabt zu sein. Er erinnert mich an meinen Ulli-Bruder – in jeder Beziehung verspäteter Pubertant.*

Auch wenn vieles schwieriger ist, als sie es sich vorgestellt hatte, verdichten sich die neuen Eindrücke sofort zu einer Geschichte. Ein paar Wochen, nachdem sie in Hoyerswerda angekommen sind, beginnt Brigitte Reimann die Erzählung *Die Abiturientin* zu schreiben, die später nach einem Vorschlag ihres Lektors Walter Lewerenz *Ankunft im Alltag* heißen wird. Erzählt wird die

Geschichte von drei Abiturienten, Curt, Nikolaus und Recha, die vor dem Studium für ein Jahr in einem Industriebetrieb arbeiten wollen. Auf die Schwierigkeiten, denen sie unvermutet gegenüberstehen, reagiert jeder anders. Nikolaus handelt zielstrebig und ruhig, Recha ist begeisterungsfähig und streitbar, und Curt entpuppt sich als egoistischer Zyniker. Als sich die beiden jungen Männer in Recha verlieben, entscheidet sie sich für Nikolaus. Durch Curts Leichtfertigkeit wird ein teurer Motor zerstört. Zuerst will er den Schwierigkeiten ausweichen und den Betrieb verlassen, dann jedoch kehrt er um und nimmt die Verantwortung auf sich.

Obwohl sie unbedingt an der neuen Erzählung arbeiten will, kommt Brigitte Reimann – wie sie befürchtet hatte – kaum noch zum Schreiben. Sie empfängt schreibende Arbeiter, liest deren Manuskripte, nimmt an stundenlangen Diskussionen teil, soll außerdem eine Broschüre stilistisch überarbeiten. *Dazu bin ich nicht hier, verdammt nochmal, das ist Redakteursarbeit*, notiert sie ärgerlich. Sie hetzt zu Kulturkonferenzen und FDJ-Versammlungen und gibt sich, statt zu schreiben, praktischen sozialen Aufgaben hin: *Habe die jungen Leute meiner Brigade angestachelt, unseren zwei Schwererziehbaren zu helfen, moralisch und bei der Arbeit. Anfangs Gleichgültigkeit, ja Gefühllosigkeit, plötzlich Begeisterung für die Aufgabe. Ich bin ordentlich stolz. Mein Mitleid für alle vom Leben Zurückgesetzten – aber nun endlich auch tätiges Mitleid*, schreibt sie am 2. April 1960.

In »ihrer« Brigade, die den Namen »10. Jahrestag« (gemeint ist der 10. Jahrestag der Gründung der DDR) trägt, arbeitet sie unter Rohrlegern und Schweißern. Der Maler Dieter Dreßler schildert in seiner Erinnerung »Rückkehr nach Schwarze Pumpe« eindrucksvoll seine erste Begegnung mit Brigitte Reimann: »In seiner Meisterbude fragte ich Brigadier Hanke nach Frau Reimann; sie hatte gerade ihren ›Produktionstag‹. Hanke trat aus sei-

ner Bude heraus, ein schriller Pfiff, eine zwingende Arm-
bewegung, im Hintergrund löste sich eine weibliche Ge-
stalt von einem riesigen Stapel Mannesmann-Röhren
und kam hinkend auf uns zu. ›Das ist sie‹, sagte Hanke
und verschwand wieder in seine Bude. Die Reimann schien
erschöpft, war von oben bis unten verkrustet von Dreck,
Fett und Rost. Ihr Pferdeschwanz sah wie der gewichste
Zopf eines preußischen Korporals aus. Unter dem
Schmierfett-Make up ein Lächeln. Eine fast knabenhafte
Figur, ein knallroter Pullover, dreckig, aber er verdeut-
lichte eine reizvolle Büste über einer beachtenswerten
Taille; die Latzhose zu voluminös, die Arbeitsschuhe zu
groß. Ein Lächeln ihrer Mandelaugen. Wie ein Kumpel
griff sie zum blauen Schutzhelm: ›Tag, Sie wünschen?‹
Ich stellte mich vor und fragte: ›Können wir uns irgendwo treffen?‹ In einem angenehmen dunklen Vibrato kam
es zurück: ›Klar, nach der Schicht im Glück Auf.‹ Als ich
ihr die Hand drückte, hatte ich die meine voller Schmier-
fett, eine Dissonanz zum dunklen Glencheck und hellen
Trench; beide deplaciert.«

Nach und nach geht es ihnen besser. Für das gemeinsam
geschriebene Hörspiel *Ein Mann steht vor der Tür* erhalten
sie im April 1960 den ersten Preis im »Internationalen
Hörspielwettbewerb« der Rundfunkanstalten der Tsche-
choslowakei, Ungarns, Polens und der DDR. Die 4000
Mark Preisgeld werden ihnen aus der größten finanziellen Misere helfen. Vor allem aber ist die Brigade freundlich – und Brigitte Reimanns Angst, zu versagen, weicht
Anfang April 1960 einem Hochgefühl: *Fühlte mich groß-
artig stark in Arbeitsklamotten und mit dreckigen Händen – irgendeine neue, etwas überschwengliche Gefühls-
qualität.*
   Was sie an ihren Produktionstagen beobachtet, findet
sie spannend. Lädierte Schieber aus dem Kraftwerk müssen
eilig repariert werden. Arbeiter dreschen mit 25 Pfund

schweren Vorschlaghämmern auf festgeklemmte Keile. Brigitte Reimann steht in der Werkhalle neben dem Funkenregen der Schneidbrenner, läuft *negerschwarz* durch das Kombinat, ordnet sich trotz früherer Vorbehalte ins Drei-Schicht-System ein, wenn Not am Mann ist. Auch an den Ausflügen, die in der DDR zum Alltag einer Brigade gehörten, nimmt sie gerne teil und fährt zum Beispiel im Bus mit einunddreißig Frauen und Männern ihrer Brigade nach Oybin. Sie stiefelt mit den Arbeitern durchs Zittauer Gebirge. Abends beim Tanz geht es lustig zu. *Die Band spielte einen Extra-Tanz für die Pumpenschwengel – und ich war stolz, daß ich dazugehörte,* bekennt sie, aber sie möchte die Arbeiter auch überzeugen, das nächste Mal nach Dresden in die Gemäldegalerie zu fahren.

Am Ende des ersten Jahres in Hoyerswerda ist sie in ihrem neuen Umfeld akzeptiert. Der Orden »Ehrennadel in Gold«, der den »Erbauern von Schwarze Pumpe« gewidmet sein soll, den man aber großzügig vergibt, prangt nun auch an ihrer Brust. Mehr als über diese Auszeichnung freut sie sich über die Herzlichkeit der Kollegen. Stolz bilanziert sie Anfang Dezember 1960: *Ein großer Schritt nach vorn – wir gehören jetzt erst richtig dazu, das Kombinat hat uns anerkannt.*

Vom Druck der unmittelbaren Existenzangst befreit und durch den Einblick in die Probleme anderer offener geworden, hat sie unter den Arbeitern ihre Lebenslust zurückgewonnen. Sie genießt wieder die Wirkung ihrer erotischen Ausstrahlung.

Eine ihrer Eroberungen ist jener Meister Hanke, den Dieter Dreßler in seinen Erinnerungen erwähnt: ein korpulenter, fast kahlköpfiger, humorvoller Mann. Er ist sechsunddreißig Jahre alt, sieht aber schon aus wie fünfzig. Brigitte Reimann schwärmt von ihm als einem großartigen Mann, bewundert seine Klugheit, Güte, Scharfsichtigkeit und seine Tüftlernatur. Er vor allem ist es, der ihr die

Furcht vor der Arbeitswelt in der Fabrik nimmt, geduldig alles erklärt, mit ihr durch die Hallen wandert, ihr zeigt, wie man Ventile schleift. Sein tätiges Mitgefühl und seine wache Hilfsbereitschaft machen ihn für sie zu einem wunderbaren Menschen. Er verliebt sich in sie, trägt sie auf Händen über Kohlenschlammpfützen. Sie trinken in seinem Zimmer in einer Wohnbaracke, das er auch noch mit einem Kollegen teilen muß, Wein aus Biergläsern, küssen sich verschämt – und er zeigt ihr stolz seine Orden und Auszeichnungen. In seiner Sammlung fehlt nur noch das »Banner der Arbeit«. Die Romanze mit Meister Hanke bekommt ihre Würze durch Gewissensbisse Brigitte Reimanns. Ihr Tagebuch muß sie nun wieder vor ihrem Mann verstecken, doch wie ihr erster Ehemann Günter findet es auch Daniel prompt, und es kommt zu einem Donnerwetter mit Tränen, Verwünschungen, großer Verzichtserklärung. *Bin unschuldig wie alle Triebhaften,* schreibt sie kokett allen Ernstes in ihre Kladde und fügt nicht ohne Selbstironie hinzu: *Immer diese abgeschmackten Dreiecksgeschichten!*

Die Folgen der Romanze sind vor allem literarischer Natur. Von der ersten Begegnung an hat Brigitte Reimann in Erwin Hanke eine literarische Vorbildfigur ausgemacht, einen ehrlichen, umsichtigen und phantasiebegabten Menschen, dessen Kämpfe gegen die Parteibürokratie wie geschaffen scheinen, ihr entstehendes Manuskript *Ankunft im Alltag* um realistische Nuancen zu bereichern. Er ist nicht nur das Urbild des Hamann in der Erzählung, sondern weiß auch zahllose Geschichten zu erzählen, die sie für ihr Jugendbuch begierig aufgreift. *Ein positiver Held, wie er im Buche steht, ein Mann, den Dir kein Mensch glaubt, wenn Du ihn literarisch verarbeitest,* schreibt sie in einem Brief an Wolfgang Schreyer. Wenige Jahre später verunglückt Erwin Hanke. Immer auf der Suche nach Ersatzteilen, fährt er im Oktober 1965 mit dem Auto gegen einen Baum und ist sofort tot. Brigitte

Reimann wird am 18. Oktober 1965 traurig in ihr Tagebuch schreiben: *Die Nachricht hat sich gleich im Kombinat und in der Stadt verbreitet, […] man konnte sich »nicht vorstellen«, daß der dicke lustige unerschütterliche Mann nicht mehr am Leben sei. Die Kombinatsleitung, die ihm zu Lebzeiten alle erdenklichen Schwierigkeiten gemacht hat, »schätzt ein, daß das Kombinat mit Hanke Millionen verliert«. Sie rechnen ihre Toten gleich in Geldwert um. Ich war den ganzen Abend niedergeschlagen, weil es meinen Hamann nicht mehr gibt.«*

Neben solchen bereichernden und bewegenden Kontakten gibt es aber von Anfang an auch üble Erfahrungen in Hoyerswerda. Böse ist vor allem die Begegnung mit Heinrich Ernst Siegrist, einem Schriftsteller, der es versteht, sein minderes Talent durch besonderes Intrigantentum und durch Parteidogmatismus aufzupolieren. Wäre er nicht durchaus symptomatisch für einen bestimmten Typ von Karrieristen in jener Zeit, müßte er heute keine Erwähnung mehr finden. Der skrupellose Intrigant ist das absolute Gegenteil zu Brigitte Reimann, die sich lieber den Mund verbrennt, als zu Mißständen zu schweigen. Als das Schriftstellerehepaar nach Hoyerswerda kommt, ist der Genosse Siegrist schon eine Weile da. Er soll die Betriebschronik des Kombinats Schwarze Pumpe schreiben und erhält dafür monatlich das mehr als fünffache Salär Brigitte Reimanns. Überdies war vorgeschlagen worden, daß er die »Patenschaft« über Siegfried Pitschmann übernehmen solle, damit dieser nach seinem Selbstmordversuch wieder »festen Boden unter die Füße« bekäme. Dieser Nichtskönner mit den großen Lenin-Gesten, mit dieser Proletarier-Herkunft-Protzerei, wie ihn Brigitte Reimann bezeichnet, ist ihr von Anfang an sehr zuwider. Einer Lesung aus seinem Schwarze-Pumpe-Roman »Stürmische Jahre« zuhören zu müssen wird für sie zur Marter. Sofort erkennt sie, daß er zu den Menschen gehört, *die man sich durch eine Kritik zum Todfeind macht.* Nach der Lesung sagt sie ihm trotzdem *endlich mal die Wahrheit.* Sie will ihm die Chance geben, sein *Machwerk* zu überarbeiten, weiß aber im selben Augenblick, daß er es nicht tun wird.

Von da an bricht ein Kampf zwischen beiden aus, bei dem Siegrist sich offensichtlich der hinterhältigsten Methoden bedient. Er streut Gerüchte über Brigitte Reimanns Intimleben aus und sucht, was schlimmer ist, sie politisch zu diffamieren, indem er das Schriftstellerehepaar bei der SED-Kreisleitung als »untergekrochene Bourgeois« denunziert, die der Partei feindlich gegenüberstünden. Mit solchen Verleumdungen sucht er die Skepsis, die der Arbeiter-und-Bauern-Staat generell gegenüber Intellektuellen hat, perfide auszunutzen, vielleicht, um sich der Konkurrenz begabterer Schriftsteller zu entledigen. In einem Artikel in der kulturpolitischen Zeitschrift »Sonntag« gibt er Brigitte Reimanns Arbeit mit dem Zirkel als die seine aus. Zur Rede gestellt, kommt es zu einer Ausprache mit dem Vorstand des Schriftstellerverbandes in Berlin. Brigitte Reimann wird von Erwin Strittmatter in Schutz genommen, der erkennt, daß Siegrist *sein Parteiabzeichen als Schild für seine Machenschaften benutzte.* Siegrist muß sich entschuldigen, gibt aber erst klein bei, nachdem Brigitte Reimann auch vor der Kreisleitung der SED auf Klärung bestanden hat und er bei einer Aussprache den kürzeren zieht.

An diesem Fall wird deutlich, daß Brigitte Reimann auf allen Ebenen zu kämpfen weiß. Sie wehrt sich, will kein Opfer der politischen Verhältnisse werden – nicht der Parteibürokratie und nicht der Kulturpolitik jener Jahre. Sie versteht es, die bestehenden Strukturen geschickt zu nutzen. Nicht zuletzt aber verarbeitet sie vieles, was ihr widerfährt, in ihren Büchern. Aus Siegrist wird in ihrer Erzählung *Die Geschwister* der Maler Ohm Heiners werden. Daß sie aus manchen dieser Querelen nicht nur gestärkt, sondern auch beschädigt herauskommt, steht auf einem anderen Blatt.

Der Kampf mit Siegrist hat sie viel Kraft und Zeit gekostet. Dennoch notiert sie sich im November 1960 befriedigt: *Wie klein diese Diktatoren werden, sobald eine übergeordnete Stelle eingreift! Wirklich, man darf sich nicht ins Bockshorn jagen lassen, nicht die Orientierung verlieren wegen solcher Bonzen.* Daß sie dem besiegten Widersacher am Ende die Hand reicht, bereut sie sogleich als *überflüssige Mitleidregung.*

Ebenfalls sehr widersprüchlich sind Brigitte Reimanns Erfahrungen bei Manuskriptlesungen vor Arbeitern des Kombinats. Zwar verarbeitet sie Konflikte aus der Brigade, aber ihr entgeht nicht, daß die Kollegen sich unmittelbar eins zu eins abgebildet sehen möchten oder argwöhnen, es zu sein. In diesem falschen Verständnis von Literatur als einer Art Problem- und Stoffspeicher und direkter Spiegel der Realität werden sie durch die DDR-Medien jener Zeit bestätigt. Andererseits möchten sie solche Sorgen in literarischen Werken widergespiegelt sehen, die in den Medien verschwiegen werden. Später wird man das »Literatur als Ersatz für Öffentlichkeit« nennen. Die fiktive Seite der Literatur ist den Arbeitern fremd.

Als Brigitte Reimann Anfang März 1960 Teile ihres Manuskripts *Ankunft im Alltag* vor jungen Arbeitern ihrer Brigade liest, ist sie angetan von der Resonanz und der herzlichen Aufnahme ihres Textes. Die Zuhörer nehmen lebhaft Anteil am Schicksal der Figuren. Die Schriftstellerin versucht dem Publikum zu erklären, warum sie beim Schreiben *abstrahieren* muß. *Vielleicht verstehe ich wirklich mit anderen – und gerade mit den sog. einfachen Menschen – umzugehen,* bemerkt sie dazu. Die Arbeiter diskutieren lange und aufgeschlossen, und die Veranstaltung endet in fröhlichem Trinkgelage.

Wie so oft ist Brigitte Reimann auch in dieser Zeit Stimmungsschwankungen ausgesetzt, die nicht allein aus finanziellen Sorgen, Arbeits- oder Beziehungsproblemen herrühren. Stärker als viele andere registriert sie die Nachrichten über die angespannte Weltsituation im Jahre 1960. Die atomare Hochrüstung der USA und der UdSSR hat dazu geführt, daß auf jeden Erdbewohner mittlerweile 3–4 TNT nukleares Sprengmaterial kommen. Abrüstungsvorschläge lehnen sowohl Ost wie West auf der Abrüstungskonferenz in Genf gegenseitig ab. Der Führungsstab der Bundeswehr fordert sogar die atomare Bewaffnung. Adenauer reist in die USA und nach Frankreich, das in diesem Jahr seine erste Atombombe in der Sahara zündet.

Brigitte Reimann wird von nächtlichen Alpträumen verfolgt. Zu den noch aus Kindertagen stammenden Träumen von Spinnen und Gespenstern kommen die von globalen Bedrohungen. Im ersten Jahr in Hoyerswerda träumt sie von Atompilzen und verbrannter Landschaft: *Ich habe Hiroshima ein dutzendmal im Traum erlebt.* Brigitte Reimann ist besorgt und empört, daß auch die DDR ihre Verbündeten um Raketenbasen bitten will: *Atomare Bewaffnung, nachdem wir jahrelang den Westdeutschen zornig und weinerlich vorgehalten haben, daß ihr Leben durch die Raketen unmittelbar bedroht ist. Wer ist das: die DDR? Wer von unseren Arbeitern will einen Raketen-Zaun ums Kombinat?* Entsetzt streitet sie sich auch in der Öffentlichkeit mit Leuten, die *wieder Lust zu marschieren haben.*

Unterdessen hält die Fluchtbewegung aus der DDR in den Westen an. Weihnachten 1959 hatten Brigitte Reimann und Sigfried Pitschmann bereits recht deprimiert ohne seine Eltern verbracht, die »republikflüchtig« geworden waren. Zu den fast 200 000 registrierten Flüchtlingen, die 1960 das Land verlassen, gehört nun auch Brigitte Reimanns Bruder Ludwig. Am 29. April 1960 hat sie im Tagebuch vermerkt: *Lutz ist mit Gretchen und dem Krümel in den Westen gegangen (er ist eben jetzt – vielleicht nur zwei oder drei Kilometer entfernt und dennoch unerreichbar – im Flüchtlingslager Marienfelde). Spüre zum erstenmal schmerzlich – und nicht nur mit dem Verstand – die Tragödie unserer zwei Deutschland. Die zerrissenen Familien, das Gegeneinander von Bruder und Schwester – welch ein literarisches Thema! Warum wird es von keinem gestaltet, warum schreibt niemand ein gültiges Buch?* Sie selbst wird einige Monate später dieses Buch schreiben, die Erzählung *Die Geschwister*.

Die Flucht ihres Lieblingsbruders kommt für Brigitte Reimann nicht überraschend. Wie Ludwig Reimann berichtet, wurde in der Familie viel über eine mögliche Ausreise diskutiert. Er hatte schon früher gehen wollen, aber die Eltern beschworen ihn – mit Rücksicht auf den jüngeren Bruder und Brigitte –, noch zu bleiben. Brigittes idealistische Einstellung zur Idee des Sozialismus sei sehr emotional gewesen, und sie sei dabei geblieben, während seine Auffassung sich »vom Verstand her« geändert habe.

Brigitte billigt seinen Entschluß nicht, nennt Ludwig einen *Wirrkopf*, sucht aber trotz aller Differenzen nach Entschuldigungen für seine Flucht: *Er wollte vor der Partei nicht katzbuckeln – er wird es vor seinen Kapitalisten tun müssen,* und *er ist politisch falsch angefaßt worden; eine schlechte und [...] ungerechte Beurteilung der Parteigruppe hängt ihm an; eine Stellung, die seinen Fähigkeiten nicht angemessen ist; keine geringste Aussicht auf eine Wohnung.*

Der Weggang des geliebten Bruders macht sie sehr traurig, weil sie weiß, sie wird ihn lange nicht mehr sehen können. Tatsächlich treffen sie sich erst nach Jahren wieder. Als Flüchtling ist ihm zunächst jeder Kontakt verwehrt, und der Bau der Mauer am 13. August 1961 sollte die Trennung noch verlängern. Dennoch reißt der Kontakt zwischen den Geschwistern nicht ab, denn die Eltern hatten, wie Ludwig Reimann sich erinnert, einen »Familienrundschrieb« eingerichtet: »Die Kinder schrieben, sie faßten das zusammen und gaben es per Durchschlag weiter.«

Doch was Brigitte Reimann noch mehr beschäftigt, ihr zu schaffen macht und sie immer magerer werden läßt, ist eine neue Leidenschaft, die ihre Ehe mit Siegfried Pitschmann in Gefahr bringen und allmählich ganz zerstören sollte.

9

Qualvolle Lust

Kann man denn zwei Männer zugleich lieben? Ich glaube wohl, es soll ja berühmte Beispiele geben ... Mit diesem uralten Problem kokettierte Brigitte Reimann schon im Tagebuch des Jahres 1955. Da lebte sie noch mit ihrem ersten Ehemann Günter und fühlte sich unwiderstehlich zu Georg Piltz hingezogen. Zeitlebens leidet und genießt sie zugleich dramatische Situationen, die ihr bestätigen, daß sie eine begehrenswerte Frau ist. Die Liebe zu *Joe* und *Jerry* hatte sie irritiert und zugleich fasziniert. Doch erst der Schriftsteller Siegfried Pitschmann löste rund zweieinhalb Jahre später ernsthaft den Wunsch aus, solch eine Doppelliebe tatsächlich zu leben: *Ich wünschte mir ein Leben zu dritt, und ich bin sicher, es wäre ein wunderbares, erfülltes Leben.* Der Traum vom Leben mit zwei Männern mündete ins Gegenteil: in brutale Eifersuchtsattacken Günters, in die Scheidung von ihm und in die partnerschaftliche Ehe mit dem Geliebten Daniel.

Ein Foto zeigt sie beide in ihrer Wohnung in Hoyerswerda: Er, ein schlanker, grazier Mann, sensibel, intellektuell und zärtlich in der verhaltenen, seiner Frau zugewandten Geste. Sie scheint ganz in ihr Buch vertieft, fast selbstvergessen, und doch blickt sie so, als würde ein spontaner Einfall gleich die ruhige Atmosphäre in einen quirligen Disput verwandeln. Ein harmonisches Paar, das gerade einen neuen, gemeinsamen Lebensweg eingeschlagen hat. Den Zirkel schreibender Arbeiter im Braunkohlenkombinat leiten sie gemeinsam, und wie alle anderen plagen sie sich mit den Alltagssorgen jener Zeit: warten, daß endlich ein Telefonanschluß installiert wird (das Angebot des Staatssicherheitsdienstes: ein Telefonanschluß als Belohnung für Spitzeldienste, hatte Brigitte Reimann ausgeschlagen), warten, daß man endlich mit dem seit Jahren angemeldeten Auto an der Reihe ist. Doch das sind für Brigitte Reimann nur Äußerlichkeiten, bürgerlicher Kram, der ihr eher lästig, peinlich oder ärgerlich ist.

Entscheidend ist das innere Band der beiden. Meistens ist jeder mit eigenen Prosaarbeiten beschäftigt, doch zeitweise arbeiten sie gemeinsam an Projekten für Hörfunk und Fernsehen. Aber auch davon abgesehen gibt es gegenseitige Anregungen. Siegfried Pitschmann hatte Brigitte Reimann schon vor dem Umzug nach Hoyerswerda auf die Produktionssphäre im Braunkohlenkombinat als literarischen Stoff aufmerksam gemacht. Nun gestaltet sie ihn in ihrer Erzählung *Ankunft im Alltag*. Die Alpträume seiner Frau sind wiederum Siegfried Pitschmann Stoff für eine neue Erzählung, und Brigitte Reimann hofft, daß seine Geschichte ihr helfen wird, ihre Ängste abzubauen.

Beide schreiben auf völlig unterschiedliche Weise. Siegfried Pitschmann ist ein sorgfältiger und langsamer Spracharbeiter; Brigitte Reimann dagegen schreibt meist ungeduldig und euphorisch und verwirft dann alles ebenso schnell. Dieser Gegensatz führt zu Streitigkeiten. Sie ist unzufrieden mit ihm, versucht ihn anzutreiben: *Du schreibst zu wenig, du hast keine Energie, du erreichst nichts.* Er wirft ihr vor, zu unbekümmert zu schreiben.

Doch erst als ein anderer Mann für Brigitte Reimann

wichtig zu werden beginnt, eskalieren die Spannungen zwischen ihnen. Am 7. Mai 1961 notiert sie im Tagebuch: *Heute morgen Streit mit Daniel. Ich bin traurig und zugleich empört. Er hat in der letzten Woche verzweifelt wenig geschafft, und nun versucht er die Schuld daran auf mich abzuwälzen: auf irgendeine mysteriöse Weise habe ich ihn gehindert … Wie ungerecht das ist! Ich habe ihm alle Arbeiten abgenommen, er hatte Zeit und Ruhe zum Schreiben. Ich will nicht annehmen, daß er gebummelt hat, – wahrscheinlich ist wieder einmal seine grämliche Pedanterie schuld, diese verdammte Sucht, jeden Satz fünfundzwanzigmal zu schreiben. Er erzählt nicht, sondern er bastelt. Aber Bücher sind dazu da, gelesen zu werden […]; nicht der Anspruch des Schriftstellers auf Ewigkeitswerke ist wichtig, zumal wenn der Schriftsteller ein Jahrzehnt braucht für so ein »Ewigkeitswerk«. Jetzt brauchen wir das Buch, nicht in zehn Jahren.*

Er liebt die Bücher Thomas Manns; sie ist im Jahre 1961 noch von den ideologisch vordergründigen Forderungen der Kulturpolitik überzeugt und liest lieber Dieter Noll, hält dessen vieldiskutierten Roman »Die Abenteuer des Werner Holt« *für das beste, was in den letzten zehn Jahren bei uns erschienen ist.*

Er will literarische Kunstwerke schaffen, sie will mit Literatur die Menschen ergreifen und aufrühren, die Welt verbessern: *Meine Bücher sind bei Gott keine literarischen Kostbarkeiten (und alle folgenden Bücher werden es nicht sein), aber sie haben Zehntausende bewegt und ein bißchen beeinflußt. Was ist mehr?*

Solche im Streit geäußerten Überheblichkeiten bereut Brigitte Reimann freilich jedesmal bald: *Gestern war ich mal wieder hübsch garstig und ungerecht. Wenn ich wütend bin, sage ich eine Menge Dinge, die ich nicht gründlich durchdacht habe. Heute früh stritten wir uns schon wieder wegen Thomas Mann, und Daniel nannte mich primitiv und linksradikal, weil ich einer Nützlichkeitslite-*

ratur das Wort rede. Aber ich liebe nun einmal die Streiter und Rebellen, die Veränderer, [...] und ich weiß jetzt auch, warum ich mich für Mann nicht erwärmen kann: er interpretiert, aber er hilft nicht verändern. Schwanengesänge statt der Internationale ...

Wenige Monate zuvor dachte und empfand Brigitte Reimann angesichts der Schreibweise ihres Mannes noch ganz anders: *Gestern abend las er uns ein Stück aus dem alten Internatsbuch vor, das er mit 23 Jahren geschrieben und unvollendet hat liegenlassen. Ein herrliches Stück Literatur! Die Heuszene, um derentwillen ich mich in ihn verliebt hatte ... und gestern war der Zauber wieder da, und ich war zerschmettert und verwirrt, weil ich nicht so schreiben kann und weil Daniel selbst nicht mehr so schreibt (wer auch sollte diese wortgewordene Ekstase bei uns drucken?) [...], und gleichzeitig liebte ich ihn glühend (bei mir geht die Liebe immer zuerst durch den Kopf).* Wie so oft bei Brigitte Reimanns Selbstanalysen ist auch das nur *ein* Teil ihrer Wahrheit und einer momentanen Stimmung geschuldet.

Siegfried Pitschmann hat ein gutes Gespür für das, was seine Frau schreibt. Als er ihr im August 1961 beim Abschreiben der Erzählung *Die Geschwister* behilflich ist, hält sie im Tagebuch fest: *Er sagt, meine Sätze seien gut zu lesen, aber schwer zu schreiben, ohne Harmonie.* »Wie Drahtverhaue«, *sagte ich.* »Wie dein Charakter«, *sagte er. Er ist begeistert von der Erzählung, er findet, meine Art zu erzählen werde immer* »französischer«.

Als Siegfried Pitschmann seine Frau auf diese Weise ermuntert, steckt die Ehe bereits in einer ernsten Krise. Jäh ist 1961 ein Mann in Brigitte Reimanns Leben getreten, der auf sie eine neuartige körperliche Anziehung ausübt: Hans K., den sie im Tagebuch *Jon* nennt. Die in Flirts geübte Frau, die knisternde Stimmungen liebt und prickelnde Situationen genießt, verliert so die Kontrolle über ihre

Gefühle, daß sie Ende März 1961 einen Brief an sich selbst schreibt:

Liebe Brigitte R., Sie haben den besten Mann der Welt, und es ist unverständlich, warum Sie – wenn auch nur für ein paar Wochen – einem anderen in die Arme stolpern. Sie sind ein idiotisches Stück Weibchen. Ihre aufrichtige Brigitte R.

Was ist geschehen? Im Zirkel schreibender Arbeiter ist ihr der ehemalige Philosophiestudent und Raupenfahrer Hans K. begegnet, ein unruhiger Mensch, Arbeiter auf einer Maschinen-Traktoren-Station, ein Mann mit bewegter politischer Vergangenheit. *Zweimal aus der Partei entfernt,* weiß sie.

Auf seltsame Weise ist Brigitte Reimann von ihm fasziniert: *Ein enfant terrible. [...] K. ist häßlich (er sieht meinem U-Bruder so ähnlich, daß ich ihn meine »Inzestliebe« nenne), klug, scharfsichtig und von teuflischer Logik, die alles beweisen und gleichzeitig den schlüssigen Gegenbeweis zum eben Bewiesenen bringen kann. Ein Mensch, der nie wirklich glücklich sein kann, weil er alles, jeden Gedanken, jedes Gefühl, analysiert und seziert und Gesetze daraus ableitet. Wir hatten ihn als Kritiker in den Zirkel aufgenommen. Damals schwor er, nie eine Zeile zu schreiben – er wisse, daß er ein guter Raupenfahrer sei und zöge es vor, ein guter Raupenfahrer zu bleiben statt ein schlechter Schriftsteller zu werden. – Inzwischen hat er [...] eine wirklich gute Geschichte geschrieben und steckt voller Pläne ... Ein schrecklicher Mensch. Wir hatten sofort die »Antenne« füreinander. Wir stritten uns erbittert: Gefühl gegen Verstand.*

Drei Monate später notiert sie: *Er ist ungeheuer eingebildet und arrogant, und es gefällt mir. Er ist häßlich, und es gefällt mir.* Nicht lange, und sie nennt ihn zärtlich-ironisch *Jon Diebsohr,* weil sein rechtes Ohr infolge eines Motorradunfalls ausgefranst ist. Das ist etwas anderes als das Spiel, das sie fast zur gleichen Zeit mit dem Chefdra-

114

maturgen des Rundfunks Gerhard Rentzsch und wenig später mit dem Lyriker Jens Gerlach treibt.

Aus dem anfänglichen Flirt wird rasch eine – wie Brigitte Reimann es in ihrem Tagebuch nennt – *rasende zerstörerische Leidenschaft.* Das Tagebuch, dem sie die *Chronik armer Liebesleute* anfangs nur zögerlich anvertraut und auch dann nur unvollständig, enthält feinsinnige und sensible Aufzeichnungen und Selbstbeobachtungen, aber auch triviale Mitteilungen. Versteifte man sich auf letztere, ergäben sie eine Story, von der eine Courths-Mahler – mit sozialistischen Einschlag, versteht sich – entzückt gewesen wäre. *Er küßte meine Finger. »Jeder einzelne Finger verdient das Gütezeichen Q.«* Da scheint ein *Soho-Mond* vorm Fenster, während das Liebespaar sich bemüht, keusch zu bleiben. Jon plaziert mit Kalkül – so scheint es – raffiniert triviale Sätze: *»Ich werde an dir kaputtgehen – und es wird mir sogar ein Vergnügen sein, an dir kaputtzugehen.«* – *»Ich werde dich lieben bis zu meinem vorletzten Atemzug; beim letzten denke ich dann an mich.«* Brigitte Reimann steht ihm gelegentlich in nichts nach, vor allem als sie auf Jons Ehefrau eifersüchtig ist: *In einer anderen Zeit, einem anderen Landstrich lebend, hätte ich die Frau längst aus dem Weg geräumt.* Sie liebt eben solche dramatischen Effekte.

Die Spur Ironie und Selbstironie, mit der Brigitte Reimann das eigene Liebesdrama dokumentiert, ist ebenfalls charakteristisch für sie: *Für mich haben Dreiecksgeschichten immer eine Spur von Lächerlichkeit, vielleicht weil sie in der Literatur so strapaziert worden sind,* meint sie im März 1961.

Die Komik des Trivialen wird ihr freilich nur für Augenblicke bewußt. Sie ist viel zu sehr mit ihren Gefühlen beschäftigt, mit dem plötzlichen Einverständnis zweier Körper, mit der gegenseitigen Anziehung, die sich aus Widersprüchlichem entwickelt. Die winzigsten Gesten, Worte, Situationen prägten sich ihr ungewollt ein; sie lassen sie nicht mehr los.

Obwohl sie die Schärfe seines Verstandes betont, meint die ganz aus der Emotion heraus lebende Brigitte Reimann, daß Jon ihr ähnlich sei: *Wir tun immer gerade das nicht, was der andere sehr wünscht.*

Jon ist unberechenbar, und daß sie ihn nicht beherrschen kann wie sonst andere Männer, steigert ihre Leidenschaft zur Haßliebe. Sie ist voller gegensätzlicher Wallungen, vor allem ist sie aber hin und her gerissen zwischen Daniel und Jon.

Kaum ist sie staunend ergriffen von Jon und seinem *glühenden Liebesgeständnis*, das er ihr als »schreibender Kumpel« – in eine Erzählung verpackt – präsentiert, da wartet sie schon wieder in einer Bahnhofshalle verzweifelt auf Daniel. Kaum hat sie einen reuevollen Brief an Daniel geschrieben, da trifft sie Jon in der Klubleitung und fährt mit ihm zusammen in die Stadt – um was zu kaufen? Eine Schreibmaschine für Daniel! Ist Daniel weg, umarmt sie Jon auf der Couch, hat aber zugleich Sehnsucht nach ihrem Mann. Im März 1961 schreibt sie: *Wir haben ein paar höllische Tage hinter uns, wir drei, die wir so unglückselig miteinander verkettet sind. Endlich habe ich K. leiden sehen, und ich gönne ihm seinen Schmerz, – warum soll immer mein liebster einziger Daniel leiden?*

Sich ihrem Mann wieder ganz zuzuwenden gelingt ihr nur für wenige Tage: Als er von einem Aufenthalt in Rheinsberg kurz vor Ostern zurückkehrt, ist sie glücklich: *mir ist, als habe ein neues Leben begonnen. Diese drei Tage mit Daniel [...] – nein, nicht Flittertage, es war echtes Gold.* Sie schlafen wieder miteinander, hören einander zu bis zum Morgengrauen, schreiben und korrigieren gemeinsam in Daniels alten Geschichten. *Wir haben wieder geheiratet,* lautet das Fazit der Ostertage. Unruhe und Angst fallen von ihr ab. Ende des Monats aber zieht es sie – unter dem Vorwand, mit ihm seine *Raupenfahrer-Geschichte* durcharbeiten zu wollen – erneut in Jons Wohnung.

Wie eine Rechtfertigung vor sich selbst, dem vernünftigen Teil in ihr, wirkt auch ihr mehrfach geäußertes schriftstellerisches Interesse an Jon. Zwar gehört es zu ihrer Persönlichkeit, jede Begegnung und selbst die eigenen intimsten Regungen als Material für das Schreiben zu betrachten, doch ist sie bereits so sehr an Jon gefesselt, daß die künstlerische Absicht wie ein Selbstbetrug anmutet: *Die ganze Zeit wollte ich über ihn schreiben – zur Selbstverständigung und weil mir daran liegt, diesen überaus interessanten Typ für mich festzuhalten (irgendwo in einem Gehirnwinkel bereitet sich eine Geschichte vor, deren bedeutender, trauriger Held mein lieber K. ist).* Anders, als sie es sich damals vorstellte, sollte Jon in der Tat Jahre später als Vorlage für die Figur des Ben Trojanowicz im Roman *Franziska Linkerhand* dienen.

Vorerst spielen sich in der Realität dramatische Szenen ab, teils in prickelnder Lautlosigkeit, teils in heftigen Auseinandersetzungen. Während Siegfried Pitschmann nachts in seinem Zimmer sitzt und ein Manuskript abtippt, führt Jon im Raum nebenan seine Finger auf ihrer Hand und dann auf ihrem Gesicht spazieren. Ein andermal kommt es zu einem wütenden Wortwechsel zwischen Brigitte Reimann und Siegfried Pitschmann, weil sie den Freund immer noch siezt, obwohl Pitschmann ihre Intimitäten nicht entgangen sind. Er ist außer sich, nennt sie eine Hure. Sie schließt sich trotzig in ihr Zimmer ein. Dann wieder ist sie schuldbewußt, sucht nach *einer sauberen anständigen Lösung,* die es natürlich nicht geben kann. Als Jon vorschlägt, daß sie sich selbst eine Frist setzen sollten, um zu einer Entscheidung zu kommen, wirft sie ihn hinaus, was wiederum den Ehemann in Rage bringt: *Erbitterter Streit mit Daniel, der plötzlich besinnungslos auf mich losschlug und »Mörderin, Mörderin!« schrie. Ich hätte ihn verwüstet, das genüge; nun zerstörte ich auch noch K.*

117

Jon kommt wieder. Brigitte Reimann macht sich selbst etwas vor, wenn sie sich vornimmt, Jon nicht mehr zu küssen, oder wenn sie die Leidenschaft für ihn *Freundschaft* nennt – lauter verzweifelte Versuche, die Situation in den Griff zu bekommen. Als sie ihrem Mann im November schließlich gesteht, mit Jon geschlafen zu haben, lädt er den Liebhaber ins Auto und rast mit ihm in wahnsinnigem Tempo durch die Gegend; *er hatte ihn und sich gegen einen Baum fahren wollen.*

Nicht nur Daniels Nerven liegen blank, auch Brigitte Reimann ist mehr und mehr zermürbt. Wenn sie beide Männer vergleicht, und das macht sie oft, stellt sie fest, daß jeder von ihnen unterschiedliche Facetten ihrer Persönlichkeit anspricht und andere Bedürfnisse ihres Wesens befriedigt. In Jon glaubt sie ihren Bruder Lutz zu lieben, so wie sie ihn sich gewünscht hätte. Es kränkt sie nicht, wenn er sie mit der *geduldigen Zärtlichkeit eines großen Bruders* verspottet. Sie meint, er wecke in ihr einen *Teil Verantwortungsgefühl* und *verdrängten Muttertrieb.* Er ist für sie *die personifizierte Labilität, […] verspielt, infantil bei aller Klugheit.* Anfang Mai 1961 schreibt sie sogar: *er ist der Mensch, der mir gefehlt hat, die Berührung mit ihm schlägt alle unguten Saiten in mir an, – und gerade dadurch (die gesunde heftige Opposition…) wirkt er überaus günstig auf mich ein. Er ist mein Medium zur Selbstverständigung.*

Mit Jon kann sie zum Beispiel im Zug nach Berlin Unsinn treiben, um die Fahrgäste zu schocken. Sie spielen die Komödie eines vorbestraften Paares, das sich bemüht, einen Paß für Staatenlose zu bekommen. Ein andermal leben der dreißigjährige Jon und die fast siebenundzwanzigjährige Brigitte ihren kindlichen Spieltrieb in Indianerspielen aus: imaginäre *Büffeljagden* und *Friedenspfeife rauchen.* Jon ist auch sonst der Mann *für ein paar schreckliche Abenteuer* der simpelsten Art. Acht Jahre später, im Briefwechsel mit Christa Wolf, wird Brigitte

Reimann ihre Neigung zu backfischhaftem Verhalten – allerdings in anderen Zusammenhängen – reflektieren, und Christa Wolf wird antworten: »Warum richtest Du, die sich selbst andauernd ›Backfisch‹ schimpft, Dich nicht an so einer Bettina und ähnlichen Geschöpfen auf? Und ist Dir nicht klar, daß die Pubertätszeit bei allen schöpferischen Menschen verlängert ist und eigentlich ihr ganzes Leben lang dauert, daß eben gerade in diesem Nicht-fertig-Werden der Stachel liegt, der für Produktion gebraucht wird?«

Natürlich erlebt Brigitte Reimann mit Jon nicht nur die Abenteuer eines Backfischs. Im Tagebuch berichtet sie auch von ernsthaften Stunden: *Wir sind in vollkommener Harmonie, obgleich wir uns nicht berühren – abends, wenn wir blaue Stunde spielen: es ist dunkel, und von der Straße her fällt Licht ins Zimmer, Jon sitzt im Sessel, ich hocke auf der Erde, [...] wir sagen Dinge, die wir bei Tageslicht nicht sagen würden. Wir sprachen auch über unsere Ehen. [...] Er war bestürzt, als ich ihm sagte, [...] daß Daniel für mich der beste Mensch auf der Welt ist (und wahrscheinlich der einzige, mit dem ich Tag für Tag zusammenleben kann, ohne zu rebellieren) [...] – und gerade darum wird es mir immer unerklärlich bleiben, warum ich Jon so ins Herz schließen konnte.*

Seine Überheblichkeit stößt sie ab, doch seine Unberechenbarkeit reizt sie. Schließlich scheint sie ihn ganz in der Hand zu haben. Außerdem glaubt sie, mit ihm jederzeit brechen zu können. Doch wenn er etwas mit seiner Ehefrau unternimmt, ist Brigitte Reimann enttäuscht und eifersüchtig. Den *zweiten Rang*, den der Geliebten, will sie nicht einnehmen. Als er aber die Absicht äußert, sich scheiden zu lassen, ist sie zerknirscht, will der anderen nicht den Mann wegnehmen.

Und ihr eigener Mann, Daniel? Als er vorgibt, ein Mädchen kennengelernt zu haben, ist sie rasend vor Eifersucht. Trotz der Affäre mit Jon schwärmt sie von ihm: *Dieser*

Mann ist ein Engel. [...] Er ist noch immer mein romantischer Held, mein Ideal eines Mannes. Da sie ihn ständig mit dem verwegenen Jon vergleicht, nennt sie ihn *mein Sanfter.* Er ist für sie der Inbegriff der *integren Persönlichkeit,* und an seiner Schulter findet sie, die voller Unruhe ist, Ruhe und zärtliche Geborgenheit. Er stimuliert ihre Sehnsucht, selber Zärtlichkeit zu geben: *Manchmal sehe ich, wie seine Hände zittern, seine lieben dünnen Hände, und [...] ich möchte ihn beschützen, ich möchte ihm die Liebe schenken, die ich für meine Kinder empfände, würde ich jemals welche haben,* notiert sie im September 1961.

Ihren Mann braucht sie, um sich selbst zu stabilisieren, mit Jon aber hat sie *ein herrliches, abenteuerliches, süßes Leben.* Das kann nicht gutgehen. Das Zusammenleben unter einem Dach wurde unerträglich.

Für Siegfried Pitschmann ist die Situation schon länger unerträglich, selbst wenn er seine Frau bewundert und versteht, daß sich andere Männer in sie verlieben. Er zieht sich zum Schreiben zurück, wenn seine Frau mit Jon und Erwin Hanke tanzen geht. Er stellt sie nur zur Rede, wenn er zu bemerken glaubt, daß sie lügt oder heuchelt. Im Laufe des Verhältnisses seiner Frau mit Jon kommt es sogar zu freundschaftlichen Augenblicken zwischen den Männern. Dann aber nimmt er sein Bild von ihrem Schreibtisch und fordert seine Briefe von ihr zurück. Er veranlaßt die Trennung des bis dahin gemeinsamen Kontos. Trotzdem kämpft er um seine Frau und erobert ihre Liebe immer aufs neue. Als sie glaubt, schwanger zu sein, freut er sich und malt sich die herrliche Zukunft aus – umsonst, ein Kind bekommt sie dann doch nicht.

Selbst bei erbitterten Streitigkeiten versucht er, gerecht zu sein, ergreift mitunter sogar Jons Partei, wie man gesehen hat. Er selbst zieht sich taktvoll zurück, aber es läßt sich wohl nicht vermeiden, Brigitte Reimann und Jon als verliebtes Paar zu sehen. Ohnehin bewegen die beiden sich gelegentlich ungeniert in der Öffentlichkeit und erregen den Unwillen der Moralisten von Partei und Werkleitung, stacheln den Klatsch an. Siegfried Pitschmann macht immer wieder Kompromisse.

Im Oktober 1961 schreibt Brigitte Reimann: *Daniel läßt mir volle Freiheit (auch die, mit Jon zu schlafen, wann immer ich will), er wird mich nicht mehr berühren, wir werden wie Freunde oder Kollegen miteinander leben.* Die Illusion zerplatzt, als sie ihm gesteht, von der ihr zugestandenen Freiheit tatsächlich Gebrauch gemacht zu haben. Daniels Schmerz und seine Verstörung treiben sie in seine Arme zurück. Die Kette der Irrungen und Wirrungen reißt nicht ab.

Diese Dauerbelastungen machen Siegfried Pitschmann krank. Im Mai hat er hohes Fieber und Nierenbluten. Doch auch bei Brigitte Reimann hinterlassen diese inneren und äußeren Auseinandersetzungen Spuren.

Während der Zerreißproben, die jahrelang andauern, leidet sie des öfteren unter starken Kopfschmerzen, Übelkeit und Händezittern. Hinzu kommen *gräßliche* Schmerzen in Hüfte und Rückgrat. Die Folgen der Kinderlähmung werden bei Belastungen immer stärker. Sieht man von gelegentlichen Infekten ab, so sind es besonders ihre Herzanfälle, die sie quälen und stets dann auftreten, wenn innere Anspannungen, gleich welcher Art, ihren Höhepunkt erreicht oder überschritten haben. Kaum ist sie zum Beispiel wieder mit Daniel vereint – da setzt sich Jon beim Zirkeltreffen neben sie. Die Herzattacke läßt nicht lange auf sich warten. Brigitte Reimann ist mit Jon unterwegs, gerät mit ihm in eine Diskussion über das Verhältnis von Partei und Intelligenz – da fällt sie um und muß von Sanitätern betreut werden. Bei einem Disput mit ihrem Lektor im Aufbau-Verlag, dem sie erklären will, warum sie an der Erzählung *Die Geschwister* nicht mehr arbeiten kann, muß sie in den Frauen-Ruheraum – eine Errungenschaft der DDR – gebracht werden. Selbst ihr emotionales Engagement beim Schreiben führt manchmal zu bedrohlich wirkenden Zuständen: *Eben wieder ein paar Zeilen an den »Geschwistern« geschrieben; plötzlich – Neurasthenikerin – wahnsinniges Herzklopfen, ich mußte mich unterbrechen.*

Sogar erfreuliche Ereignisse wie die Verleihung des Literaturpreises des Freien Deutschen Gewerkschaftsbundes für die mit ihrem Mann in Koproduktion verfaßten Hörspiele *Ein Mann steht vor der Tür* und *Sieben Scheffel Salz* übersteht sie nur mit quälenden Kopfschmerzen.

Depressive Phasen voller Schuldgefühle und Zweifel an sich selbst wechseln mit hysterischen Anfällen wie dem Ende Oktober 1961: *Ich weiß nicht, warum – aber ich brach wieder zusammen, ich weinte und konnte nicht aufhören, und als Jon ins Zimmer kam, fing ich an zu schreien. Ich konnte ihn nicht sehen. Er fragte mich, ob ich heute nachmittag mit ihm nach Dresden führe. Ich schrie, ich war außer mir. Er verließ die Wohnung. Daniel umarmte und tröstete mich ...*

Siegfried Pitschmann berichtet, daß derartige Ausbrüche Stunden andauern konnten. Brigitte Reimann sei dann nur noch ein schreiendes Bündel Mensch gewesen, und es gelang ihm nicht immer, sie zu trösten.

In der Figur des Gläser an die Wand schleudernden Wilhelm im Roman *Franziska Linkerhand* hat die Schriftstellerin derartige Ausbrüche später zu verarbeiten gesucht.

Krankheiten markieren Widersprüche, die sie nicht lösen kann, auch wenn es an Versuchen dazu, auch gedanklichen Fluchtversuchen, nicht fehlt. So keimt die Sehnsucht nach Zuflucht zu *den dunklen, süßen Mysterien des Katholizismus* gelegentlich in ihr auf. Sie ist zwar nicht religiös erzogen worden, doch macht sich der Einfluß der katholischen Mutter und der Kölner Großmutter wiederholt bemerkbar: *ich habe verschwommene Sehnsucht danach, vor einem Beichtstuhl zu knien und in das weiße Ohr eines Priesters zu flüstern und all meiner Bedrückungen und Ängste ledig zu sein, ein friedliches dumpfes Lamm unter dem Mantel Gottes [...] Alles Nonsens. Freilich, in der Tat spukt noch etwas von dem finsteren Glauben meiner katholischen Voreltern in mir.*

Voller Gewissensbisse quält sie sich: *es ist Betrug ja, denn wir haben in Gedanken schon hundertmal beieinander gelegen, und Gedankensünden sind wenigstens genau so schlimm wie die tatsächliche, die vollzogene Sünde.*

Von *Rückfällen* in ihre christliche Erziehung, von der Furcht vor »göttlicher Strafe« für heimliches Treiben hatte sie schon anläßlich ihrer Episode mit Erwin Hanke gesprochen.

Grundmuster des Denkens und Fühlens wie der Kreislauf von Schuld-Reue-Sühne wirken nach wie vor in ihr fort – etwa wenn sie sich selbst *eine banale kleine Sühne* auferlegt und statt eines Sommerkleides für sich selbst etwas für ihren Ehemann kauft. *Aber jede Sünde wird einmal bestraft*, schreibt sie im September 1961 ins Tagebuch, *und wir wissen sehr wohl – obwohl wir, wie andere sagen, keinen moralischen Maßstab haben – daß wir sündigen.* Später wird sie die tödliche Krebserkrankung auch als Bestrafung für begangene *Sünden* verstehen.

Meistens kommt Brigitte Reimann kaum zur Besinnung. Sie eilt zu Versammlungen und Besprechungen ins Kombinat, gibt Zeitungsinterviews, hetzt zu Parteiempfängen, obwohl sie nicht Mitglied der SED ist, trifft Leute von Rundfunk und Fernsehen, feiert mit den Arbeitern Brigadefeste, diskutiert und redigiert im und für den Zirkel literarische Versuche und Brigadetagebücher. Zwischendurch fährt sie zum V. Schriftstellerkongreß nach Berlin oder zu Tagungen der Arbeitsgemeinschaft Junger Autoren nach Cottbus, außerdem wiederholt zu Verlagsbesprechungen.

Als die Erzählung *Ankunft im Alltag* endlich erscheint

und reißenden Absatz findet, ist Brigitte Reimann schon nicht mehr sonderlich daran interessiert. Viel mehr beschäftigt sie, daß sie mit der Erzählung *Die Geschwister* nicht vorankommt.

Manchmal hat sie Anfälle von häuslichem Eifer, dann putzt und wäscht sie bis zur Erschöpfung. Oder sie trinkt, allein oder gemeinsam mit Jon. Der Alkohol aber spült die Konflikte der sich immer mehr in ein Knäuel von Gefühlen verheddernden Brigitte Reimann nicht fort.

Auch die Angst vor einem nuklearen Inferno kann er nicht vertreiben. Wie sehr das bedrohliche politische Klima sie beunruhigt, verrät eine Tagebucheintragung vom Juli 1961: *Gestern war ein schrecklicher Abend. Die Berlin-Krise verschärft sich, ein Gesetz gegen die Grenzgänger wurde erlassen, die Westmächte beraten, Strauß fordert Atomwaffen und Sondervollmachten für ihre Anwendung. Mir war physisch übel, als ich die Kommentare hörte. Wir balancieren wieder (immer noch – seit Jahren) am Abgrund eines Krieges. [...] Gestern vermochte ich mich nicht mehr zu rühren vor Angst. Ich sah die Nacht vor dem Fenster, plötzlich wartete ich darauf, die fremde Sonne am Himmel zu sehen, jenen weißen Glutball, der uns noch einmal, zum letztenmal, einen trügerischen Tag zeigen würde, ehe wir in Asche zerfielen. Ich konnte nicht mehr arbeiten, auf einmal schien mir so sinnlos, sich abzuzappeln, sich um Alltägliches zu sorgen. Ich habe Daniel gebeten, Schlaftabletten zu besorgen. Ich will nicht als ein heulendes, brennendes Bündel durch Trümmer kriechen. Lieber mache ich vorher Schluß.*

Die UdSSR hat mit einer neuen Serie von Kernwaffenversuchen begonnen, die die gigantische Explosionskraft von bis zu 50 Megatonnen TNT erreichen. Auch die USA nehmen – auf Anordnung von Präsident Kennedy – ihre unterirdischen Atomwaffenversuche wieder auf. Die radioaktive Verseuchung von Luft und Wasser beginnt zu steigen; die Medien überbieten sich in Drohgebärden und Hysterie. In der DDR spitzen sich die Konflikte auf andere Weise bedrohlich zu. Bis September 1961 werden in diesem denkwürdigen Jahr 1961 195 828 registrierte Flüchtlinge die DDR verlassen haben; die Hälfte von ihnen ist unter 25 Jahre alt. Am 13. August befestigt der allmählich auch aufgrund des Währungs- und Preisgefälles ökonomisch destabilisierte Staat seine Grenze mit Stacheldraht und Beton. Die Mauer, offiziell deklariert als »antifaschistischer Schutzwall«, unterbindet über Nacht den bis dahin fließenden Verkehr und das fluktuierende Leben zwischen den Ost- und Westteilen. Nur unter Lebensgefahr gelingen noch Fluchten.

Von diesem denkwürdigsten Ereignis des Jahres hat Brigitte Reimann offensichtlich keine Aufzeichnungen gemacht. *Zum Teufel, sollen die Leute doch gehen, denen es bei uns nicht paßt!* schreibt sie am 12. August 1961 ins Tagebuch. Schon vor dem Mauerbau war sie bedrückt von der Medien-Hysterie um »Kopfjäger«, »Menschenhändler« und »Abwerber«, und nach dem 13. August ängstigt sie das *größenwahnsinnige Säbelgerassel,* und sie notiert besorgt: *Es hagelt Zuchthausstrafen. Man kann mal wieder irre werden an unserer Politik.*

Kaum etwas davon, wie Brigitte Reimann den Mauerbau erlebte. Am 21. August dann die Mitteilung: *Wir sind in einer desperaten Stimmung, wir sind müde und urlaubsreif [...].*

Für ein paar Tage fährt sie mit ihrem Mann nach Prag, trifft dort zu ihrer großen Freude Reiner Kunze, den sie schon lange in den Zirkel des Kombinats einladen will, um den Arbeitern einen Begriff von Niveau zu vermitteln. Aber weder die Busfahrt durch die liebliche Landschaft noch das Flanieren mit Daniel durch heitere Prager Straßen oder die Erschütterung angesichts des Gräberfeldes von Theresienstadt können dauerhaft die Gedanken an den daheimgebliebenen Jon vertreiben.

Ein Dreivierteljahr später wird Jon sich scheiden lassen und auf seine Geliebte zu warten beginnen. Brigitte Reimanns Ehe mit Siegfried Pitschmann wird erst am 13. Oktober 1964 vor dem Scheidungsrichter enden. Noch im November desselben Jahres geht Brigitte Reimann das Wagnis ihrer dritten Ehe ein: mit Jon, der nie mit ihr zusammenleben und sie verlassen wird, als sie ihn am dringendsten braucht. Die Figur des Ben aus dem Roman *Franziska Linkerhand* trägt seine Züge. Brigitte Reimanns Schwester Dorothea sagt über Jon: »Ich fand, daß er etwas Besonderes an sich hatte. Brigitte hat ihn wohl in ihrem Buch in den Mittelpunkt gestellt, weil sie ihn am meisten geliebt hat.«

10
»Um zwölf war die ganze Literatur besoffen«
Schriftsteller und Macht

Georg Piltz, der sich als Redakteur mit der permanenten Behinderung der Künstler und Schriftsteller durch kulturpolitischen Dogmatismus und Kleingeisterei herumschlug, hatte Brigitte Reimann für die Konflikte zwischen Intellektuellen, Staat und Partei sensibler gemacht. Unter seinem Einfluß hatte sie begonnen, ihre eigene Rolle als Schriftstellerin innerhalb der Gesellschaft der DDR – nicht gegen sie – genauer zu definieren. Ihre Maxime aus dem Arbeitstagebuch vom Oktober 1955: *Der Wegweiser, den unsere Gesellschaft darstellt, ist eindeutig, ich meine, man könnte in dieser Richtung mit gutem Gewissen gehen*, hatte sich bald, insbesondere nach den Ungarn-Ereignissen von 1956 und den in der DDR niedergeschlagenen Reformversuchen, als unhaltbar erwiesen. Je mehr sie ihre Aufgabe als Schriftstellerin an den »Wegweisern« der kommunistischen Utopie orientierte, um so mehr begann sie mit der politischen und kulturpolitischen Praxis zu hadern und um so mehr sah sie es als ihre Aufgabe an, die Konflikte ihrer literarischen Figuren aus der Spannung zwischen Anspruch und Realität zu schöpfen.

Diese Widersprüche wurden ihr erst allmählich bewußt. Zwar hatte sie sich maßlos darüber geärgert, daß ihr Manuskript *Die Denunziantin* ein Opfer der Kritik geworden war und die Erzählung *Die Frau am Pranger* sich zeitweise angeblich nicht im Einklang mit der Außenpolitik befand, doch nahm sie die internationale Welle der Erschütterungen nach dem XX. Parteitag der KPdSU, den Kampf zwischen Stalinisten und sozialistischen Reformern in den Staaten des Warschauer Pakts anfangs wohl nur verzögert wahr. Sie befand sich selbst noch an der Peripherie der Ereignisse und intellektuellen Debatten. Anders ist ihre Überraschung angesichts der Nachricht der Verhaftungen von DDR-Reformern 1956 nicht zu erklären.

Die vermehrten Aktivitäten des Staatssicherheitsdienstes in der Folge antistalinistischer Revolten und Reformprogramme machten sie dann zu einer unmittelbar Betroffenen. Ihr im Oktober 1955 geäußerter Glauben, daß am Ende die Vernunft siegt und Wahrheit und Menschlichkeit triumphieren werden, hatte dadurch harte Proben erfahren, doch mit der Dekonspiration, dem offenen Bruch und anschließenden zähen Kampf mit der Staatssicherheit, war sie ihrem moralischen Credo: dem eigenen Gewissen zu folgen und nicht zum Heuchler zu werden, treu geblieben.

Die hautnahe Erfahrung der Arbeitswelt in Hoyerswerda macht sie nun auch mit den alltäglichen Konflikten anderer sozialer Schichten und ihren permanenten Auseinandersetzungen mit dem Partei- und Staatsapparat auf verschiedenen Ebenen vertraut. Im Braunkohlenkombinat »Schwarze Pumpe« hat sie unter den Arbeitern die praktische Anschauung; durch Gespräche mit Experten gewinnt sie Überblick. Im Oktober 1962 notiert sie während eines Aufenthaltes im Petzower Schriftstellerheim: *Die Wahlen sind verschoben worden, weil man sie nicht riskieren kann, die »Stimmung« (nennt man das Stimmung?) ist überaus schlecht. Die Arbeiter verdienen weniger, das Fleisch und die Butter sind rationiert, es fehlt an Industriewaren, unsere Industrie geht zurück, der Flugzeugbau ist mißglückt und hat uns viele Millionen gekostet. Wir haben schon wieder Arbeitslose, nicht nur unter der Intelligenz [...]. Schuld sind die Automatisierung, die Umstellung, die der RGW mit sich bringt, und zum Teil wahrscheinlich auch die Mauer. Seit niemand mehr weggehen kann, ist der Mangel an Arbeitskräften behoben.*

Zu alldem machen wir einen psychologischen Fehler nach dem anderen. Wie soll das weitergehen? Öhme (er ist Historiker) sagte, wenn wir jetzt auch noch die Normen überprüfen würden, hätten wir einen zweiten 17. Juni zu erwarten.

Aus alldem hat Brigitte Reimann Stoffe, Figuren und Konfliktkonstellationen gewonnen. Gerade weil sie die Propaganda, nach der die DDR sich das Ziel setzt, »Westdeutschland zu überholen«, lächerlich findet, stellt sie ihr literarisches Konzept dagegen: Sozialismus ist für Brigitte Reimann keine Sache des Lebensstandards.

Im Jahre 1962 befindet sie sich nicht mehr am Rande der gesellschaftlichen Probleme, sondern mittendrin. Ihre Begabung liegt in der außerordentlich emotionalen Verarbeitung dessen, was um sie herum und in der Welt vorgeht. Im März 1962 ist sie zum Beispiel schrecklich aufgewühlt und bricht im Kino in Tränen aus, als sie gemeinsam mit Jon den Film »Allons enfants – pour Algérie« sieht, einen Dokumentarfilm über den algerischen Befreiungskrieg gegen die französische Kolonialmacht. Sie beschließt, einen Offenen Brief, *Hilfe für Aida*, zu schreiben, und eröffnet ihre *Privataktion für Algerien* mit der Anweisung, ausstehende Honorare auf das Solidaritätskonto für Algerien überweisen zu lassen. So wie in diesem Fall reibt sie sich immerfort an der internationalen

Zurückhaltung, dem taktisch-diplomatischen Verhalten der DDR und an der Gleichgültigkeit und Trägheit vieler Mitmenschen. Die um sich greifende Gewöhnung an die Existenz von Atombomben läßt sie beunruhigt im August 1962 notieren: *Wir erzählen Radio-Jerewan-Witze (»Begeben Sie sich gemessenen Schrittes zum Friedhof, damit Sie keine Panik hervorrufen«), wir fachsimpeln über den Radius der restlosen Zerstörung, – und wir sammeln Bücher und schöne Möbel und haben Liebeskummer. Ist das nicht der uralte Aberglaube des »Mich trifft es ja nicht«? Sind wir schon reifgeschossen für den nächsten Krieg?*

Sie nimmt Anteil an Schicksalen wie dem Reiner Kunzes, der einst mit ihr in der Arbeitsgemeinschaft Junger Autoren in Magdeburg war: *Aber auch er war damals ein anderer: ein dogmatisch strenger Genosse, kalt und trocken (dieser in Wahrheit so leidenschaftliche Mensch, dieser Feuerbrand in dem zerbrechlichen Gefäß eines kranken Körpers). Er hat sich verwandelt, nach den schrecklichen Vorfällen (das muß 1957 oder 58 gewesen sein), als man ihn zu Unrecht denunzierte, verurteilte, von der Hochschule jagte, als er eben seinen Doktor machen wollte, und ihn buchstäblich auf die Straße warf. Er war eine Zeitlang Lastwagenfahrer. Heute schreibt er herrliche Gedichte, atemberaubend ehrlich – er spricht alles aus über unsere unselige Vergangenheit, was endlich ausgesprochen werden muß, und natürlich ist der Gedichtband noch verboten,* schreibt sie im November 1962. Beide stimmen überein im Haß auf die militaristischen Tendenzen der Gesellschaft und die militante Sprache, im Urteil über die Überheblichkeit, mit der der deutsche als der beste Arbeiter der Welt propagiert wird, und den Stil der Presse: *siehe LTI; Rassenwahn ersetzt durch Klassenwahn.* Es ärgert sie der Dogmatismus und die Borniertheit der DDR-Kulturpolitiker: *Man sagt, Kurella (den ich in Kuratella umgetauft habe) K. also habe im kleinen Kreis geäußert, wir machen die einzig richtige Kulturpolitik. Was heißen soll, die anderen sind Revisionisten oder auf dem Weg zum Revisionismus; was auch erklärt, warum man ängstlich die Kultur anderer, auch der sozialistischen, Länder fernhält.*

Aus ihrer Unzufriedenheit macht sie auch keinen Hehl in öffentlichen Diskussionen oder Stellungnahmen. Gerade darum wird Walter Ulbricht, seit 1960 nicht nur Erster Sekretär des ZK der SED, sondern auch Staatsratsvorsitzender, auf Brigitte Reimann aufmerksam. Das ZK der SED hatte Schriftsteller und Künstler ersucht, über ihre Erfahrungen in Großbetrieben oder der Landwirtschaft zu schreiben, und Brigitte Reimann hatte daraufhin einen kritischen Bericht über die Zustände im Kombinat »Schwarze Pumpe« verfaßt. Um diesen Vorgang zu verstehen, muß man sich folgendes vergegenwärtigen:

Auf heute kaum noch vorstellbare Weise wurde in der DDR der Literatur eine große Wirkung zugesprochen, vor allem eine erzieherische Funktion beim Aufbau der sozialistischen Gesellschaft. Schriftsteller waren einerseits hoch geachtet, andererseits hielt man sie selbst für ständig erziehungsbedürftig, damit sie in der Lage wären, im gewünschten Sinne zu funktionieren. Manche Autoren mutierten tatsächlich zum ideologischen Sprachrohr und wurden dafür von den Machthabern, die zumeist nicht die geringste Sensibilität für Kunst und kein literarisches Urteilsvermögen besaßen, gelobt und mit Preisen belohnt. Viele Schriftsteller aber kollidierten aufgrund eigener Intentionen, Ideen und anderer Auffassungen – vor allem von den Freiräumen und Spielarten der Kunst – mit den Vertretern der Macht. Autoren wie der erwähnte Reiner Kunze wurden dafür hart gemaßregelt. Die ständigen Versuche, die Autoren »auf Linie« zu bringen und von ihren Werken zu profitieren, waren mal rigoroser, mal lockerer. Was mit Brigitte Reimanns Bericht über mangelnde Kultur und Mißstände im Kombinat

»Schwarze Pumpe« an das Zentralkomitee der SED geschah, ist in gewisser Weise exemplarisch für das Verhältnis von Schriftstellern und Macht in jener Zeit.

Am 14. September 1962 erwähnt Brigitte Reimann diesen Bericht zum erstenmal: *Wahrscheinlich habe ich
wieder geketzert. Die Sache hat mich eine ganze Woche
gekostet.* Die Ketzerin, die durchaus damit rechnet, für
ihre Kritik zurechtgewiesen zu werden, ist freudig überrascht, als Daniel sie Anfang November aufgeregt anruft,
um ihr das Gegenteil mitzuteilen: *Die Analyse wurde in
einer ZK-Sitzung diskutiert, [...] ist jetzt bei Ulbricht,
soll der Presse übergeben und auf dem 6. Parteitag ausge-
wertet werden.* Brigitte Reimann sieht sich in ihrer An-
nahme bestätigt, daß man durch offene Kritik etwas in
Bewegung setzten könne, und fragt sich: *Ist es immer
noch so schwierig, bei uns mutig zu sein? Wovor scheuen
die anderen Schriftsteller zurück?* Sie freut sich, daß die
Meinung der Schriftsteller gefragt ist, fühlt sich gebraucht
und natürlich ein wenig geschmeichelt. Erst später wird
ihr halb bewußt werden, daß sie auch benutzt worden
ist.

Ende November fährt sie nach Berlin, um Illustrationen
für ihre Erzählung *Die Geschwister* auszuwählen, doch
zuvor folgt sie einer Einladung ins ZK, wo eine Diskussion mit Schriftstellern stattfindet. Im Tagebuch beschreibt sie die Stimmung der Debatte: *Die Diskussion
beim ZK litt unter der Anwesenheit von Otto Gotsche (solange das Triumvirat Gotsche, Kurella und Rodenberg
regiert, bleiben die Meisen im Exil). Ich weiß nicht, ob er
uns mißverstand oder nur vorgab, nicht zu verstehen, und
manchmal erschien er mir beinahe feindselig gegen eine
Generation, mit der ihn nichts verbindet und die nicht ge-
willt ist, sich von ihm gängeln zu lassen.* Otto Gotsche ist
Arbeiterschriftsteller und zugleich hoher Funktionär.
Seit zwei Jahren ist er Sekretär des Staatsrates, und inner-

halb eines Jahres wird er es außerdem bis zum Kandidaten des ZK der SED bringen. Bei diesem Gespräch mit Schriftstellern im November 1962, in dem es weniger um ästhetische als um gesellschaftspolitische Probleme ging, übt er sich offensichtlich schon in diese Rolle ein.

Der Generationskonflikt, der sich Anfang der sechziger Jahre zwischen den jüngeren, um 1930 geborenen Schriftstellern und den älteren, wie dem 1904 geborenen Otto Gotsche, zeigte, zog im Grunde eine Trennlinie zwischen Gefolgsleuten oder Müdegewordenen und Kritikern dogmatischer Kultur- und Kunstauffassungen. Diese Trennlinie war fließend. Auch unter den Älteren gab es kritische und kraftvolle Autoren wie Stefan Heym, die sich Konflikten stellten und deshalb – gemeinsam mit den Jungen – ins Schußfeld der Dogmatiker gerieten. Daß mit den jüngeren kritischen Autoren eine Generation auf den Plan trat, die erstmals eine bemerkenswerte DDR-Literatur schaffen sollte, war damals erst zu ahnen.

Brigitte Reimann hält Gotsches Forderungen an die Jungen für falsch: ausschließlich aktuell, also *für heute, für die Zeitung*, zu schreiben. Sie notiert sich Passagen der Diskussion als Material für komische Romanszenen und weiß sich ganz auf der Seite der Jungen, die *ihn unter Feuer nahmen und uns vertraten*. Man diskutiert die endlich beginnende Aufarbeitung des Personenkults im eigenen Lande, die anhaltende Erziehung zu falschem Denken, und Harald Hauser formuliert das, was Brigitte Reimann und die Schriftsteller ihrer Generation wohl am meisten bewegt: *Hauser sprach, sehr laut und lebhaft, über das längst fällige Ersetzen von starrer, zu Zeiten der Illegalität notwendiger Disziplin durch Verantwortungsbewußtsein und eigenes Denken – auch gegen ein Kollektiv*. Brigitte Reimann nimmt sich vor, sich mit diesem Problem literarisch zu beschäftigen, in die Debatte greift sie jedoch nicht ein, weil sie sich – entgegen ihrer sonstigen Diskutierfreude – scheute, in größeren Versammlungen zu sprechen.

Ende November wird Brigitte Reimann erneut ins ZK eingeladen – diesmal von heute auf morgen und von Walter Ulbricht persönlich. Unter den Geladenen sind hochkarätige Künstler und Schriftsteller wie Anna Seghers, Stephan Hermlin, Erwin Strittmatter, Helene Weigel, Fritz Cremer, Paul Dessau, Wolfgang Langhoff. Zu Brigitte Reimanns Erstaunen wird ihre Analyse für das ZK von Walter Ulbricht mehrmals erwähnt und gelobt. Ein paar Tage später wird er anläßlich einer Leipziger Bezirksdelegiertenkonferenz wiederholen: »Ich möchte den Dank an diese parteilose Schriftstellerin dafür aussprechen, daß sie so offen diese Probleme behandelt und darüber gesprochen hat, wie sich die Menschen verändern, wie sich die Arbeit des Schriftstellers verändert und wie im Kampf um die Lösung der großen Produktionsaufgaben die Veränderungen der materiellen und kulturellen Lebensbedingungen und des Denkens der Menschen erfolgt. [...] Mir scheint, sie hat einen bedeutenden Beitrag zur Vorbereitung des Parteitages geleistet.«

Diese pauschale Vereinnahmung und die Reaktion von Fritz Cremer (»Die Reimann soll Romane schreiben, aber keine Briefe!«) macht sie stutzig. Später kommentiert sie die Eröffnungsrede Ulbrichts im Tagebuch – nicht etwa öffentlich – ironisch: *Offenbar soll der Roman ein Lehrbuch der Ökonomie ersetzen, die Konflikte liegen auf der Straße, man braucht nur in einen Betrieb zu gehen; eine Maschine wird konstruiert, nicht gebaut, es gibt Streit zwischen den Ingenieuren, schließlich produziert man sie doch (dies eines der banalen Rezepte) –* »*und dann kommt es nur noch auf die künstlerische Meisterschaft an*«. Als sie erlebt, wie aggressiv Walter Ulbricht sich im Verlauf der Beratung verhält, wird ihr alles, was er »klug und ausgezeichnet« nennt, verdächtig. *Wiens wurde von U. immerzu unterbrochen, in der unverschämtesten Weise, rechthaberisch und bösartig, mit seinem ewigen* »*Was ist denn los?*«, *vorgebracht von einer widerwärtigen Eunuchen-*

133

stimme. Dieser Mann ist von Machtrausch besessen, er läßt keine Meinung gelten außer der seinen, er ist ein Demagoge, der falsch und verlogen argumentiert und mit der linken Hand nimmt, was er eben mit der rechten gab, hält sie am 2. Dezember 1962 fest.

Bei Brigitte Reimann hinterläßt diese Veranstaltung Entsetzen. Nicht nur *die hohe schneidende Stimme,* die *üblen Verdrehungen* und das *selbstgefällige Grinsen* des ersten Mannes im Staate widern sie an; sie ist entmutigt, ahnt eine künftige restriktive Kulturpolitik: *Es ist hoffnungslos, Besserung für unsere literarische Situation zu erwarten, solange dieser amusische Mensch mit seinem Kleinbürgergeschmack sich Urteile anmaßt.*

Als Ulbricht in seinem Schlußwort die Künstler in gemeinster Weise beschimpft, bricht sie *vor Wut und Haß* in Tränen aus.

Am Ende der traurigen »Beratung« zwischen Künstlern und Macht zieht sie Bilanz: *Dieser Tag hat mich kurz und klein geschlagen, ich muß erst damit fertigwerden. Man sollte nicht mehr reden oder Reden hören, sondern unbeirrt schreiben.*

Daß ihr von Ulbricht gelobter Brief an das ZK am 8. Dezember in der SED-Zeitung »Neues Deutschland« abgedruckt wird, ist ihr fatal. Im Januar 1962 noch hatte sie die Politik der SED so gern begreifen wollen und litt unter ihrer Opposition; im Dezember nun ist es ihr peinlich, zu wenig Opposition eingebracht zu haben. Dann aber fühlt sie sich doch bestätigt. Ihr im ND gedruckter Brief hat Mitte Januar 1963 riesiges Aufsehen erregt, und sie bekommt viele Briefe von Fremden, die ihr für ihren *ermutigenden und mutigen Artikel* danken. Das Wort des Schriftstellers hat Gewicht; er gilt vielen Lesern als Sprecher der unmündig gehaltenen Mehrheit. Brigitte Reimann ist stolz und fühlt sich anerkannt – von »unten« wie von »oben«.

Walter Ulbricht aber wird die Worte Brigitte Reimanns

immer wieder zitieren. Fast ein halbes Jahr nach ihrem Wutausbruch über seinen Auftritt wird er einen ihrer kritischen Artikel loben, und sie empfindet diesmal nicht Ekel, sondern Genugtuung. Sie wird sogar über *ein paar gescheite Scherze* des Staatsmannes lachen. Obwohl sie einen Huldigungsartikel zu seinem 70. Geburtstag verweigert, wird sie im Juli des Jahres 1963 zum Staatsratsempfang anläßlich seines Geburtstags gehen.

Zuvor aber wird sie vom Politbüro des ZK der SED als Gast zum VI. Parteitag der SED eingeladen, der vom 15. bis 21. Januar 1963 in Berlin stattfindet. Wiederum werden ihre Hoffnungen auf einen Umschwung zugunsten einer liberaleren Kulturpolitik enttäuscht. Erneut werden Schriftsteller attackiert. Es ist jener Parteitag, auf dem mit Peter Huchel, dem Dichter und Chefredakteur der Zeitschrift »Sinn und Form«, die Walter Jens das »Geheime Journal der Nation« nennt, abgerechnet wird. Huchel hatte versucht, eine gesamtdeutsche Literaturkonzeption durchzusetzen. Brigitte Reimann hört sich an, wie Akademiepräsident Willi Bredel Huchel beschimpft – und fühlt sich unbehaglich. Sie begräbt alle Hoffung auf künstlerische Freiheit: *Die nächsten 2 Jahre können wir uns nicht mal einen inneren Monolog leisten...*

Brigitte Reimanns Gefühle und Gedanken sind, wie so oft, widersprüchlich. Einerseits ist sie entsetzt von der Pogromstimmung, sieht, wie der *Schematismus wieder seine finsteren Blüten* treibt, und findet es lächerlich und zynisch, daß gleichzeitig vom Rednerpult herab verkündet wird, *der Schriftsteller* habe in der DDR *alle Freiheit und Möglichkeit zur schöpferischen Entfaltung.*

Andererseits hat sie etwas gegen die *modernistischen Kuckuckseier,* die *einige Kollegen, voran dieser Snob Kunert, [...] ins soz.-real.*[sozialistisch-realistische]*Nest* gelegt haben. Sie kann Günter Kunert nicht leiden, sie versteht eher die menschlich Behutsamen wie Kunze als die aggressiveren Ironiker, die längst keine Illusionen mehr haben. Sie ist immer noch bemüht, den Zorn der Genossen auf Peter Hacks nachzuvollziehen, der verlauten ließ, er könne weit und breit keine Helden entdecken. Wo ihre Kollegen sich wehren, sucht die sonst so rigorose Brigitte Reimann ausgleichend und glättend nach produktiven Ansätzen, die ihren Optimismus stützen: *man sollte aber beginnen, den Begriff des »Helden« in der Literatur zu klären.* Selbst Walter Ulbricht macht auf sie einen besseren Eindruck als sechs Wochen zuvor. *Ulbricht war mild und freundlich, und diesmal, beim Schlußwort, bekam ich auch wieder mein Lob; schon im Politbüro sagte man von mir, ich sei ein Held ... Trauriger Held: ich fühle mich gar nicht tapfer und beständig, taumele zwischen Optimismus und Depression. Vielleicht bin ich einfach nur starrköpfig?*

Erst als sie im Petzower Schriftstellerheim, in das sie nach dem Parteitag zurückgefahren ist, die Empörung und Verzweiflung anderer Autoren erlebt, die eine Zusammenfassung des Parteitages im Fernsehen verfolgen, dämmert ihr endlich, daß sie als eine Art Aushängeschild mißbraucht wird: *Zuletzt: Ulbricht – und natürlich Lob für BR, und jetzt hängt's mir zum Halse raus, ich kann's nicht mehr hören, ich bin nicht Zeuge, da man dort persönliches Verhalten und literarische Arbeit voneinander abtrennt und durcheinanderwirft. Ich bin sicher, daß die meisten Kollegen mich abschätzig oder sogar zornig ansehen werden, und ich kann, bei Gott, nichts dafür, habe nur, wie ein Dutzend anderer, die verlangte Analyse geschrieben.*

Obwohl ihr übel wird, als sie später, im Fernsehzusammenschnitt, die auf dem Parteitag einmarschierende Delegation von Jungen Pionieren [der Kinderorganisation] sieht, gesteht sie, daß sie der Parteitag tief beeindruckt habe. Widersprüchlicher geht es nimmer. Die *Menge kluger Dinge, ermutigender Pläne und gründlicher Analysen*, die sie unter dem Strich festhält, bezieht sich auf die Visionen von einer friedlichen Zukunft, wie sie Nikita Chruschtschow in seiner Rede entworfen hat. Beim Anblick der Delegationen aus 70 Ländern streift sie ein Hauch von Internationale und bei den Wirtschaftsberichten in jenem eiskalten Winter des Januars 1963, da die Kohle knapp wird und die Stromversorgung in der DDR allerorten zusammenbricht, die Vision einer geeinten, friedlichen Welt, *die wirklich imstande ist, alle Schätze zu heben, [...] Wüsten zu bewässern und den Nordpol in fruchtbares Land zu verwandeln.*

Am Rande des Parteitages, der Pogromstimmung gegen kritische Schriftsteller der jüngeren Generation macht, trifft Brigitte Reimann Anna Seghers, die sie seit langem verehrt. Als Teenager schon gehörten Bücher von Anna Seghers – so hatte sie der Freundin Veralore Weich mitgeteilt – zu ihrer Lieblingslektüre. Und hatte nicht Georg Piltz sie bestärkt, indem er ihr im August 1955 zärtlich ins Ohr flüsterte, sie könne, wenn sie den rechten Weg fände, eine zweite Seghers werden? In den kulturpolitischen Kämpfen, in die Brigitte Reimann mehr und mehr verwickelt wird, verfolgt Anna Seghers ihre besondere, unspektakuläre Taktik. Sie verteidigt Autoren – wie Heiner Müller – in internen Gremien. Öffentlich ergreift sie das Wort, wenn es wirklich um künstlerische Sachfragen geht. Sie will lieber schreiben als öffentliche Reden halten.

Einen Gedankenaustausch mit der berühmten Schriftstellerin wagt Brigitte Reimann nicht. Ihr Verhältnis zur Seghers ist befangen und schwärmerisch. Am 22. Januar notiert sie anläßlich einer Begegnung in der Garderobe der Berliner Werner-Seelenbinder-Halle: *Schrieb ich schon, daß ich ein paar Worte mit Anna Seghers sprach, daß ich sie sah, die Angebetete, ihr in den Mantel helfen durfte? Herzklopfen zum Zerspringen ... Einmal rempelte sie mich an (sie ist ein bißchen ungeschickt oder tut so) – ich war selig. Eine wunderschöne Frau – und wirklich Frau.*

Dabei hätte Brigitte Reimann die beinahe stumme Heiligenverehrung gar nicht nötig gehabt. Der Präsidentin des Deutschen Schriftstellerverbandes ist die junge Kollegin durchaus keine Unbekannte mehr. Sie hatte sich ein Jahr zuvor anläßlich einer negativen Kritik zu *Ankunft im Alltag* im »Sonntag« auf einer Leserbriefseite zu Wort gemeldet und Brigitte Reimann verteidigt und ermuntert. Brigitte Reimann hatte gejubelt: *Brief von Anna Seghers, die mein Buch gelesen hat und so klug und freundlich darüber und über die Rezension schrieb, daß ich Th. beinahe dankbar war: er hat mir diese Zeilen der angebeteten, der großen Anna Seghers verschafft. Ich war glücklich. Sie schrieb auch:* »*B. R. beginnt ernst zu arbeiten, sie sieht sich um, sie erfindet.*« *Das war mir, so zurückhaltend es ist, mehr als ein Dutzend liebenswürdigster Lobsprüche, mein Ehrgeiz, etwas zu leisten, stieg für einen Tag ins Ungemessene.*

Auch die Versuche der Seghers, zwischen den Generationen zu vermitteln, waren Brigitte Reimann nicht entgangen. Der Generationenkonflikt war auf dem V. Deutschen Schriftstellerkongreß im Mai 1961 zutage getreten. Brigitte Reimann hatte über die Schriftsteller der älteren Generation, vor allem Arnold Zweig, gemutmaßt: *sie glauben, wenn sie gehen, stirbt die deutsche Literatur. Allein Anna Seghers schien zuversichtlich; ihr Appell an die Alten freilich, sich mit den jungen Schriftstellern helfend zusammenzusetzen, wird wohl ungehört verhallen.* Als Anna Seghers in einer Kongreßpause vor ihr stehengeblieben war und sie anlächelte, fiel sie beinahe in Ohnmacht. Beim abendlichen Empfang im Roten Rathaus ließ sie sich von Kulturfunktionären hofieren: *Ich war ganz bestürzt, weil sie alle mich kannten und so nett begrüßten und* »*Eichhörnchen*« *zu mir sagten.* Spätestens hier hätte sie die Gelegenheit ergreifen können, mit Anna Seghers zu sprechen, doch sie flüchtete verwirrt und vielleicht schon weinselig in ein Gespräch mit Alexander

Abusch über Schwierigkeiten im Kombinat »Schwarze Pumpe«.

Am Ende des Schriftstellerkongresses feierte die junge und die alte Schriftstellergarde im Verein. Noch tanzte man gemeinsam mit den Funktionären Boogie, prostete sich zu und trank Brüderschaft. *Um zwölf war die ganze Literatur besoffen*, heißt Brigitte Reimanns Fazit.

Der Schriftstellerkongreß hatte sie angeregt, über ihre Position als Autorin nachzudenken. Sie wollte sich von nun an mehr dem Schreiben widmen.

Anna Seghers hatte den Jungen in ihrem Referat Gedankenaustausch und Hilfe angeboten. Hätte sie für junge Prosaautoren das werden können, was Stephan Hermlin mit einem Lyrikabend in der Akademie der Künste am 12. Dezember 1962 werden sollte: ein Bahnbrecher für das literarisch ganz Andere, Neue? Brigitte Reimann scheut aus übergroßer Ehrfurcht davor zurück, das vage, an alle gerichtete Angebot der Seghers anzunehmen, tauscht sich jedoch in dieser Zeit immer wieder mit dem warmherzigen Erwin Strittmatter aus oder mit Bodo Uhse, der bereits resigniert ist und ihr auf ihrer Hochzeit mit Siegfried Pitschmann gesagt hatte: *Ihr habt die Kraft, alles das zu schaffen, wofür mir die Kraft fehlt.*

1963 wird er Peter Huchel noch als Chefredakteur der Zeitschrift »Sinn und Form« ablösen – aber bereits im selben Jahr sterben. Brigitte Reimann, die bei ihm zu Gast war und mit ihm über den um sich greifenden Provinzialismus diskutierte, die vor allem seine Ritterlichkeit gegenüber Frauen schätzte, hatte noch im Mai einen freundlichen Brief anläßlich des Erscheinens ihrer Erzählung *Die Geschwister* von ihm erhalten, der sie sehr stolz machte. *Er hat, einer der wenigen, das Süß-Unheimliche dieser Geschwisterliebe erkannt und benannt.* Einen Tag nach seinem Tod am 2. Juli 1963 schreibt sie ins Tagebuch: *Zuerst, als ich die Nachricht hörte, dachte ich: Selbstmord. Ich sehe noch sein zerfurchtes Knabengesicht an jenem Abend, als wir bei ihm waren. Er war bitter und traurig. Er hat viel getrunken, es gibt ja solche Arten von Selbstmord. [...]. Wir haben ihn sehr geliebt. [...] Ich beneidete ihn um seine tief verstehende schöne Beziehung zur Malerei.*

Überhaupt betrachtet Brigitte Reimann so manchen der alten Schriftsteller mit menschlicher Anteilnahme und kritischem Verstand zugleich. Als sie dem einsamen, alten *und schon ein bißchen zu kindhaften* Hans Marchwitza 1961 in Petzow begegnet war, hatte sie gern bei ihm gesessen und über seine altväterlichen Witze gelacht. Doch war ihr da die Kluft zwischen den Alten und den Jungen bewußt geworden, denn wie viele der Alten begriff Marchwitza das Vorwärtsdrängen, die Unzufriedenheit der Jungen nicht mehr. *Er hat das Ziel seines Lebens erreicht,* hatte Brigitte Reimann im Dezember 1961 festgehalten, *er lebt schon im Sozialismus; ich glaube, er versteht auch unsere Welt und ihre Schwierigkeiten nicht mehr. Er ist sanft und gut und glaubt so vielen guten Menschen begegnet zu sein.* Auch der 1890 geborene Arbeiterschriftsteller Hans Marchwitza hatte sich vorgenommen, einen Roman über das Kombinat »Schwarze Pumpe« zu schreiben, gestand aber Brigitte Reimann sein Scheitern: *er habe das Gefühl, er könne das nicht mehr bewältigen, auch wolle er von der Vergangenheit erzählen, über Dinge, die er kenne. Dies schien uns Erkenntnis und Eingeständnis, daß er von der Welt – der Republik, der Arbeiterklasse 1961, nicht viel weiß, nicht genug weiß, daß er sie vielleicht gar nicht mehr begreift.* Nach seinem Tod am 17. Januar 1965 wird sie – schlechten Gewissens – nicht zu seiner Beerdigung nach Potsdam fahren, aber seiner freundlich gedenken: *ich habe den »Hannes« gern gemocht [...]. Er war ein guter Mensch.*

Nicht alle Alten sind resigniert. Am 3. Februar 1963 empört Brigitte Reimann ein infamer Artikel über den bekannten sowjetischen Autor Ilja Ehrenburg im »Neuen

Deutschland«. Seine Haltung macht in einem Bonmot die Runde und wird von Brigitte Reimann bewundernd festgehalten: »Ich bin ein alter Mann, ich kann es mir nicht mehr leisten zu lügen. Ich schreibe jetzt die Wahrheit.« Aber mit Eduard Claudius, der in einem Haus am Potsdamer Stadtrand komfortabel lebt und den Jungen mit der ewigen Leier kommt: *als wir in eurem Alter waren – wir haben gekämpft, wir haben gehungert, ihr könnt euch das ja nicht vorstellen, ihr kennt keine Arbeitslosigkeit, ihr seid verwöhnt, ihr legt euch in gemachte Betten,* streitet sie erbittert. *Wir haben uns nicht verständigen können,* heißt im Februar 1963 das Fazit ihres Besuches.

Ungebrochen bleibt Brigitte Reimanns Schwärmerei für Anna Seghers. Merkwürdigerweise ist im Tagebuch, das sonst häufig über Lektüreerlebnisse berichtet, fast nichts über die Bücher der Seghers zu lesen.

Auf den Ehrentribühnen zu Feiertagen und Großkonferenzen sitzen in der DDR auch renommierte Schriftsteller. Die allmählich bekannt werdende Brigitte Reimann darf zum Beispiel unvermutet am 25. und 26. März 1963 im Präsidium einer Kulturkonferenz des Zentralkomitees der SED sitzen – und endlich fallen dabei ein paar Worte zwischen ihr und Anna Seghers. *Und dann der große Augenblick, auf den ich fünfzehn Jahre lang gewartet habe (seit ich »Das siebente Kreuz« las, 1945 oder 46, bei rororo erschienen, auf miserabelstem Zeitungspapier): Anna Seghers sprach mich an. Sie zog mich an den Haaren und fragte mit ihrer tiefen rauhen Mainzer Stimme: »Wer bist du, Mädchen mit dem Pferdeschwanz? Du bist mir doch schon öfter aufgefallen.« Ich stammelte meinen Namen. Sie sagte: »Ich habe schon mal über dich geschrieben.« Ich sah sie wie durch Nebel [...]. Sie sieht ein bißchen schlampig aus – von einer genialen, wunderschönen Schlampigkeit –, sie benimmt sich so ungezwungen, wie ich es noch bei keinem Menschen gesehen habe: im*

Präsidium drehte sie sich immer nach uns um und lachte, und dann schwatzte sie mit Arnold Zweig, der winzig und gebrechlich neben ihr saß, und mit Helene Weigel.

Ähnlich hilflos und voller Minderwertigkeitskomplexe ist Brigitte Reimann auch beim zweiten Gesprächsversuch, den Anna Seghers während einer Delegiertenkonferenz des Deutschen Schriftstellerverbandes Ende Mai 1963 unternimmt. Die Erzählung *Die Geschwister* ist gerade in aller Munde. *Anna Seghers versuchte mir etwas zu dem Buch zu sagen, aber ich konnte sie einfach nicht verstehen [...], und sie entschuldigte sich die ganze Zeit, weil sie eine so ungeschickte Kritikerin sei, und dabei hatte ich doch immerzu das Gefühl, sie durchschaue mich bis in den letzten Gehirnwinkel, bis zur »Schlangengrube« mit Ehrgeiz und Egozentrik. Immerhin verstanden wir soviel, daß Männer Literatur nicht ernst nehmen, und daß sie auf das Lächeln einer Frau mehr geben als auf ihre Bücher. Sie sagte dann auch was von Sappho, und ich stand immerzu nur da, hilflos und blöd [...]. Sie hat ein bezauberndes Lachen und sieht aus, als sei sie drei Schritte jenseits der Wirklichkeit und der Situation.*

Daß Anna Seghers durchaus mit beiden Beinen in der Realität steht, hätte sie zwei Jahre später, am 25. November 1965, während einer weiteren »Aussprache« Walter Ulbrichts mit Schriftstellern und Künstlern im Staatsrat der DDR erleben können, als Anna Seghers sich gegen das Verdrängen mißliebiger Tatsachen und ihrer Widerspiegelung wehrte, doch zog Brigitte Reimann es an diesem Tag vor, sich der »Hexenjagd« der Politiker zu entziehen. Und was die neueren Werke der Seghers betraf, so war sie davon schon nicht mehr so enthusiasmiert wie vom »Siebten Kreuz«, fand sie *kalt und klassisch.* Nur deren Rede zur Eröffnung des Internationalen Schriftstellertreffens in Weimar im Mai 1965 konnte sie noch ergreifen; und ein paar beiläufige Worte vor den Toren der Gedenkstätte des KZ Buchenwald machten ihr auf wunderbare Weise Mut, *ein anständiger Mensch sein zu kön-nen.* Mut ist ja das, was ihr oft fehlt, und nach Mensch-lichkeit lechzt sie zeitlebens.

Walter Ulbricht hatte Brigitte Reimann 1962 und 1963 vorübergehend zur Vorzeigeautorin gemacht. Sie wird von da an auch zu anderen politischen Veranstaltungen eingeladen. Auf einer Sitzung des Präsidiums des Natio-nalrates der Nationalen Front soll sie im Februar 1963 eine Rede halten. *Dann erzählte ich von unserer Stadt, von ihrer Tristesse, von dem Leben der jungen Leute, die kein Kino haben, keinen Tanzsaal, und von den Arbei-tern, die 12 Stunden am Tag unterwegs sind und nach dem Sinn des Lebens fragen: worin denn ihr Leben be-stünde außer im Arbeiten und Schlafen?* Es ist ihre erste große Rede vor Publikum. Sie hat sich selbst bewiesen, daß sie ihre Angst vor derartigen Auftritten überwinden kann; doch zur Rednerin wird sie nie werden. Eher ge-hören die Unterredungen unter vier Augen zu ihren Stär-ken. Ein solcher Gesprächspartner ist im Februar 1963 Albert Norden, seit 1955 im Präsidium des National-rates, Mitglied und Sekretär des ZK. Seit 1958 gehört er außerdem dem Politbüro an. Der Intellektuelle, *der teuf-lisch kluge Mann*, wie Brigitte Reimann ihn nennt, läßt die Schriftstellerin einen Blick hinter die Kulissen in die Welt der Drahtzieher tun. Er nähert sich ihr als väterli-cher Lehrer, der um Verständnis wirbt. Er erklärt ihr, *warum sie diese Diskussion auf dem Parteitag gemacht ha-ben*: wegen der alten Genossen, die sich nicht mehr zu-rechtfinden, die angesichts der neuen Probleme verzwei-feln und resignieren. Ist es das alte Rollenspiel, auf das Brigitte Reimann so gern hereinfällt: sie fragt – und er antwortet? *Was man denn nun noch schreiben dürfe?* »Al-*les, wenn die Proportionen stimmen.*« Er erzählt ihr von seinen Erinnerungen und gibt ihr Einblicke in das Leben der Machthaber, die sie lieber nicht haben will: *Und dies und immer anderes, Schlimmeres, was ich nicht einmal meinem Tagebuch anvertraue, und mit »liebste Brigitte« und in einem Ton, der mich erst mit Unruhe, dann mit Angst erfüllte: in was für ein Abenteuer habe ich mich da eingelassen?* Es ist ein gefährliches Spiel. Vorangetrieben von ihrer *brennenden Neugier, diese Menschen kennenzulernen,* steht sie plötzlich am Rande eines Abgrunds, ist von dem, was sie da sieht, ebenso fasziniert wie entsetzt: *ich starre gebannt auf ein Schauspiel, in dem eine fremde Sprache gesprochen wird: Sind sie zynisch? Sind sie nur hart, weil die Zeit, die Politik (Gott, was ist das: »die hohe Politik«?) es verlangen, weil sie furchtbare Erfahrungen gemacht haben. Was ist »die Macht«? Sind die Mächtigen weise? Sind sie verderbt?* Als Norden ihr dann erklärt, daß sie vom ZK lanciert worden ist, und durchblicken läßt, daß man sie – täte sie einen falschen Schritt – auch fallenlassen könne, wird ihr hundeelend. Er rät ihr, die Gunst der Stunde zu nutzen und ihren Einfluß geltend zu machen, wo sie es für nötig hielte. Nie zuvor hatte sich Brigitte Reimann so *ausgeliefert* und *ohnmächtig gefühlt.*

Doch seltsamerweise traut sie ihren Empfindungen wieder einmal nicht, denn sie breitet drei Tage später milde Schleier über alles: *Was habe ich nur immer für abstruse Ängste? Natürlich war es gut und schön beim ZK.* Schließlich war *die Blüte der jungen Literatur versammelt.* Die Arbeitsgruppe Literatur beim ZK, meint sie, könne eine nützliche Sache werden. Da flirtet sie nun geschmeichelt mit den Mächtigen, dabei will sie doch nur *arbeiten und gute und ehrliche Bücher schreiben.* Nach dem Gespräch mit Norden faßt sie ihr altes Credo neu: *Ach, ich Esel und albernster aller Dummköpfe mit meinem gemütvollen Sozialismus: »hienieden Brot genug für alle Menschenkinder...« Doch. Und die Rosen und die Myrthe und die Zuckererbsen. Doch. Genau das. Den Menschen Schuhe an die Füße. Das ist das Nächste, das Erste, dafür schreibe ich. Ich laß mir nicht Angst machen vor mir selber.*

11
Eine deutsche Geschwisterliebe

Während Brigitte Reimann Erfahrungen mit Vertretern der Staatsmacht sammelt und das Liebesdrama Brigitte-Daniel-Jon seinen Lauf nimmt, schreibt sie eines der emotional bewegendsten Bücher der DDR-Literatur: *Die Geschwister*, das – wie Christa Wolfs »Der geteilte Himmel« – den Nerv der Zeit trifft.

Die deutsche Teilung geht als schmerzlich erlebter Riß durch die Familie Reimann. Daß Brigitte Reimanns Bruder Ludwig im Frühjahr 1960 mit Frau und Kind das Land verlassen hat und die innige Geschwisterbeziehung durch die deutsche Teilung erst äußerlich zerstört, dann innerlich zermürbt wurde, wird zum Anlaß ihrer Erzählung. Was Brigitte Reimann selbst erlebt und empfunden hat, setzt sie unmittelbar in emotionsintensive Erzählpassagen um. Den Flüchtlingen »keine Träne nachzuweinen«, wie es Erich Honecker kurz vor dem Ende der DDR noch seinen Landsleuten angesichts der neuen Flüchtlingswelle empfahl, war Brigitte Reimanns Sache nicht. Es bleibt der Literaturkritik unbelassen, so manchen Abschnitt aus der Erzählung *Die Geschwister* als an der Grenze zum Kitsch einzustufen. Aber Szenen wie die folgende sind authentisch, haben sich ähnlich in vielen Familien abgespielt: *Ich dachte, während ich in der Küche hockte und weinte und zusah, wie meine Tränen auf den grauen Stoff fielen: Es ist mir gleichgültig, ob mich jemand verurteilt. Ich will nicht noch einmal hören, wie meine Mutter ihrem Sohn »auf Wiedersehen« sagt, der wenige Stunden später die Grenze überschreiten wird, die nicht nur Stadt von Stadt, Landschaft von Landschaft trennt. Und ich will nicht noch einmal erleben, wie ein Bruder mich im Morgengrauen auf den Mund küßt und »alles Gute, Lies« flüstert und weggeht, aus meiner Familie, meiner Republik und – unerbittliche Konsequenz – aus meinem Leben weggeht.*

Brigitte Reimann bringt in ihrer Erzählung die deutsch-deutschen Probleme, wie sie Anfang der sechziger Jahre von den Menschen täglich erlebt werden, in dramatischen Szenen auf den Punkt. Die Hauptfiguren der Erzählung sind die Malerin Elisabeth, die sich um einen Zirkel malender Arbeiter kümmert, und ihr Bruder Uli, den Elisabeth nicht auch noch verlieren will, nachdem schon ihr Bruder Konrad in den Westen flüchtete. Sie vereitelt Ulis geplante Flucht, indem sie sich einem Freund anvertraut. Das Gegeneinander von Bruder und Schwester ist zugleich ein Ringen um Verständnis und Zuneigung.

Die unselige Grenze zerschnitt das weiße, damasten glänzende Tischtuch – der unsichtbare Schlagbaum, der mitten durch unsere Familie ging, heißt es in der Erzählung, zu deren eindringlichsten atmosphärischen Beschreibungen die Berlins aus der Zeit kurz vor dem Mauerbau gehört: *Plötzlich stand ich vor dem Schild, das die Sektorengrenze anzeigte. Einfach so ein Schild, einfach so eine gepflasterte Straße; man konnte von einem Sektor in den anderen spazieren, und die Leute taten es, ihre Gesichter waren nicht traurig und nicht zornig, und sicherlich schlug ihr Herz nicht schneller. Ich blieb stehen, mir schwindelte. In diesem Augenblick begriff ich, was das hieß:* das gespaltene Deutschland. *Ich hatte es so oft gelesen, in Leitartikeln und Aufsätzen und manchmal, selten, in Geschichten; ich hatte selbst zuweilen, auf der Hochschule und im Kombinat, von der »deutschen Tragik« geschrieben oder gesprochen, und es war mir ganz glatt über die Lippen gegangen. Jetzt wußte ich es.*

Unschwer kann man erkennen, daß sich eigene Empfindungen und Erschütterungen Brigitte Reimanns direkt in der Erzählung niederschlagen. Die Diskussionen zwischen den Figuren der Elisabeth und des älteren Bruders Konrad schöpfen aus den Konflikten zwischen Brigitte Reimann und ihrem Bruder Lutz. Wie sehr der Schwester trotz aller Kontroversen an der Anerkennung und Zustimmung der Brüder liegt, belegen Eintragungen im Tagebuch. Als die Erzählung *Ankunft im Alltag* erschienen ist, vermerkt die Autorin im Juli 1961: *Uli ist ganz begeistert von meinem Buch. Mir fiel ein Stein vom Herzen, – für ihn und seinesgleichen [...] habe ich es ja geschrieben. Lutz freilich wird, fürchte ich, bösartig spöttisch reagieren. Vielleicht wird, wenn er das Buch und dazu meinen Brief empfängt, die letzte Brücke zwischen uns zerbrechen. Wir haben uns schon so weit voneinander entfernt... Ich habe monatelang geschwiegen, ehe ich ihm auf seinen schrecklichen Brief antwortete. Ich habe in keiner Zeile vergessen, daß ich seine Schwester bin und ihn immer noch liebe [...], und ich hoffe, er wird es spüren. Ich habe ihm aber hart und unmißverständlich gesagt, daß ich seinen Schritt verurteile, daß ich mir Bezeichnungen wie »Ostzone« für die DDR verbitte und daß ich von ihm erwarte, er werde künftig nicht mehr den Staat beschimpfen, der ihm sein Studium bezahlt hat. Diesen neuerlichen Vorwurf (Gott, welche Streitereien hatten wir deshalb!) wird er mir nicht verzeihen. Wenigstens wird er es für die leidige kommunistische Agitationssucht nehmen.*

Ludwig Reimann, heute nach dem Verhältnis zu seiner Schwester Brigitte befragt, sieht die damaligen Gegensätze weniger schroff: »Wir haben uns innerlich nicht, aber anscheinend äußerlich, entfremdet. Denn sie hat meinen Schritt nicht billigen wollen. Und ich habe ihr vorgeworfen: Du stützt dieses Regime, und mit einem Buch, das vielleicht sogar kritisch ist, stützt du es sogar mehr, denn das vermittelt ja den Eindruck, bei uns kann man frei leben und reden, und Kritik ist erlaubt. [...] Aber eine innere Entfremdung war nicht da. Ich habe sie als meine beste Schwester geliebt, und wir haben uns gut verstanden und uns immer gemocht. Wir hatten nur inzwischen andere Ansichten.«

Die gegensätzlichen Ansichten, die sie miteinander früher diskutiert haben oder einander nun in Briefen mitteilen,

sind unmittelbar in die Erzählung *Die Geschwister* eingegangen. Ulis Vorwurf: *Ihr habt uns mißbraucht. Ihr habt
unsere Ideale kaputtgemacht*, ist den Auseinandersetzungen mit Lutz entnommen. Wenn Elisabeth anläßlich eines
Treffens in Westberlin mit ihrem Bruder Konrad, der sich
bereits in den Westen abgesetzt hat, sarkastisch fragt: *Was
machst du? Wie geht es den Verräterkomplexen?*, so geht
das auf Zweifel und Skrupel zurück, die Lutz unmittelbar
nach seiner Flucht befielen. Brigitte Reimann übernimmt
Stellen aus den Briefen ihres Bruders so wörtlich, daß – als
das Buch 1963 erscheint – ihre Familie verärgert ist.

Andererseits legt sie auch ihre eigenen Ansichten, ihre
politische Haltung und ihre Erfahrungen im Kombinat
Elisabeth in den Mund, die zum Beispiel von *ihrer Brigade* spricht und vom menschlichen Annäherungspro-
zeß zwischen den Arbeitern und der Künstlerin: *Wenn
ich malte, saßen immer drei oder vier Gäste auf dem
eisernen Feldbett und sahen zu, Rohrleger und Maschini-
sten und Zimmerleute in ihrer schwarzsamtenen Tracht.
Sie redeten nicht viel, sie saßen einfach da und blickten
auf meine Hände, ernsthaft, gesammelt und mit der Miene
von Leuten, die die Arbeit anderer respektieren. Zuerst
hatten sie mich gestört und fahrig gemacht, dann gewöhnte
ich mich, und schließlich wartete ich auf sie.*

Natürlich fällt es ihr besonders schwer, an dieser Erzählung zu arbeiten, weil ihr die Probleme besonders nahege-
hen. *Leidenschaftliche Arbeit an den »Geschwistern« – und
soviel Schmerzen, weil Lutz immer dabei ist. Für nichts anderes mehr Sinn*, notiert sie im Mai 1961. Doch nach Tagen
der Euphorie folgen – wie so oft – die der Qual: *Mit den
»Geschwistern« bin ich auf einem Punkt, wo sie mir nicht
mehr sonderlich gefallen. Jetzt fängt, scheint's, die Fleißauf-
gabe wieder an.* Im Juli wird daraus schließlich eine Schreibkrise: *Die Arbeit geht nicht voran; ich habe mir die »Geschwister« wieder vorgenommen, aber der Faden ist gerissen,
und natürlich finde ich alles schlecht und stümperhaft.*

Nach dem Mauerbau am 13. August 1961 geht es mit der Erzählung erst recht nicht voran: *Lutz hat mir einen furchtbaren Brief geschrieben – acht Seiten lang Freiheit und democracy und aufkeimenden Haß gegen eine Schwester, die sich einem verabscheuungswürdigen Regime verkauft. Ich wage mich kaum noch an meine »Geschwister«.* Dennoch treibt sie sich selber an: *die »Geschwister« muß ich schaffen, um jeden Preis.*

Aber die Zweifel, ob das Buch, an dem sie arbeitet, überhaupt Literatur sei und sie eine Schriftstellerin, quälen sie auch in den folgenden Monaten. Als ihr im Januar 1962 das Vorspiel zu *Zehn Jahre nach einem Tod* wieder unter die Hände kommt, ist sie deprimiert: *Ich bin ja keinen Schritt weitergekommen, keinen winzigen Schritt, – vielleicht bin ich kühler, vernünftiger geworden, habe ein wenig zur Komposition gelernt, aber das ist auch alles. [...] Was schreibe ich denn heute? Es ist fürchterlich, ich habe nichts geschafft, irgendwer, irgendwas hat mich erdrosselt. [...] Ich will wieder schreiben können!*

In der Erzählung geht es – was die Liebe betrifft – recht gefühlsgebremst, ja geradezu sittsam zu. Im realen Leben aber spitzt sich Brigitte Reimanns Liebeskonflikt zwischen Daniel und Jon weiter zu, Haßausbrüche und Umarmungen wechseln einander ab. *Ich bin nur noch ein lebendes Bündel Nerven, immer wieder hochgepeitscht von Verlangen. Der erste Mann, mit dem ich erbittert, bis zum Haß, kämpfte,* schreibt sie im Juli.

Obwohl der Dreieckskonflikt ihre Kräfte gänzlich aufzuzehren scheint, gelingt es ihr seit April 1962, den Faden der »Geschwister« weiterzuspinnen. Sie arbeitet fieberhaft, und ihre Aufmerksamkeit ist bis zum äußersten gespannt. Vieles von dem, was sie im Alltag erlebt und aufregt, fließt sofort in die Erzählung ein, so auch ihre Erschütterung über den Dokumentarfilm »Allons enfants – pour Algérie«. Sie läßt Elisabeth über *den verstiegenen*

Idealismus von Uli sagen: »*Wußtest du, daß er sich zur algerischen Befreiungsarmee melden wollte?*« »*Ja. Er wollte etwas* tun, *mit dem Gewehr in der Hand ... In Algerien gibt es ja keine Seminargruppen und keine Kaderleiter.*«

Brigitte Reimann weiß, daß auch solche nebensächlichen Bemerkungen den Unmut der Zensoren hervorrufen können. Im Mai 1962 notiert sie: *Meine Geschichte wird immer problematischer, ich habe das dunkle Gefühl, daß sie nicht gedruckt wird. Das hebt den Arbeitseifer ungemein. Trotzdem schreibe ich sie so, wie ich es mir nun mal vorgenommen habe.* Und so fehlt auch nicht der Intrigant Siegrist aus »Schwarze Pumpe« – dargestellt in der Figur des alten Genossen Ohm Heiners.

Die eigentlich provozierende Stelle ist das Auftreten eines Stasimannes *mit einem Gesicht wie der nette Junge von nebenan*, der die Malerin Elisabeth unvermutet aufsucht, nachdem der Kollege Ohm Heiners sie – aus verletzter Eitelkeit – politisch angeschwärzt und Gerüchte über sie in Umlauf gebracht hat. Nach außen hin jovial, in Wirklichkeit aber die drohende »Schwarze Hand«, wirft der ungebetene Besucher ihr vor, in ihrem Zirkel »eine bürgerliche Plattform gebildet zu haben«, weshalb eine »Aussprache« fällig sei. Wie das Netz der Zuträger und Verleumder funktionierte, ist anhand des Beziehungsgefüges von Figuren in dieser Erzählung erkennbar.

Im Juli nähert sich die Arbeit an den *Geschwistern* ihrem Ende: *Heute fand ich mein erstes weißes Haar. In zwei Wochen werde ich 29. Ich empfand eine Erschütterung, die vielleicht lächerlich ist. Auch Daniel lachte, er freut sich auf meine grauen Strähnen. Ich glaube, eine Frau findet es nicht belustigend. Das weiße Haar verdanke ich meinen »Geschwistern«. Ich arbeite am letzten Kapitel, schrecklich aufgeregt und eigentlich schon ausgepumpt. Abends muß ich manchmal erbrechen, so erschöpft bin ich. Schlimmer ist, daß mich kaum noch etwas in meiner Umwelt interessiert.*

Einen Tag vor ihrem 29. Geburtstag schreibt sie das Wort ENDE unter ihr Manuskript.

Die Ahnungen von einer bevorstehenden Zensur des Manuskripts und einer Kritik an der literarischen Qualität sollten sie nicht getäuscht haben. Im August kommt die Reaktion des Aufbau-Verlages. ... *entsetzliche Aufregung wegen der »Geschwister«. Das Manus mit den Änderungsvorschlägen ist zurückgekommen, die Stasi-Szene gestrichen, die Kunst-Diskussion gestrichen; alles, was an Gefühl oder gar – horrible dictu! – an Bett gemahnt, ist gestrichen, und jetzt kann man meine schöne Geschichte getrost in jedem katholischen Mädchenpensionat auslegen. Na ... Am Montag kommt der Lektor, der wird sich freuen. Wenn der Verlag starr bleibt, gehe ich zu einem anderen. Jetzt wird nicht mehr lamentiert, jetzt wird geboxt.*

Brigitte Reimann setzt sich wirklich durch, und als Mitte April 1963 die Belegexemplare der *Geschwister* eintreffen, kommentiert sie: *Nachts las ich mein Buch, ich war froh: es gab keine Stelle, über die ich erröten müßte.*

Längst ist sie mit den Plänen für ihr nächstes Buch beschäftigt. Kaum hatte sie das Manuskript der *Geschwister* abgeschlossen, da drängte sich ihr der Stoff auf, aus dem ihr Roman *Franziska Linkerhand* hervorgehen sollte. Einen nicht geringen Anteil daran hat die Begegnung mit Hermann Henselmann.

12
Entwürfe

Sie wird ihn später einmal ihren *lieben Adoptiv-Papa* nennen. Ohne ihn hätte sie sich vermutlich nie so intensiv mit Architektur befaßt, ohne ihn wäre der Roman *Franziska Linkerhand* nicht das geworden, was er – unter anderem – ist: ein Architektinnenroman. Die erste Begegnung mit dem 1905 geborenen Hermann Henselmann, der in den fünfziger Jahren als Chefarchitekt das Bild des neu entstehenden Berliner Stadtzentrums wesentlich mitbestimmte, findet am 10. Juli 1963 in Berlin statt. Wie die französischen Schriftsteller, die Brigitte Reimann mehr und mehr schätzt, hat sie seit langem eine Vorliebe für Malerei und Architektur. Vor allem aber beschäftigen sie die Probleme des neuen Bauens, seit sie selbst in einer Neubaustadt lebt. In ihrem Bericht an das ZK vom Herbst 1962 und in einem Artikel unter dem provozierenden Titel *Kann man in Hoyerswerda küssen* hatte sie sich damit auch öffentlich auseinandergesetzt.

Nun hat sie der berühmte Architekt eingeladen. Er will ihr den Plan für einen Kuppelbau zeigen, der die Ostberliner Kongreßhalle werden wird, und den Entwurf eines zwei Stockwerke hohen Wandfrieses von Walter Womacka für ein Kulturhaus, das Haus des Lehrers am Berliner Alexanderplatz. Ein wenig zögerte Brigitte Reimann, die Einladung anzunehmen, die Hermann Henselmann knapp drei Wochen zuvor ausgesprochen hatte, nachdem die von ihm so hochgeschätzte Autorin der *Geschwister* auf seinen ersten Brief vom 31. Mai geantwortet hatte, daß der Held ihres nächsten Buches Architekt sein werde. Die Neugier, der Frage nachzugehen, inwiefern Architektur das Lebensgefühl der Menschen prägt und zur *Seelenbildung* beiträgt wie andere Künste, treibt sie nach Berlin. In Begleitung von Daniel überwindet sie ihre Schüchternheit und Ehrfurcht vor dem Professor.

Vom ersten Augenblick an, da Henselmann den beiden aus seinem Haus in Niederschönhausen, in dem zuvor Bodo Uhse gewohnt hatte, entgegengelaufen kommt, ist sie überwältigt von der Persönlichkeit des Architekten. Die ganze Familie nimmt sie herzlich auf, und ihr ist, als würde ihr zu Ehren ein Fest veranstaltet. Der Professor, dessen Frau »Isi« und die Kinder – alle haben ihre *Geschwister* gelesen und sind bei der Lektüre sogar in Tränen ausgebrochen. Henselmann ist davon überzeugt, daß sie eine große Schriftstellerin werden wird.

Die fast dreißigjährige Autorin, hungrig nach Anerkennung, aber zugleich immer noch voller Angst, die Erwartungen ihrer Leser zu enttäuschen, ist von Hermann Henselmann bezaubert: *er ist so lebendig, so maßlos, so unbedacht und empfindsam, er ist gütig, er ist ein Künstler, er zerspringt fast vor Vitalität – ein wunderbarer Mensch. Er steckt voller Anekdoten, er kennt ja die ganze Prominenz, war ein Freund von Brecht [...] – der ganze Mann ist ein Feuerwerk, ein Vulkan von Ideen und Leidenschaften,* notiert die begeisterte Besucherin am 18. Juli. Die unkomplizierte, herzliche und gefühlvolle Offenheit ist Brigitte Reimann aus der eigenen Familie ja nicht fremd. Selbst den Egoismus, den sie bei Henselmann zu entdecken glaubt, findet sie herrlich. Auch in späteren Jahren wird sie immer aufs neue seinem Charme, seinem Witz und seinem Hang zum Dramatisieren erliegen – alles Eigenschaften, die ihrem eigenen Wesen verwandt sind.

Henselmann führt das Ehepaar über Baustellen, geht mit ihm in Womackas Atelier, wo die aus der *tristen Bienenwabe* Hoyerswerda kommende Brigitte Reimann dessen Fries als glücklichste dekorative Lösung begrüßt: *bunt, heiter überschäumend von Gold und Silber und lebendigen Farben.* Er zeigt ihnen *sein Kulturhaus.* Was die Schriftstellerin zunächst als modern und großzügig empfindet, wird sie Monate danach, im Mai 1964, mit kritischen Augen sehen: eine organische, harmonische Verbindung zwischen Hochhaus und Kuppelbau sei das nicht geworden. Nur der nach Henselmannschem Geschmack eingerichtete Innenraum des Kuppelsaales in Weiß und Gold und mit roten Sesseln wird ihr ein bewunderndes *tatsächlich weltstädtisch* entlocken, wegen der *Anmut* und der *schwebenden Leichtigkeit.* Bei der ersten Besichtigung des noch im Bau befindlichen Projektes jedoch ist sie begeistert.

Der Architekt aber gerät just zur gleichen Zeit ins Feuer der Kritik. Henselmann will Baukunst; die Deutsche Bauakademie orientiert auf raschen Serienbau: Fertigbauteile gegen die Wohnungsnot. Henselmann wird schlau öffentlich Selbstkritik üben, um seine Ideen weiter verwirklichen zu können. Als Neunundachtzigjähriger wird er sagen: »Damals befolgte ich den Rat meines Freundes Brecht: Wenn du von der Partei angegriffen wirst, mußt du bereuen, und weitermachen ...«[1] Brigitte Reimann wird er in Briefen mitteilen, wie sehr er tatsächlich unter den Angriffen leidet.

Der Parteisekretär des VEB Berlin-Projekt, Kurt Ullmann, wird die Schriftstellerin vor dem angeblichen Demagogen warnen. Brigitte Reimann sieht viele Parallelen zwischen den Problemen der Architekten und denen der Literaten: das durchschnittliche Zweckmäßige gegen die geniale Phantasie, Industrie gegen Kunst. Henselmann hatte von der »Diktatur der Unbegabten« gesprochen.

In der Auseinandersetzung zwischen dem Parteisekretär Ullmann und Professor Henselmann hat die Schriftstellerin den Konflikt gefunden, der im Roman die Architektin Franziska Linkerhand umtreiben und motivieren wird, nur weiß sie das im Juli 1963 noch nicht, als sie folgende Zeilen ins Tagebuch schreibt: *Natürlich ging es wieder um die Industrialisierung, das Bauen mit vorgefertigten Teilen, und natürlich hat U. recht: wir müssen so schnell und so billig wie möglich bauen. Obgleich er versicherte, es gehe hier nicht um eine Generationsfrage, klang immer wieder das Mißtrauen gegen die »Alten« durch, die die Notwendigkeit des industriellen Bauens nicht begriffen hätten oder es sogar sabotierten. Mir scheint jedoch, daß diese Typenhäuser, mag ihre Fassade auch abwechslungsreich gestaltet sein, nicht das Gesicht der sozialistischen Baukunst repräsentieren. Mir kommt ein Verdacht: moderne Architektur ähnelt sich im Osten wie im Westen. Wie, wenn Architektur nicht in hohem Maße an Klassen*

[1] Brigitte Reimann/Hermann Henselmann, »Briefwechsel«, Hg. Ingrid Kirschey-Feix, Berlin 1994, S. 28.

gebunden, wenn sie Ausdruck einer modernen Geisteshaltung wäre [...]?

Brigitte Reimann hat im Sommer 1963 noch einen weiteren, privateren Grund, nach Berlin zu kommen. Sie läßt an der Berliner Charité ihre Brust mittels einer Operation verkleinern: ein anderer Entwurf ihres Körpers. Den Abend und die Nacht zuvor verbringt sie im Hause Henselmann, und der Professor fährt sie frühmorgens in die Charité und sucht ihre Ängste und ihre Schüchternheit zu zerstreuen, indem er sie in respektheischender Weise wie ein väterlicher Freund auf der Station einführt. Da ist sie wieder: die Geborgenheit und Schutz versprechende führende Hand des Vaters oder des großen Bruders, nach der sie sich zeitlebens sehnt. Während sie im Krankenzimmer liegt, besucht er sie, schwätzt mit ihr über Erotik und Architektur und stärkt ihr Selbstbewußtsein: *H. sagte, eine solche Begabung wie mich gebe es nur drei- oder viermal in Deutschland.* Auch später, als Brigitte Reimann bereits todkrank in Neubrandenburg lebt, wird er ihr durch seinen unerschütterlichen Glauben an ihr Talent Mut machen.

Als Brigitte Reimann unters Messer des Chirurgen kommt und Anfang August eine *scheußliche Woche, blutig und schmutzig und heiß, voll Fieber und Schmerzen* übersteht, erkundigt sich Henselmann täglich am Telefon nach ihrem Befinden, schreibt ihr Briefe. *Meine Brust sieht wüst aus, wie von Säbelhieben zerhackt, der Arzt sagt aber, die Narben würden mit der Zeit fast ganz verschwinden,* notiert die Genesende im August 1963. Fünf Jahre später werden Ärzte ihre beginnende Krebserkrankung der Brust nicht rechtzeitig erkennen, werden ziehende Schmerzen auf einen angeblich im Gewebe vergessenen Fadenrest dieser Operation zurückführen.

Hermann Henselmann sieht Brigitte Reimann erst im Oktober wieder. Gerade ist sie von einer Moskaureise mit

Christa Wolf, von der noch zu erzählen sein wird, zurückgekehrt, da überrascht sie der Professor mit einem Blitzbesuch in Hoyerswerda, zeigt ihr das Material von der 7. Plenartagung der Deutschen Bauakademie im Juli. Brigitte Reimann begreift erst jetzt das Ausmaß der Debatten und urteilt: *er ist darin mit einer Schärfe kritisiert worden, die bei weitem alles übertrifft, was jemals jenen exponierten Schriftstellern geschah. Es grenzt an die Verdächtigung, es handele sich bei H. um einen Staatsfeind, der wissentlich unsere Entwicklung im Bauwesen sabotiert. Natürlich hat seine Bemerkung über die »Diktatur der Unbegabten« eine Menge Feinde auf den Plan gerufen [...].*

Diese Erfahrungen Hermann Henselmanns tragen dazu bei, daß sich der gesellschaftliche Konfliktstoff für den Roman in ihrem Kopf zusammenballt. Gleichzeitig – wie könnte es anders sein – erotisiert sich ihre Beziehung zu Henselmann ein wenig und erhält die Würze, die ihr Leben so spannungsreich macht. Natürlich reizt es Brigitte Reimann, die zur Schau getragenen väterlichen Gefühle des älteren Mannes, mit dem sie *auf derselben Welle sendet*, ins Wanken zu bringen. *Dieser Mensch ist Liebender bis in die Fingerspitzen,* notiert sie am 18. Oktober 1963 bewundernd nach dem ersten Kuß, *und Liebe, meine ich, hat bei ihm wie bei den meisten Künstlern, etwas Allumfassendes, sie umschließt Frauen wie Blumen, Arbeit wie Kunstwerke, jene Erotik und Sinnenfreude, die bei einem gewissen Künstlertyp, dem wir zugehören, jede Gebärde, jeden Gedanken, jede Handlung färbt. »Du bist Fleisch von meinem Fleisch«, sagte H., und vielleicht liebe ich ihn um dieser Geschwisterlichkeit willen, seine Eitelkeit und Eigenliebe und sein Komödiantentum, in dem ich mich wiederfinde.*

Mit Feuereifer stürzt sich die Schriftstellerin in die Probleme um Architektur, Städtebau und menschenwürdiges Wohnen. Mit zwei jungen Architekten, die in Hoyers-

werda soziologische Untersuchungen anstellen, spricht
sie im November darüber, wie eine Stadt aussehen müsse
und wie weit das Leben abhängig ist von Räumlichkeiten,
die Begegnungen ermöglichen. Begierig sammelt sie alle
soziologischen Fakten zur Städteplanung aus den Frage-
bögen der beiden Rechercheure: wie die Aufteilung der
Wohnkomplexe aussehen soll, ob ein Klub gebraucht
wird, ob, wo und wie Leute den Kontakt mit anderen suchen, wie das Zentrum gestaltet werden sollte, die Grün-
anlagen und so weiter. Sie trägt Details darüber zusammen, wie sich die Mentalität eines Volkes auf seine
Wohnbedürfnisse auswirkt, erforscht, ob Begegnungen
überhaupt gesucht werden. Sie will der Frage auf den
Grund gehen, was Lebensstandard eigentlich ist und warum und auf welche Weise er Menschen verändert. Drei
Jahre später, im Mai 1966, wird sie vom *Zeitalter der [...]*
Massenkorrumpierung durch Geld, Auto und Landhaus
sprechen.

Als Schriftstellerin möchte sie herausbekommen, was
das sein könnte: sozialistisches Leben – und ob und wie
es entsteht. In der Öffentlichkeit, in Zeitungsartikeln in
der »Lausitzer Rundschau« hat sie die synthetische Wohn-
stadt kritisiert, die die Bedürfnisse der Menschen außer
acht läßt. Es regt sie auf, daß sich daran in nächster Zeit
nichts ändern wird, denn im November erfährt sie vom
Hoyerswerdaer Chefarchitekten, daß die Mittel für zentrale Bauten rigoros gestrichen wurden. Die Differenz
zwischen frühen Träumen des Architekten von einer
wunderschönen neuen Stadt und der Ansammlung öder
Betonklötze in der Realität wird für Brigitte Reimann
der gesellschaftliche Grundkonflikt ihres Romans werden.
Die Heldin *kommt voll strahlender Pläne in diese Stadt,*
in der man nichts verlangt als nüchternes Rechnen, schnel-
les und billiges Bauen. Kein Platz für persönlichen Ehr-
geiz – eine Namenlose in einem Kollektiv, dessen Helden-
tum darin besteht, daß man nach langem Tüfteln an der

157

Korridorwand drei Zoll einspart. [...] Wohin sind am Ende die leidenschaftlichen Entwürfe der Jugend? Man hat die Welt nicht aus den Angeln gehoben. Und, schrecklicher Gedanke: Wo ist die flammende Liebe? Elf Tage später, am 23. November 1963, schreibt sie nur einen einzigen Satz ins Tagebuch: *Heute habe ich das Buch »Franziska« begonnen.*

Je mehr sich Brigitte Reimann in Architektenkreisen bewegt, um so kritischer beginnt sie auch Professor Henselmann zu sehen. Er stärkt ihr unerschütterlich weiter den Rücken. *Wenn Du Kummer hast, komm in meine Arme*, ist der Tenor seiner Briefe. Henselmann macht sich auch Gedanken über Jon, sagt zu Daniel, Jon *habe einen »Ludergeruch« an sich.* Sie tauschen Weltliteratur, Krimis und Schriften wie eine offiziell nicht vollständig publizierte Rede Fritz Cremers aus, verständigen sich über den Realismusbegriff, und Brigitte Reimann macht ihrer wachsenden Verzweiflung über die dogmatischer werdende Kulturpolitik Luft. Dennoch sieht sie Henselmanns Wesen und seine architektonischen Konzepte, die er zwischen 1964 und 1966 als Chefarchitekt im VEB Typenprojektierung entwirft, immer skeptischer. Stört sie im März 1964 nur sein *konventionelles, professionelles Gehabe*, so wandelt sich ihre Schwärmerei bereits im Oktober in kritische Distanz.

In Hoyerswerda hat Stadtarchitekt Siegfried Wagner seinen Vorgänger Hamburger abgelöst. Der tatkräftige, despotische junge Wagner interessiert sie brennend als Typus für ihren Roman. Er wird der Gegenspieler zur Figur des Professor Reger werden, hinter dem – unschwer zu erkennen – das Original Henselmann durchschimmert. Über Wagners Absichten in Hoyerswerda berichtet das Tagebuch im Oktober 1964: *Er will hier so eine Schlägertruppe sammeln, zu der ich auch gehören soll, um durchzusetzen, was bisher nicht möglich war.*

Plötzlich beginnt sie Professor Henselmann mit den

Augen des Henselmann-Schülers Wagner zu sehen: *diese verklemmte Genialität, die maßlose Eitelkeit und Rechthaberei, die ignoriert, daß dieser Typ des Architekten, der Kunst macht ohne Ökonomie und Mathematik, passé ist.* Da sich die Schwärmerei für den Freund verloren hat, beobachtet sie ihn auch bei Zusammenkünften im Kreis von Architekten kritisch, entdeckt lauter negative Eigenschaften: er sei hochmütig, launisch, er brilliere und lüge. *Ich genieße die Show, die er dabei abzieht, und da er in seiner Art vollkommen ist, beobachte ich ihn wie eine literarische Figur,* bemerkt sie im Oktober 1964.

Während Henselmann sehr wohl die wachsende Distanz zwischen ihnen wahrnimmt und in einem Brief vom März 1966 in einer Art Selbstverteidigung darauf hinweist, daß alle Architektenpersönlichkeiten »fast immer Menschen mit großen Schwächen« waren, empfindet Brigitte Reimann mehr und mehr ein Generationsproblem. Im Mai 1966 nimmt sie an der Zusammenkunft einer Soziologischen Arbeitsgemeinschaft mit Soziologen, Psychiatern und Architekten am Institut für Gesellschaftswissenschaften beim ZK der SED teil, die Hermann Henselmann leitet. Sie bemerkt eine Kluft zwischen dem emotionalen Henselmann und den jungen Managern, den kühlen Denkern. Sie zieht ein für Henselmann grausames Fazit: *Um es roh zu sagen: er ist passé.*

Auch anderes trennt sie jetzt voneinander. Mit Daniel hatte Henselmann ein freundschaftlicher Respekt verbunden, mit Jon hingegen war er schon früh wegen unterschiedlicher Auffassungen in Streit geraten. Was aber stärker wiegt, ist, daß sich Hermann Henselmann und Brigitte Reimann nach dem 11. Plenum völlig gegensätzlich verhalten. Während Brigitte Reimann tobt, allen Zustimmung heischenden Anbiederungsversuchen und Druckmitteln der Funktionäre widersteht, taktiert der Architekt wie ein Opportunist: *Heute rief Henselmann an,* hält Brigitte Reimann im Januar 1966 fest, *zeigte sich*

ganz befriedigt vom 11. Plenum, erläuterte die großen Zu-
sammenhänge (er sieht alles von der Warte des Jahres
1980 – das ist groß gedacht, aber auch bequem, scheint
mir, es enthebt der direkten Stellungnahme heute) und
nannte Heym einen wildgewordenen Kleinbürger, seine
Gedanken uninteressant. Aber hat er ihn nicht mal zu sei-
nen Freunden gezählt?

Je mehr sich Brigitte Reimann von ihrem geistigen Anreger entfernt, um so mehr emanzipiert sich die Figur
Franziska Linkerhand im Romanmanuskript von Professor Reger. Im August 1968 wird Brigitte Reimann im
Tagebuch ihrer Kritik an Henselmanns verrückten Ent-
würfen mit *aufgehängten Schalen* und *verschrobenen*
Pyramiden freien Lauf lassen. *An solchen popeligen Kram*
wie Wohnungsbau verschwendet er sich natürlich nicht
(jetzt rede und denke ich schon wie meine Dame Fran-
ziska!) Aber seine Briefe finde ich immer wieder bezau-
bernd.

Als Brigitte Reimann im September 1968 erfährt, daß sie
Krebs hat und operiert werden muß, erhält sie die Ein-
weisung ins örtliche Krankenhaus – und ist von den Zuständen dort entsetzt. Sie hat mehr Angst vor der Umgebung als vor dem Eingriff; das Krankenhaus kommt ihr
häßlich, schmutzig, verludert vor. Am selben Tag noch
ruft sie in ihrer Not Hermann Henselmann an, der sofort
seinen Freund, den Chirurgen Hans Gummel, benachrichtigt. Professor Gummel amtiert als Direktor der
Robert-Rössle-Klinik in Berlin-Buch und ist eine Kapa-
zität auf dem Gebiet der Behandlung von Krebserkran-
kungen.

Auch als Brigitte Reimann schon todkrank ist, wird
Hermann Henselmann sich um sie kümmern, stundenlang mit ihr telefonieren, ihr Vorträge über die Perspektiven des Städtebaus halten und ihre Zweifel am eigenen
Talent durch Lob und Zuspruch zu zerstreuen suchen.

1 Brigitte Reimann um 1947   2 1951

3 Mit dem Freund Klaus, 1950

4/5 Auf einer Autorenkonferenz des Aufbau-Verlages im Oktober 1960. Unteres Foto von rechts nach links: Günther Deicke, Brigitte Reimann und verdeckt Siegfried Pitschmann

6 Verleihung des Literaturpreises des Freien Deutschen Gewerkschaftsbundes für die Erzählung »Ankunft im Alltag«, durch den Vorsitzenden des Bundesvorstandes Herbert Warnke, 1962

7 Mit Arbeitern ihrer Brigade im Kombinat Schwarze Pumpe im April 1961

8   Am Schreibtisch in der neuen Wohnung in Hoyerswerda, um 1961

9   In Siegfried Pitschmanns Arbeitszimmer, um 1961

10 Um 1961

11 Brigitte Reimann und Siegfried Pitschmann bei einem Ausflug

12 Die Sibirienreise im Juli 1964: im Gästehaus des Komsomol

13 Schießübung bei der »Tamanskaja« Division

14 Am Obschen Meer

15 Nach der Scheidung von Siegfried Pitschmann: das Arbeitszimmer in Hoyerswerda um 1965

16 1962

17/18   Auf der 1. Jahreskonferenz des Schriftstellerverbandes 1966

19 Von der Krankheit gezeichnet, 1968

20 Beim VI. Schriftstellerkongreß Ende Mai 1969 in Berlin

21 Das Haus in der Gartenstraße 6 in Neubrandenburg.
    Brigitte Reimann wohnte im Erdgeschoß

22 Die Terrasse von Brigitte Reimanns Wohnung in Neubrandenburg

23 Im Garten, 1971

Mit *grausigen Geschichten* wird er, dessen Tochter Cordula ein Jahr darauf an Krebs stirbt, sie im Februar 1970 auf das Schlimmste vorbereiten. Bereits sterbenskrank, notiert Brigitte Reimann im Juli 1970: *manchmal ist dieses Mistvieh einfach phantastisch. Ein großes Herz und ein weiter Blick – nach vorn, immer nach vorn. Die zwei großen Probleme der Zukunft (auch schon der Gegenwart, natürlich): Die Menschheit ernähren und behausen. Städtebau in hundert Jahren. Er gibt mir immer wieder die Linie, die richtige Marschroute.*

13
Moskauer Nächte

Als die Tragödie der Dreiecksbeziehung Daniel-Brigitte-Jon sich ihrem Höhepunkt nähert und zugleich ihrem Ende, der Scheidung, kann Brigitte Reimann bei einem ihrer ältesten und zuverlässigsten Freunde, dem Schriftsteller Wolfgang Schreyer, in Ahrenshoop kurz ausruhen. Für ein paar Tage ist sein Haus nun für Brigitte Reimann ein spannungsfreier Zufluchtsort. Sie genießt die Ostseeküste, das Meer und die stabilisierende Gegenwart des Freundes.

Kurz darauf bietet sich ihr die Gelegenheit für eine weitere kurzzeitige Flucht: eine Reise nach Moskau mit Christa Wolf. Plötzlich ist keine Rede mehr davon, daß Brigitte Reimann drei Jahre zuvor in der Schriftstellerkollegin noch ihre *beste Feindin* sah. Im Februar 1960 hatte Christa Wolf in der Jury gesessen, die die Vergabe der Preise im vom Ministerium für Kultur ausgeschriebenen Wettbewerb »Zur Förderung des literarischen Gegenwartsschaffens« entschied. Vergeblich hatte Brigitte Reimann auf einen Preis für ihre Erzählung *Das Geständnis* gehofft. Daß ihr nicht einmal eine Anerkennung zuteil wurde, erbitterte sie zutiefst. Sie hatte sich über Christa Wolf und *den dreimal verdammten Litera-turbetrieb* geärgert. Dem Tagebuch vertraute sie an, daß Christa Wolf ihr, wie sie glaubte, zuvor schon den Vorabdruck der Erzählung *Das Geständnis* in der Zeitschrift »Neue Deutsche Literatur« *auf schmutzige und intrigante Art vermasselt* habe.

Mehr als drei Jahre später, im August 1963, begegnet sie Christa Wolf nun in Halle wieder: *Ich war froh überrascht, sie hat sich sehr verändert, ihr Gesicht ist fraulicher, gelöster, sogar zierlicher geworden, seit sie schreibt; der Zug von Härte ist verschwunden. Und – auch sie wagt sich an das neue Buch nicht heran [...].*

Am 7. Oktober 1963 fliegen beide als Delegierte des Deutschen Schriftstellerverbandes zur »Woche des Deutschen Buches« nach Moskau. Erst über sechs Jahre später wird Brigitte Reimann in einem Brief an Christa Wolf bekennen, daß sie *seit langem – wenn auch still und von ferne –* um die Gunst der Älteren *gebuhlt* habe.

Unmerklich und wie nebenbei wird Christa Wolf über erste gemeinsame Erlebnisse in der russischen Hauptstadt ihre Vertraute, Freundin, Beraterin und Anregerin. Die letzten Minuten vor der Heimreise wird Brigitte Reimann bewegt beschreiben: *Ich umarmte sie, mir selbst unerwartet, beim Abschied. Ich glaube, ich habe sie liebgewonnen.*

Die Moskau-Reise ist für Brigitte Reimann ein großes Abenteuer. Nie zuvor hat sie in einem Flugzeug gesessen, und sie fürchtet sich deshalb vor dem Fliegen, möchte am liebsten krank werden, um die Reise nicht antreten zu müssen. Jon beruhigt sie, indem er ihr Ratschläge für Flug und Aufenthalt gibt, ihr einige russische Worte in Erinnerung ruft, die sie einst in der Schule gelernt, aber vergessen hat. Daniel darf sie dann zum Flughafen bringen und in die IL 18 setzen. Anfangs *aufgeregt wie ein Hinterwäldler, der zum erstenmal eine Eisenbahn besteigt,*

162

überwindet sie Beklemmung, Ohrensausen und Übelkeit, und bald siegt die Neugier über die Angst.

Ein Wagen der Botschaft bringt Brigitte Reimann und Christa Wolf ins Moskauer Zentrum. Sie wohnen im Kiewskaja, einem am Kiewer Bahnhof gelegenen Hotel, das weniger von Touristen als vielmehr von Reisenden aus Bjelorußland als Transithotel genutzt wird und recht primitiv eingerichtet ist. *Duschebaja im Keller, Lady's Room arg*, notiert Brigitte Reimann eher verwundert als enttäuscht. Nach wenigen Tagen macht ihr die Kälte zu schaffen: *es ist hundekalt, der Moskauer Winter meldet sich an, nach einem strahlenden Herbst, von dem wir noch ein paar Sonnentage erwischt haben, – und im Hotel wird noch nicht geheizt, obgleich wir nachts schon ein Grad unter Null hatten. Es gibt auch nur kaltes Wasser, wir frieren [...]. Das ist offenbar eine Gostiniza für abgehärtete Donkosaken.*

Daß sie bald erkältet ist, bremst keineswegs ihre Entdeckerlust. Nach dem Abendessen mit typischen *russischen Kleinigkeiten: Rebhuhn, Salate, eine Karaffe Wodka, viel Sahneeis*, geht es nachts auf die Leninberge. Auf einer Brücke über der Moskwa genießt sie das Lichtermeer am anderen Ufer, betrachtet die strahlend erleuchtete Lomonossow-Universität, die sie erst bei Tage als *beklemmend prunkvoll* empfindet.

Die nächsten Stunden und Tage sind voller Beobachtungen und Erlebnisse: *Die Leute sind sehr schlicht gekleidet, bäurisch, [...] kein Vergleich mit dem, was man an modischem Rummel in Berlin sieht. Ab und zu junge Leute mit modernem Haarschnitt, enge Hosen; ein Mädchen in Hosen konnte ich noch nicht entdecken.* Sie ist erstaunt darüber, daß man sich in Moskau mit allem offensichtlich viel mehr Zeit läßt als zu Hause. Schriftstellerverband und Redaktionen beginnen zum Beispiel erst gegen 11 Uhr zu arbeiten, *aber auch das ist nicht unbedingt sicher.*

Das Erstaunlichste an Moskau: es ist russisch, schreibt

sie heiter und selbstironisch ins Tagebuch, *in der Art russisch, daß es genau dem Bilde entspricht, das man sich nach Filmen und Büchern gemacht hat. Am Wenzelsplatz hatte ich niemals so das Gefühl von Ausland und Fremde wie hier.* Wie alle Touristen geht sie ins Kaufhaus GUM, kauft die beliebten Matrjoschkas, bei denen in jeder kleinen bunten Holzpuppe eine immer noch kleinere steckt, und eine Flasche Kognak für Jon. Mangelhafte Russischkenntnisse werden durch Zeichensprache ergänzt.

Wild entschlossen und mit kindlichem Staunen stürzt sie sich per Taxi in den berüchtigten Moskauer Straßenverkehr: *Das ist einfach sagenhaft. Soviele Autos habe ich mein Lebtag nicht gesehen (wenigstens jedes zweite ist ein Taxi), die Verkehrsregeln sind schwer zu durchschauen, es gibt keine Kreuzungen, und an die Geschwindigkeitsbegrenzung (bei 60 km) scheint sich niemand zu halten. Auf sechs oder acht Bahnen nebeneinander flitzen die Wagen, dicht aufgereiht, in blödsinnigen Kurven und abenteuerlicher Fahrtechnik, und eigentlich müßten alle 100 Meter die Autos ineinandergerammt stehen [...]. Ich war wenigstens dreimal in Gefahr, von diesen verrückten Chauffeuren niedergewalzt zu werden, und in den ersten Tagen hat mich schon der Anblick der Straßen zerrüttet. Aber es gibt eine geheimnisvolle höhere Gewalt, die die Autos im letzten Moment stoppt, die Bremsen kreischen, die Getriebe krachen, und wahrscheinlich kann man alle diese Wolgas nach einem Jahr auf den Schrott werfen.*

Ein Kameramann der Filmgesellschaft Mosfilm rast mit Brigitte Reimann und Christa Wolf nachts durch die Stadt, um sein Moskau vorzuführen. *Er, immer wieder: »Karascho?« Wir, immer wieder und mit Überzeugung: »Otschen karascho«. Die Verständigung klappte also glänzend.*

Mit den Leuten kommt sie schnell ins Gespräch, genießt das Vergnügtsein und das Wodkatrinken mit zwei Korrespondenten aus Murmansk und dem Kaukasus. Andere Reisende kommen hinzu; man tanzt ausgelassen zu moderner Tanzmusik: *im Kreis und untergehakt und mit Stampfer und Händeklatschen und Gelächter [...]. Man trifft die interessantesten Typen, [...] Bauern, die Männer mit Fellmützen, die Frauen in großen Kopftüchern. Wir werden von den Serviererinnen mild verachtet, weil wir so wenig essen. Hier werden ungeheuerliche Mengen gegessen und getrunken ...*

Als sie 850 Rubel Honorar für die russische Übersetzung von *Ankunft im Alltag* vom Verlag Molodaja Gwardija bekommt - *die Scheine einfach so auf die Hand, ich wußte gar nicht wohin -*, feiert sie mit Freunden und Bekannten ein großes Gelage mit Kaviar, Hühnern, Stör am Spieß, Salaten und *viel Wodka, versteht sich.* Ohnehin hat sie Übung darin, *die Georgier unter den Tisch zu trinken.*

Sie bewundert den Leseeifer der Leute, die überall und in jeder Lebenslage zu lesen scheinen, selbst auf den Metro-Rolltreppen. In einer Buchhandlung, in der DDR-Bücher verkauft werden, drängen sich die Käufer um die Bücher, die noch billiger sind als in der DDR. Die sensible Frau, die in die Gesichter der Menschen zu blicken versteht, ist allerdings auch beunruhigt über das, was sie hinter den Fassaden wahrnimmt: *Ich bemerkte dann auch, als wir durch die Straßen gingen, den Zug von Müdigkeit in vielen Gesichtern [...]. Das Leben ist viel schwerer als bei uns: noch immer Wohnungsnot (auch Leute wie St. haustenjahrelang mit der ganzen Familie in einem Raum), Mangel an Industriewaren, an allen möglichen Arten von Komfort und Annehmlichkeiten; die Läden sind abends, wenn die Leute von der Arbeit kommen, so unglaublich überfüllt, daß die Kaufhöfe in Hoy dagegen gähnend leer wirken. Es gibt noch immer zuviele wirtschaftliche Schwierigkeiten, zudem ist in diesem Jahr die Ernte schlecht ausgefallen, die SU mußte Tausende Tonnen Weizen in Amerika kaufen.*

Nicht alle Begegnungen sind im Tagebuch nachzulesen. Es scheint, als hätte sie sich bemüht, unangenehme Erlebnisse beiseite zu schieben. Erst ein Brief von Christa Wolf an Brigitte Reimann vom 5. Februar 1969 erinnert an eine elende, möglicherweise charakteristische Episode: *Weißt Du noch, wie Du in Moskau entsetzt warst, als niemand sich bereit fand, in der nassen Bahnhofshalle einen Betrunkenen aus der Pfütze zu ziehen? Und Du das dann – mit Deinem Eskapadse – machtest? Und so enttäuscht warst von den neuen Menschen, die Du Dir anders vorgestellt hattest?*

Noch 1998 meint Christa Wolf zu dieser Szene: »Das wurde für mich fast wie ein Symbol für Brigitte, für ihre Art, mit Menschen umzugehen.« Sie erzählt weiter über Brigitte Reimann auf dieser Reise: »Sie war noch so strahlend und hoffnungsvoll, erwartete […] den neuen Menschen dort zu treffen und traf natürlich sofort einen jungen Georgier, der sich rasend in sie verliebte.«

Giorgij, der schöne Georgier, schwarz und schlank, macht Brigitte Reimann den Hof: *Als er sagte, ich sei zwanzig Jahre alt, dachte ich erst, das sei eben so ein orientalisches Kompliment, aber dann fiel mir ein, daß Christa gesagt hatte, die Frauen altern hier vorzeitig. Es fällt auch auf, wie wenige anziehende oder in unserem Sinn hübsche Frauen es gibt. (Im Vergleich dazu sind wir beide beinahe Schönheiten.)*

Nach der Lektüre von Architekturzeitschriften hatte sich Brigitte Reimann ein strahlendes Bild des neuen Stadtteils Tscherjomuschki zurechtgelegt, und sie ist von der Realität tief enttäuscht: *es sieht schlampig aus, viel trister als Hoyerswerda.* Christa Wolf bekräftigt diesen Eindruck: *Christa sagt, die Katen in den meisten Dörfern seien nicht besser als diese elenden Buden.*

Die Kluft zwischen Idee und Wirklichkeit, das Problem von Wohnumfeld und Tristesse, Leben und Licht, das für den Roman *Franziska Linkerhand* entscheidend sein wird, beschäftigt sie auch hier. Ebenso eine Frage, die sie so oft mit Hermann Henselmann diskutierte: ob man sich angesichts der bewunderungswürdigen Leistung, die solch ein neuer Stadtteil darstellt, überhaupt Ästhetizismus leisten könne.

Aufmerksam registriert sie Details wie die *unsagbar kitschigen* und *höchst absonderlichen silberbroncierten* Abfallkübel *in der Form von Vasen und Amphoren* und macht sich über die in der Stalinära gebauten Häuser lustig, *die reinsten Buttercremetorten,* die sie dann aber, wenn *dieser Prunk zum Stil* wird, *der Atmosphäre hat,* wiederum *geradezu liebenswert* findet.

Den neu erbauten Pionierpalast mit Hunderten von Räumen, Ballettsaal, Theatern, riesigen Glasfronten, schwebenden Treppen und Lichtkuppeln bewundert sie als wunderschön und zweckmäßig: *Ich habe in keiner westlichen Architekturzeitschrift ein schöneres, helleres Haus gefunden – und es [...] bietet Platz für 7 000 Kinder.*

Mehr noch als die Architektur interessieren sie natürlich die Menschen. Besonders erschüttert ist sie vom Schicksal eines Übersetzers, Kostja, der unter Stalin zum Tode verurteilt war, dann aber begnadigt wurde und fünf Jahre im Straflager Workuta arbeiten mußte, *wo so viele der besten Schriftsteller umgebracht worden sind.* Es verwundert sie auch zu hören, daß die Georgier Stalin noch immer verehren, obwohl er *die Blüte der russischen Intelligenz liqidiert hat.*

Natürlich verliebt sie sich auch in ihren schönen Georgier mit den langen schwarzen Wimpern, der sie *Brigitta* nennt und in hinreißenden Szenen um sie wirbt, während sie um Standhaftigkeit zu ringen scheint. Nur schwer kann sie sich am Abreisetag auf dem Moskauer Flugplatz von ihm trennen. Auch er muß von Brigitte Reimann sehr beeindruckt gewesen sein, denn Jahre später wird sie an Christa Wolf schreiben: *Hab ich Dir übrigens mal gesagt, daß Herr Sakaradse oder Eskapadse als Tourist in Dres-*

den war und um ein Rendezvous gebeten hat? Ich habe es aber nicht gewagt hinzufahren, allein oder etwa eskortiert von Monsieur K. Gott, wenn ich an die Attacken des feurigen Herrn denke, an den Messerblick, mit dem er einen Störfaktor, etwa seinen Kollegen Rustaweli, bedachte!

Auf dem Flugplatz in Berlin-Schönefeld wird sie von Daniel erwartet, dem sie während der Heimfahrt nach Hoyerswerda sofort von ihrer Moskauer Romanze erzählt. Zwei Tage später ist sie wieder bei Jon. *Hoy hat mich wieder, mit Haut und Haaren,* schreibt sie am 18. Oktober 1963 ernüchtert ins Tagebuch.

14
»Mit Zärtlichkeit gekommen, mit Zärtlichkeit gegangen«

Einen wichtigen Anstoß für das neue Projekt, über das Brigitte Reimann schon so lange nachdachte, hatte ein Gespräch mit dem Chefarchitekten von Hoyerswerda im November 1963 gegeben. Als er ihr erzählt, daß die Mittel für zentrale Bauten gestrichen worden sind, ändert sie wieder einmal die Konzeption des Romans. Es soll nun um eine Architektin gehen, die nach dem Studium voller Elan aufbricht, um ihre Ideale in der Praxis zu verwirklichen, und dabei auf starke Widerstände stößt, besonders auf ökonomische Zwänge wie die erwähnten Sparmaßnahmen. Auch damals schon traf es – wenn gespart werden mußte – zuerst die Kultur. Allmählich kristallisiert sich auch ein zweiter Grundkonflikt für die Hauptfigur heraus, eine unkonventionelle Liebesgeschichte.

Eine konventionelle Ehe führt Brigitte Reimann selbst in jener Zeit gewiß nicht, im Gegenteil. Siegfried Pitschmanns Geduld ist mittlerweile bis aufs äußerste strapaziert. Immer wieder wartet er, leidet, zeigt Verständnis – bis er schließlich auf eine Entscheidung drängt.

Obwohl Brigitte Reimanns Pendeln zwischen Ehemann und Geliebtem ihre Kräfte aufzuzehren scheint, arbeitet sie am Manuskript *Franziska*.

Ihre anfängliche Euphorie wird aber von den traurigen »Endszenen einer Ehe« oft so gebremst, daß sie wie gelähmt ist, nicht nur tief depressiv, sondern auch körperlich krank: Fieber, Halsschmerzen, tagelange Brechanfälle, Kopfschmerzen, Herzattacken, eine von wilden Schmerzen begleitete Kiefervereiterung, die operiert werden muß. Nur qualvoll langsam und voller Selbstzweifel geht es unter diesen Umständen mit dem Schreiben voran.

Silvester 1963 feiert sie mit Jon unter lustigen und lauten Leuten, und doch ist sie im Innersten traurig und voller Gewissensbisse, denn Daniel ist allein zu Hause geblieben. Während der folgenden zwei Monate zieht er sich ins Schriftstellerheim »Friedrich Wolf« nach Petzow zurück, das auch später immer wieder zum Zufluchtsort wird. Kaum ist er fort, hat Brigitte Reimann vor lauter Sehnsucht nach ihm keine Lust mehr zum Schreiben. Sie wartet darauf, daß er anruft, und schließlich besucht sie ihn kurzentschlossen in Petzow. Brigitte Reimann nennt das Wiedersehen mit ihrem Mann *ein großes Erlebnis*. Sie freut sich, ihn glücklich zu sehen, hat ihm *eine Mappe voller Geschenke mitgebracht, es ist so schön, Daniel etwas zu schenken*.

Dinge spielen in der nächsten Zeit überhaupt eine zentrale Rolle. Während sie Daniel endgültig verliert, kauft sie sich in Berlin einen Barockschrank und einen passenden Schreibtisch, plündert dafür sogar ihre »eiserne Reserve« auf dem Konto. Nach der Scheidung wird sie Daniels Zimmer neu für sich einrichten und dafür sogar mit ungedeckten Schecks bezahlen.

Das Verhältnis zwischen Brigitte Reimann und Siegfried Pitschmann verändert sich. Sie wird ihm gegenüber leidenschaftsloser, aber auch zärtlicher und aufmerksamer. Zu seinem Geburtstag läßt sie Daniel um 24 Uhr rote

Nelken bringen. *Eine seltsame Beziehung. Wir küssen uns wie Geschwister,* bemerkt sie im Januar 1964. Er schickt ihr Blumen und traurige Briefe. Wenn sie sich sehen, schüttet sie ihm ihr Herz über Jon aus, denn mit ihm streitet sie sich zu dieser Zeit böse und gereizt.

Er züchtet, bewußt oder unbewußt, das niederdrükkende Gefühl in mir, ich sei ein oberflächlicher Denker; er meint, man dürfe nicht schreiben, wenn man nicht ein Problem zuende gedacht und eine Lösung gefunden habe. Aber wie kann denn einer die Lösung *finden? Einer allein? Warum soll ich nicht meine Meinung sagen, ohne Anspruch auf letzte Gültigkeit zu erheben? Lieber schweigen?* fragt sie sich. Jons Kritik trifft sie an der empfindlichsten Stelle. Immer noch verbirgt sich unter ihrem manchmal provokativ zur Schau getragenen Selbstbewußtsein eine tiefe Verunsicherung, die mehrere Gründe hat, vor allem ihren chronischen Minderwertigkeitskomplex. Statt – wie sonst – ihren Widerstand zu aktivieren, kränken sie Jons Vorwürfe jetzt, da sie sich selbst die Schuld am Scheitern ihrer Ehe gibt, bis in den Kern ihrer Existenz. *Es ist ja wahr, ich bin wirklich zu schnell, zu spontan mit meinen Ansichten, zu freudig in meinen Entdeckungen, ich habe keinen ordnenden Verstand … Lieber Gott, es ist schrecklich, daß dieses Gefühl immer mehr in mir wächst, es mangele mir an Intelligenz, Logik. Den ganzen Tag saß ich vor einem leeren Blatt Papier. Bei Zusammenkünften wage ich kaum noch den Mund aufzutun. Bin ich dumm, oberflächlich oder nur ungeschult,* notiert sie weiter.

Alles scheint ihr in diesem Winter 1963/64 zu mißlingen. Zwar ist sie mit ihrem neuen Romanprojekt zu Walter Lewerenz, dem Lektor ihrer früheren Bücher beim Verlag Neues Leben, zurückgekehrt, weil sie mit ihm am besten zusammenarbeiten kann, aber er krittelt an den ersten Seiten des neuen Romans herum, es fehle an »originellen Details«. Sie wirft alles weg, um neu zu beginnen.

Während die Fremdheit im Verhältnis zu Jon zunimmt und sie sich Daniel wieder zu nähern versucht, eröffnet dieser ihr am Telefon, er werde den ganzen Sommer über wegbleiben. *Flucht – er verriet nicht, wohin. Auf einmal wußte ich alles. Wir haben öfter daran gedacht, geplant, darüber gesprochen, jetzt wurde es ernst.*

Jetzt, da ihre Ehe zerbricht, sehnt sie sich auch nach materieller Absicherung ihrer Existenz als Schriftstellerin. *Seit meiner Schulzeit habe ich allein kämpfen müssen, mich erhalten, einen anderen erhalten müssen. Manchmal bin ich mürbe, sehne mich nach einem Leben ohne so gewichtiges Risiko.* Natürlich stimmt das nicht ganz, zumindest Günter, ihr erster Ehemann, hatte die Rolle des Geldverdieners weitgehend übernommen. Außerdem verdient sie gerade jetzt sehr gut durch ihre Bucherfolge, Hör- und Fernsehspiele.

Brigitte Reimann stilisiert sich auch in diesem Punkt selbst. Von Jon jedenfalls, das ist ihr klar, kann sie diese Sicherheit nicht erwarten. *Er wird Redakteur bei einer Betriebszeitung, und heute sagte er, wenn er dann ein gutsituierter Mann mit 450 DM Monatsgehalt ist, wird er seinen Stresemann anziehen, nach Burg fahren und bei Vater um meine Hand anhalten.* Noch kann sie ironisch mit seiner Mittellosigkeit umgehen.

Aggressive Ausbrüche Brigitte Reimanns jedoch sind nicht nur Zeichen ihrer bis aufs äußerste strapazierten Nerven in der Endphase ihrer Ehe mit Daniel, sondern auch Zeichen eines traumwandlerisch sicheren Gefühls für politische Blödigkeiten, Intrigen und kulturpolitische Verhärtungen. Die Diskussionen im Schriftstellerverband, besonders aber die mit beschränkten Kulturfunktionären in Hoyerswerda und Cottbus, erbittern sie nach wie vor. Der Bildhauer Fritz Cremer und Robert Havemann sind – beide aus unterschiedlichen Gründen – ins Schußfeld der Kulturpolitiker geraten.

Robert Havemann zum Beispiel, Natur- und Gesellschaftswissenschaftler, während der Nazidiktatur Mitglied einer sozialistischen Widerstandsgruppe, von der Gestapo verhaftet und vom »Volksgerichtshof« zum Tode verurteilt, hatte als Dozent an der Humboldt-Universität 1962 auf einer Leipziger Tagung den Nutzen der »historisch-dialektischen Philosophie« für die Naturwissenschaften in Frage gestellt. Eine öffentliche Debatte in der eigentlich für »geistige Probleme der Jugend« zuständigen Zeitschrift »Forum«, die vom Zentralrat der Freien Deutschen Jugend herausgegeben wurde, war verhindert worden, statt dessen denunzierte eine Artikelserie sein in einer Vorlesungsreihe entwickeltes demokratisches Sozialismusmodell als »revisionistisch«. Havemann verlor seine Professur und wurde aus der SED ausgeschlossen.

Brigitte Reimann ärgert es, daß andere sich ein Urteil über Cremer oder Havemann erlauben, ohne die Werke der Abgekanzelten zu kennen. Sie empfindet immer stärker, daß sie von banausenhaften Funktionären und von Karrieristen umgeben ist. *Schrecklich. Der Umgang mit Unbegabten treibt mich zur Verzweiflung, ich leide physisch und habe Mordgedanken. Sie sind so tödlich provinziell,* klagt sie im März 1964. Zwar diskutiert sie weiterhin leidenschaftlich mit Freunden oder in Kommissionen gegen solche Fälle von Intoleranz oder Dogmatismus, oft genug ist sie aber auch wie gelähmt durch die dumpfe ideologische Atmosphäre, schweigt resigniert und sitzt ihre Zeit in einer dieser öden Kulturkonferenzen, Sitzungen oder Tagungen einfach ab.

Dennoch drängen sich die privaten existentiellen Probleme immer wieder in den Vordergrund. Vor allem leidet sie darunter, daß Daniel sich mehr und mehr von ihr löst. *Wir sprachen über unsere Scheidung. Das kann man so trocken und sachlich hinschreiben ... Wir haben scheußlich gelitten. Wir lieben uns ja, trotz allem und allem. Daniel kann den Klatsch nicht mehr ertragen und das abfällige Gerede über sich [...]. Im Herbst kommt er heim, dann werden wir die Scheidung einreichen.* Die Tage und Wochen sind voller trauriger Szenen: *Wir saßen Hand in Hand, ich weinte ein bißchen, nachher versuchte ich zu lachen und sagte, wir werden später, wenn ich alt und abgeklärt bin, uns wieder zusammentun. Wir umarmten uns zum Abschied.*

Brigitte Reimann geht es schlecht. Sie schließt sich ein, stellt die Klingel ab, bleibt im Bett und will nichts mehr hören und sehen. Dann wieder begibt sie sich auf Wohnungssuche für ihren Mann, pokert dafür bei den ihr verhaßten Funktionären der SED-Kreisleitung mit ihrem ZK-Ausweis.

Endszenen einer Ehe: Daniel sitzt des Nachts ohne Licht trauernd allein in seinem Zimmer und hört Musik. Oder die Scheidungskandidaten sprechen bis zum frühen Morgen darüber, was nun werden soll. *Alles ist ein bißchen wie zu Beginn einer Liebe – und ganz anders, weil sie das Ende schon einschließt. Wir sind so liebenswürdig und rücksichtsvoll, aus dem Mittagessen haben wir heute ein festliches Dinner gemacht – wie oft haben wir sonst, zwischen Arbeit und Arbeit, das Essen hastig an der Küchenbar runtergeschlungen.*

Alles, was sie miteinander tun, ist kostbar, denn alles geschieht wie zum allerletztenmal. Lauter vergebliche Versuche, Versäumtes nachzuholen. Während ihrer Ehe haben sie sich viele Male vorgenommen, gemeinsam nach Dresden oder quer durch die Lausitz zu fahren, verzichteten dann doch immer im letzten Moment darauf *wegen der Arbeit, wegen einer Laune (von mir), wegen meines Geliebten ...* Jetzt erst fahren sie tatsächlich. *Daniel sagte, man könne mit niemandem so gut spazierenfahren wie mit mir – und es war auch wie früher, sogar das Zigarettenanzünden.*

Wenige Tage später dann wieder eine Trennung: *Als Daniel wegfuhr, weinte ich. Wir klammerten uns aneinander. Wozu das alles, wozu, um Gotteswillen?*

Brigitte Reimann reflektiert in jenen Tagen die eigene erotische Verstrickung, versucht, eine Bilanz zu ziehen und sich selbst über ihre Situation klarzuwerden: *Wir sind beide ganz verzweifelt. Ich bereue tausendmal – nicht all die Stunden mit Jon, aber den Beginn, diese Schwäche, nicht rechtzeitig geflohen zu sein (und Flucht wäre hier Mut gewesen). Jetzt ist es zu spät.*

Zu einer klaren Entscheidung kann sie sich jedoch nach wie vor nicht durchringen; ihre Gefühle sind und bleiben widersprüchlich: *Manchmal bereue ich meine Verfehlungen, meine Unduldsamkeit und wünsche, wir könnten wieder von vorn anfangen – dann freue ich mich auf wiedergewonnene Freiheit und Unabhängigkeit – bald wünsche ich den Daniel weit weg, bald in meine nächste Nähe.*

Jon, der sich ihr nach einer Phase der Entfremdung unvermutet liebevoll und fürsorglich wieder nähert, kann sie nur vorübergehend mit Distanz betrachten: *Ich betrachtete ihn wie ein zweiflerischer Pferdehändler: Lohnt sich der Tausch? Was gebe ich auf, was bekomme ich dafür?* Es sind ja keineswegs die Gewohnheiten und Sicherheiten der Ehe, die sie an Daniel binden. *Es sind nicht nur die fünf Jahre. Es ist meine bessere Seele, die sich in Daniel wiederfindet. Das habe ich verspielt,* schreibt sie im April 1964. Und sieben Tage später charakterisiert sie ihre Beziehung zu ihrem Mann: *Er ist wie Heimat, wie ein ruhiger Wald, in den man flieht.*

Daniel allerdings sieht das anders. Nach dem ersten Termin vor dem Scheidungsrichter im Oktober 1964 hält Brigitte Reimann im Tagebuch fest: *Daniel sagt, er habe sich immer ein wenig vor mir gefürchtet, weil ich so »gefräßig« sei, so unmäßig, und er habe immer vermißt, daß ich einmal Schutz und Anlehnung bei ihm gesucht hätte.*

Sie braucht seine Bewunderung. Da Jon ihre Begabung,

174

ihre Kenntnisse, ihre ganze Art ständig kritisiert und sie damit noch mehr verunsichert, genießt sie die Anerkennung ihrer schriftstellerischen Arbeit durch Daniel: *Eben kam Daniel zu mir, er hat mein Manuskript gelesen und sagt: »Phantastisch.« Er war ganz aufgeregt, bezaubert von Franziskas Pubertätsgeschichte, fand auch alles ein wenig unheimlich, beinahe morbid – genehmigt aber unter der Voraussetzung, daß mein Mädchen in eine andere, gesündere Welt kommt, und das wird sie ja wohl auch. Keine Glätten mehr – er rühmte die Sprache, und das will was heißen, und jetzt bin ich stolz und sehr ermutigt. Es war wieder wie früher (und gewiß ist es das, was uns auch in Zukunft bleiben wird): hitziges Gespräch unter Kollegen. Verständnis und das Gefühl, mitteilen zu können.*

Trost und Auftrieb geben ihr in jener Zeit auch die Besuche ihrer Schwester Dorothea und die Kontakte zu den Strittmatters sowie zu dem Maler Dieter Dreßler, der ihr ein wirklicher Freund geworden ist. Die *Dorli-Schwester* mit ihrem Baby kommt im Februar für eine Woche zu Besuch. Brigitte Reimann genießt den Familienschwatz. Immer wieder hat sie sich in den vergangenen Jahren selbst ein Kind gewünscht, und immer wieder hat sie die Sehnsucht danach beiseite geschoben, sie hat sogar abgetrieben, zugunsten ihrer Arbeit als Schriftstellerin. Von Dorlis Tochter ist sie entzückt, und zugleich berührt sie das Mutterglück ihrer Schwester schmerzlich. Über die Erlebnisse mit dem Kind schreibt sie: *Sie ist so lebendig und neugierig, lernt sitzen und sich herumwälzen, und sobald man sie aus den Augen läßt, robbt sie still und listig durchs Zimmer. […] Jetzt schläft sie, die Ärmchen zur Seite geworfen, mit ihrem süßen, unschuldigen Gesicht, und ich schleiche manchmal hinüber und sehe sie an, sehe meine Versäumnisse. Mein mieses provisorisches Leben – eine kaputte Ehe, kein Kind, ein lebensuntüchtiger Mann, ein armer geexter Geliebter, mittelmäßige Bücher…*

Die Schwester und das Kind lenken sie nicht nur ein wenig von ihren Problemen ab. Die zehn Jahre jüngere Schwester wird ihr auch zu einer wirklichen Vertrauten, und es tut ihr gut, daß Dorothea auch Jon schätzen lernt und ihn, im Gegensatz zu vielen anderen ihrer Bekannten, als neuen Lebenspartner Brigittes akzeptiert.

Zum Schreiben ermutigen sie vor allem Erwin und Eva Strittmatter, die sie im März 1964 besuchen. Sie bestärken sie auch darin, ihrem Gefühl zu folgen und die Enge der Provinz zu verlassen. Mit beiden ist sie sich einig über das Ziel ihres Schreibens: *Bücher zu schreiben, wie wir selbst sie gerne lesen, nicht für die happy few, sondern für einen großen Kreis.*

Als verläßlich erweist sich ihr Freund Dieter Dreßler. Mit ihm verbanden sie wöchentliche Geselligkeiten en famille in Hoyerswerda oder im benachbarten Spremberg, wo Dreßler mit seiner Familie wohnte. Die Ehepaare hatten gemeinsame Abende verbracht, im empfangsgestörten Fernseher den Freitagskrimi »Auf der Flucht« gesehen, über Literatur, Politik, Gott und die Welt diskutiert und dabei Jazz, Blues, Swing und Gospel von Schellack-Platten gehört. Dieter Dreßler war nicht nur Brigitte Reimanns Vertrauter, sondern auch der Siegfried Pitschmanns. Als es in Brigitte Reimanns Ehe kriselt und Daniel in seinem Kummer für Ablenkung und Trost dankbar ist, veranstalten die beiden Männer allein nächtliche Pilzwanderungen beim Schein von Taschenlampen und Autorennen (Skoda-Oktavia gegen Wartburg-Coupé) über holprige Landstraßen.

Er wird mir immer sympathischer. Bei ihm habe ich nie das Gefühl, gegen eine Wand zu sprechen – nicht mit einem einzigen Wort. Er ist aufrichtig, ohne verletzend zu werden, und in einer schwer zu präzisierenden Weise treu, auch als Genosse, meine ich. Er quatscht nicht, bei ihm ist ja ja und nein nein – und von wievielen Menschen kann man das schon sagen?

Sie begegnen einander auch auf Kulturkonferenzen, wo der Maler ohne Rücksicht auf persönliche Nachteile dogmatische Funktionäre kritisiert und dadurch öffentlichen Anfeindungen ausgeliefert ist, zum Beispiel, weil er Partei für den Bildhauer Fritz Cremer ergreift, der auf dem V. Kongreß Bildender Künstler gefordert hatte, daß sozialistische Kunst vor allem wahr sein müsse und nicht nur die positiven Seiten der Wirklichkeit darzustellen habe. Cremer ist ein gebranntes Kind. 1960 und 1961 waren von ihm initiierte und organisierte Ausstellungen junger Künstler nach wenigen Tagen geschlossen worden, und er war als verantwortliches Akademiemitglied ins Kreuzfeuer von ZK und Presse geraten. Dieter Dreßler, der Cremers Ansichten teilt, wird mit an den Haaren herbeigezogenen Argumentationen angegriffen und zum »Feind des Weltfriedens« abgestempelt. *Es war zum Speien*, kommentiert Brigitte Reimann im März 1964 lakonisch die Diffamierungen des Künstlers bei einer Kulturkonferenz im Kombinat »Schwarze Pumpe«. Natürlich wird Dieter Dreßler seine Unterschrift nicht unter eine Entschließung gegen den »Parteifeind Cremer« setzen.

Auch Brigitte Reimann tritt mutig auf. Dieter Dreßler erinnert sich: »Sie trat für ihre Kollegen und ich für die meinen ein. Immer wenn einer entsprechend der Rednerzulassung der SED einen Schriftsteller oder bildenden Künstler als Feind titulierte, Anträge stellte, aus Werken zitierte oder Urteile über das Werk fällte, kam unser ›Zur Geschäftsordnung!‹ Brigitte fragte: ›Genosse, Sie kritisieren die Arbeit von Heym und Hermlin als volksfeindlich, Sie zitieren aus diesen Werken, bitte erklären Sie dem Forum, aus welchem Buch, zu welchem Thema, aus welchem Kapitel Sie zitieren, damit der Leser und die Konferenz sich ein Bild machen können, ob Ihr Zitat im Zusammenhang zum Werk erklärt werden kann.‹ Meist stand der Kritikus sehr irritiert vor dem Forum der Kulturkonferenz, mußte einräumen, daß er weder den Schriftsteller, das Werk, das Buch noch die Zusammenhänge im jeweiligen Text kannte.«

Die Zeit der Auflösung ihrer zweiten Ehe ist für Brigitte Reimann auch eine Zeit der Bilanz und der Neubesinnung als Schriftstellerin. Wie Schlaglichter tauchen in ihren Notizen Sätze auf, die Umbrüche im Zentrum ihres Lebens und Schreibens umreißen.

Im Januar 1964 nimmt sie in Berlin an einer Tagung der Akademie der Künste teil, bei der es um das Verhältnis von Produktionserfahrung und literarischer Praxis geht. Im Tagebuch hält sie fest: *Zum Schluß hatte ich einen Lacherfolg, als ich fragte, was denn nun eigentlich sozialistischer Realismus sei.* Als sie im Zuge der Vorbereitungen der 2. Bitterfelder Konferenz aufgefordert wird, ein Bekenntnis zum sozialistischen Realismus zu schreiben, trotzt sie diesem Ansinnen: *Weigere mich. Habe bis heute nicht begriffen, was das ist.* Sie fühlt sich bestätigt durch andere Künstler, die sich ebenfalls gegen kulturpolitische Auffassungen, die Literatur und Kunst in Schablonen zu pressen versuchen, wehren: *Interessanter Artikel von Fühmann, aggressiv, aufrichtig, sehr klug, traf genau mein Gefühl,* notiert sie Ende März 1964. Statt der provinziellen Nabelschau von DDR-Kunst fordert Fühmann in der Zeitung »Neues Deutschland«, in der DDR entstehende Werke nach internationalen Qualitätsmaßstäben zu betrachten. Er kritisiert das Hochjubeln künstlerisch minderwertiger, dafür aber ideologiekonformer Werke.

Auf der Akademietagung, bei der sich Brigitte Reimann spontan zum Begriff des sozialistischen Realismus geäußert hatte, hatte auch Stephan Hermlin kurz mit ihr gesprochen. *Dachte wochenlang über Hermlins Worte nach, ich hätte nur Lebensfragen, keine künstlerischen Fragen gestellt. Aber muß ich nicht erst lernen zu leben?* fragt sich Brigitte Reimann Anfang März.

Leben heißt für Brigitte Reimann in jenen Monaten vor allem das Aushalten der sich abzeichnenden Trennung von Siegfried Pitschmann. So mancher, der sie kennt und ihr auf der 2. Bitterfelder Konferenz begegnet, die am 24. und 25. April 1964 im Kulturpalast des Elektrochemischen Kombinats Bitterfeld stattfindet, interessiert sich allerdings – wie Brigitte Reimann findet – zu heftig für ihre Scheidung. Immerhin hatten die beiden jungen, vielversprechenden Autoren als ideale Ehepartner gegolten, und auch Literaten tratschen gern. Brigitte Reimann antwortet *mit Schnoddrigkeiten,* weil sie nicht zeigen will, wie ihr zumute ist. Daniel verläßt die gemeinsame Wohnung. Er zieht sich in einen Campingwagen zurück, den ihm der Schriftsteller Dieter Noll zur Verfügung stellt. Brigitte Reimann wird sich das Behelfsdomizil erst Anfang August ansehen: *Wir brachten Daniel noch nach Ziegenhals, und ich besah mir seinen Wohnwagen, der winzig und auf den ersten Blick ganz romantisch ist. Aber wochenlang darin hausen ... Er kann nicht mal aufrecht stehen; ich würde wahrscheinlich nach 3 Tagen alles kurz und klein schlagen. Wir küßten uns zum Abschied, ich habe die ganze Zeit Haltung bewahrt, aber dann, im Auto, war mir hundeelend, ich hätte immerzu heulen können.*

Wie aber muß Siegfried Pitschmann zumute gewesen sein? Sein *Quasimodokarren,* wie er sagt, ist die vorläufige Endstation des zähen inneren Loslösungsprozesses von der Frau, die er liebt.

Mit dem Naseherumtanzen ist es vorbei, er emanzipiert sich, hatte Brigitte Reimann schon im Mai bemerkt. Ein letztes Mal schlafen sie miteinander. »*Mit Zärtlichkeit gekommen, mit Zärtlichkeit gegangen*«, sagte Daniel.

Pfingsten 1964 aber fahren sie noch gemeinsam zum Deutschlandtreffen der Jugend beider deutscher Staaten nach Berlin. Brigitte Reimann sitzt während des fünfstündigen Vorbeimarsches der Teilnehmer auf der Tribüne.

Eine Riesenshow, die ich etwas fatal und unzeitgemäß fand [...], ich bin zu nüchtern, mein Herz schlug nicht höher, notiert sie rückblickend. Überwältigt ist sie jedoch von der Resonanz der Literatur beim Publikum: *Nachmittags Buchbasar in der Karl-Marx-Allee. Es war ungeheuerlich. Ich konnte keine Minute aufstehen, konnte nicht einmal einem Leser ins Gesicht sehen, mit keinem ein Wort wechseln. Ich schrieb die ganze Zeit Autogramme, halb erstickt von der Masse. Nach zwei Stunden hatte ich eine Blase am Daumen. Meinen Kollegen ging es nicht besser.*

Kurz darauf fährt sie mit Daniel sogar zum großen Familientreffen in Burg anläßlich des 60. Geburtstags ihres Vaters. Endlich sieht sie ihren Bruder Lutz wieder.

Über den politisch einflußreichen Schriftsteller Otto Gotsche, der Mitglied des Staatsrates ist, hat Brigitte Reimann eine Aufenthaltsgenehmigung für ihren Bruder bewirkt. In einer Tagebucheintragung vom 30. Mai 1964 beschreibt sie das Wiedersehen in Burg: *In der Neuendorfer Straße kam uns die ganze Familie lärmend und schreiend entgegengerannt, Vati und Mutti und Dorli, reizender denn je mit dunkel getöntem Haar, der lange Uwe, das Spätzchen, das die ersten Schritte macht, schwankend und vor Aufregung kreischend, und Lutz' Sohn Oliver, ein bildschönes Kind mit riesigen grauen Augen. Ich zitterte vor Furcht und konnte kaum atmen: Lutz erwartete uns oben. Als wir in den Flur traten, kam er aus der Küche: er ist schwerer geworden, die Nase schärfer, das Kinn ist ausgeprägter. Daniel hatte mir im Wagen gesagt, er sei begierig zu sehen, wie wir uns begrüßten (die kalte Schriftsteller-Neugier). Im Flur war es halbdunkel. Ich sagte töricht: »Ist das der Lutz?« Wir haben uns all die Jahre nicht geschrieben; ich wußte, daß er mich verabscheut, er nahm mich für einen Gegner. Auf einmal – ich weiß nicht, wer sich zuerst rührte – gingen wir schnell aufeinander zu und umarmten uns und drückten uns fest aneinander. Ich glaube, er war den Tränen so nahe wie ich.*

Abends bei der Geburtstagsfeier kommt es wieder zu heftigen politischen Debatten, aber sie reden miteinander, hören einander zu. *Wir sind schlecht informiert, oft hatten wir keine Argumente, weil uns Lutz mit Tatsachen kam, die wir nicht gekannt hatten. Er hat mich eingeladen, ein halbes Jahr bei ihm in Hamburg zu leben und mich gründlich umzuschauen. [...] Einmal umarmte er mich und sagte mit zärtlichem Spott: »Meine sozialistische Schwester ...« Am letzten Tag bat er mich, ihm mein Buch zu schicken (seine Freunde drüben besitzen es alle), wir sollten uns auch wieder schreiben. Ich bin glücklich darüber.*

Heftige politische Debatten können der Wiedersehensfreude nichts anhaben; in der Familie Reimann ist immer mit Lust und Hingabe gestritten worden, berichten die Geschwister.

Daß Brigitte mit ihrem Bruder Lutz wieder reden kann, gehört zu ihren glücklichen Erfahrungen des Jahres 1964.

Kaum aus Burg zurückgekommen, muß sie sich – gemeinsam mit Dieter Dreßler – gegen Anfeindungen, politische Verdächtigungen und moralische Diffamierungen, die von den Funktionären im Kombinat »Schwarze Pumpe« initiiert werden, zur Wehr setzen. Nach wie vor weigern sie sich, sich von Fritz Cremer zu distanzieren.

Temperamentvoll, wie es ihre Art ist, erklärt Brigitte Reimann, daß *die Zeit der Bekenntnisse vorbei* sei, daß sie der Gängelei überdrüssig und es unerträglich sei, *wenn einem in den Produktionsprozeß reingeredet werde.* Eine wirkliche Auseinandersetzung zwischen gleichberechtigten Kontrahenten ist das aber nicht: *widerliche Atmosphäre: böswillige Unterstellungen, politische Verdächtigungen,* kommentiert sie den Streit.

Schließlich nahmen wir keine Rücksichten mehr (und wirklich: was können die uns schon tun?), und ich sagte, wir hätten es satt, uns von Leuten über Kultur belehren zu lassen, die selbst keine Kultur haben. Solche deutlichen Worte sind neu bei Brigitte Reimann. Kritischer, als von der Redaktion gewünscht, fällt kurze Zeit später auch eine Reportage über Hoyerswerda für die Zeitschrift »Freie Welt« aus. Zur Empörung Brigitte Reimanns will die Redaktion den Artikel so sehr verändern, daß die Autorin ihn zurückzieht. Nein, einer *Diktatur von Hohlköpfen* unterwirft sie sich nicht mehr ohne weiteres. Auch den mehrfachen Werbungen von Genossen, in die SED einzutreten, widersteht sie vehement: *Soll ich auch jedes Jahr meine Überzeugungen wechseln, Wunschdenken lernen und in den Genuß einer doppelten Moral kommen?*

Sie beginnt, die taktischen Lügen der höchsten Funktionäre zu durchschauen: *Vor ein paar Tagen sagte Ulbricht, daß wir nie daran gedacht hätten, einen separaten Friedensvertrag abzuschließen und Westdeutschland den Imperialisten in den Rachen zu werfen. Aber wir erinnerten uns genau – Jon ist ein wandelndes Archiv – daß vor ungefähr zwei Jahren an jedem Haus ein Transparent den Vertrag forderte, und ich sollte auch eine Stellungnahme dazu schreiben. Sowas kann man doch nicht auf Parteibeschluß vergessen!*

Neu ist der entschiedene Ton, den Siegfried Pitschmann in einem Brief vom Juni anschlägt, auf den sich die folgende Notiz Brigitte Reimanns bezieht: *ich war Unterdrückerin und Zerstörerin, schuld an Arbeitsunlust und Fehlschlägen, und alle die berühmten Freunde sprechen von seiner großen Kunst und raten zu einer neuen Frau und zur Übersiedlung nach Berlin.*

Endlich zieht sie daraufhin die Konsequenz: *In den nächsten Tagen werde ich den Antrag auf Scheidung einreichen. [...] Ich fühle jetzt überhaupt nichts mehr, als ob an einer bestimmten Grenze der Schmerz ausgeschaltet wird. [...] Keine goldene Brücke mehr.* Dennoch wird es bis zur gerichtlichen Scheidung noch vier Monate dauern.

Bald schreibt ihr Daniel, er habe eine andere Frau kennengelernt, eine Bibliothekarin. Brigitte Reimanns Kommentar klingt merkwürdig sachlich: *Die Tendenz unserer Schriftsteller, vor ihren intellektuellen oder gar schöpferischen Weibern zu flüchten.* Es verwundert, daß sie so gar nicht ihre eigene Schuld am Scheitern ihrer Ehe reflektiert. *Seit ich von dem Mädchen wußte, hatte ich mich wie befreit gefühlt, als sei nun die Verantwortung, so lieb und so drückend sie war, in andere Hände übergegangen. Trotzdem gestehe ich einen scharfen Stich von Eifersucht [...]. Manchmal frage ich mich, ob ich wünschte, er wäre tot [...] und mir nicht mehr im Wege. Ich habe zuviel Schmerz seinetwegen. Wir müssen schnell, schnell Schluß machen, die letzte Bindung zerreißen.* Böse Worte einer Frau, die mit den Nerven am Ende ist.

Dann kommt die Verzweiflung, alles wird *schwarz und elend,* sie glaubt *alles verloren und zerschmettert* und sucht die Depression mit Alkohol zu bekämpfen, was nicht gelingen kann, denn die Ursache bleibt: *Er verschwindet aus meinem Leben, nach fünf Jahren – und wie haben wir auf dieses Leben gebaut und mit Ewigkeiten gerechnet,* klagt sie am 22. Juni.

In dieser Stimmung erreicht sie eine Einladung von Kurt Turba, dem Vorsitzenden der Jugendkommission beim Politbüro des ZK der SED. Er interessiert sich seit einiger Zeit für die Schriftstellerin, hatte zum Beispiel auf dem Flugplatz auf sie gewartet, als sie von der Moskau-Reise mit Christa Wolf zurückgekehrt war. Damals hatte er Brigitte Reimann zum 4. Plenum des Zentralkomitees eingeladen, um sie für die Mitarbeit in der Jugendkommission zu gewinnen. Jetzt bietet er ihr eine Reise nach Sibirien als Mitglied einer Delegation des Zentralrats der Freien Deutschen Jugend an – und sie nimmt die Gelegenheit zur Ablenkung von den nicht lösbar scheinenden Beziehungsproblemen wahr. Schon am letzten Tag der Reise wird sie wissen, daß der Sibirienaufenthalt nur eine Flucht war: *Morgen kommt wieder alles auf mich zu: die tausend Briefe, die Reportage, meine Scheidung, der Ärger mit [...] diesen Genossen, die nichts begriffen haben – aber schließlich auch Jon. Gestern abend fiel mir sein Gesicht ein, und ich zitterte vor Glück und Erwartung.*

Zu Hause in Hoyerswerda erwartet sie vor allem der endgültige Abschied von Daniel. *Er kam mittags. Wir hatten ein paar Stunden für uns, konnten alles besprechen, Scheidung, Auto, Sibirien [...] ... nur einmal, als wir vorm Plattenspieler auf der Erde hockten, küßte er mich auf die Schulter und sagte: »Wär schön gewesen ...« (Das ist unsere Formel aus »Fiesta«, und sie trifft ziemlich genau unseren Gefühlszustand.) Es war scheußlich traurig, und wir hatten uns lieb, und alles ging durcheinander. [...]*

Ich nehme nun doch das Auto, dem Daniel ist es sehr recht. Ich gab ihm gleich einen Scheck, er braucht dringend Geld. Ende August werden wir gemeinsam die Wohnung ausräumen. Ich habe schon Angst, das kostet viel Tränen, heißt es am 9. August.

Noch einmal fahren sie gemeinsam nach Dresden. Brigitte Reimann spricht von einem *Gefühl von unzerstörbarer Verbundenheit, trotz mißglückter Ehe. [...] Zuhause schwatzten wir noch bis tief in die Nacht: über unsere Arbeit, unsere Liebsten – wir schütteten einander das Herz aus und bewegten uns in einem Bezirk, der niemandem außer uns beiden gehört – auch diesen »Neuen« nicht, mit denen wir in Zukunft unser Leben teilen werden.*

Nachdem sie ihren gemeinsamen Haushalt aufgelöst haben, richtet Brigitte »Daniels Zimmer« als ihr Arbeitszimmer ein. Hier macht es ihr mehr Spaß zu arbeiten als in ihrem eigenen Zimmer, *wo es mächtig vornehm aussieht mit Barock und meinem kurganischen Teppich und so,* stellt sie fest. *So räume ich also meine Ehe langsam aus,* schreibt sie Anfang September. *Die Scheidungsklage bin ich auch losgeworden (eigentlich ist es keine »Klage«, ich müßte ja wider mich selbst klagen), und am Telefon klingt Daniels Stimme schon ganz anders – es ist nicht mehr die Zauberstimme wie früher.* Sie setzt ihren Ehering ab, *eine Wahl für immer.*

Am 8. Oktober haben beide den ersten Gerichtstermin hinter sich. Vier Tage später hält sie fest: *Der 1. Termin war nur kurz, wir haben unsere Gründe dargelegt, schließlich fragte mich die Richterin (dieselbe, bei der ich damals, während Jons Scheidung, antreten mußte), ob ich andere Partner gehabt habe. Ja, einen, sagte ich, und sie: »Ich weiß, wir sind uns ja schon einmal hier begegnet.« Und ich sagte strahlend: »Es ist immer noch derselbe.«*

Am 13. Oktober 1964 wird die Ehe geschieden. *Jetzt, da es wirklich und endgültig ist, tut es verflucht weh.*

Brigitte Reimann betäubt sich mit journalistischer Arbeit: sie muß die Reportage über die Sibirienreise schreiben und einen Artikel für die Zeitschrift »Sowjetfrau«, wird krank: hat Grippe, Fieber und Husten.

Nur eineinhalb Monate später wird sie ihren Geliebten Jon heiraten.

15
Tauziehen um Freiräume

Zunehmend in Auseinandersetzungen verwickelt und immer noch mit dem Bedürfnis und der Überzeugung, etwas ändern zu können, registriert Brigitte Reimann seismographisch die *lautlosen, schwer deutbaren, dennoch nicht zu ignorierenden Schwingungen* in der Kulturpolitik. Manchmal verschwindet die Atmosphäre von Hexenjagd gegen die Schriftsteller für kurze Zeit. Während einer Kulturkonferenz beim ZK am 25. und 26. März 1963 hatte Brigitte Reimann Quartier im Christlichen Hospiz in Berlin genommen und in der auf dem Nachttisch liegenden Bibel geblättert: »*Ich schreie zu dir, Herr, und du neigst dich zu mir in deiner Gnade.*« *So war es dann ja auch*, kommentiert sie das Ereignis, bei dem das Donnerwetter über den Häuptern der Autoren in einem leisen Grummeln verebbt. Kein Frontalangriff mehr wie auf dem VI. Parteitag der SED, dafür ein paar empfindliche Einzelangriffe gegen Peter Hacks (wegen seines Stückes »Die Sorgen und die Macht«), Günter Kunert (wegen seiner Fernsehoper »Fetzers Flucht«) und Stephan Hermlin, dem der bereits erwähnte Lyrikabend in der Akademie der Künste vom 12. Dezember 1962 angekreidet wird. Erst viel später wird man bemerken, daß dies der erste Auftritt der jüngeren Dichter-Elite der DDR gewesen war. 1963 aber streut Hermlin Asche auf sein Haupt, sieht sich selbst auch in Zukunft nicht gegen diese Fehler gefeit und bittet, ihm keine Verantwortung mehr zu übertragen. Als Sekretär der Sektion Dichtung und Sprachpflege ist er längst abberufen. Das sind alles schwerwiegende Ereignisse im DDR-Kulturbetrieb, doch ist es wohl eine sich während der Pausen in den Wandelgängen artikulierende, allmählich formierende Solidarität unter den Schriftstellern, die eine harte Konfrontation vorläufig abwendet. Brigitte Reimann hat es so empfunden.

Obwohl sie in Hoyerswerda weiterhin einen täglichen Kleinkrieg mit Funktionären auszufechten hat, engagiert sie sich ab Oktober 1963 in der Jugendkommission beim Politbüro des ZK der SED. Einen Monat zuvor war im »Neuen Deutschland« das Jugendkommuniqué erschienen, mit dem man der jüngeren Generation das Recht auf selbständiges Denken, Fühlen und Handeln zugestand und auf eine eigene Jugendkultur. *Wir sind keine Schwatzbude*, sagt Brigitte Reimann und bringt ihre Erfahrungen aus der Praxis im Kombinat »Schwarze Pumpe« und ihre Ideen in ein Gremium ein, das versucht, neue Grundsätze für eine bessere Jugend- und Kulturpolitik zu erarbeiten. Statt der administrativen Verordnungen will die Jugendkommission Demokratie, Entfaltungsmöglichkeiten für

Individuen, das Annehmen von Widersprüchen und Konflikten und den offenen Disput darüber. Publikationsmöglichkeiten dafür bieten sich in der Zeitschrift »Forum«. Kurt Turba, der 1963 die Leitung der Jugendkommission übernommen hat, war zuvor deren Chefredakteur. Obwohl es in der Kommission vor allem um Probleme junger Leute gehen soll, ist unschwer zu erkennen, daß all das auch gesamtgesellschaftliche Probleme betrifft. Begegnungen wie die mit einem Historiker, der in der Kommission ein Referat hielt und *mit der ganzen Unbefangenheit des Wissenschaftlers über Erscheinungen des Dogmatismus sprach, darüber, daß – im Gegensatz zu anderen Ländern – in unserer Parteiführung nichts verändert wurde seit dem 20. Parteitag,* der also *eine Menge großer Tabus verletzte,* wecken die Hoffnung, daß scheinbar Unverrückbares ins Fließen kommt und Festgelegtes neu befragt werden kann. Natürlich ist Brigitte Reimann zu optimistisch, wie nicht nur die Erfahrungen in Hoyerswerda oder Cottbus zeigen.

Die 2. Bitterfelder Konferenz, die am 24. und 25. April 1964 stattfindet, wirft ihre Schatten voraus. Bei einer Vorstandssitzung des Schriftstellerverbandes in Berlin Mitte April wollen die Autoren Probleme zur Sprache bringen, die ihnen unter den Nägeln brennen. Sie beklagen sich vor allem über mangelnde Information. In Bitterfeld wird Walter Ulbricht die Forderung nach Informationsfreiheit zwar in seiner Rede erwähnen, ihr aber auf lächerlich abwiegelnde Weise ausweichen und auf die zu bewältigende »Riesenmenge an Wissenswertem«[1] verweisen. Doch auch über die ideologischen Kriterien bei

---

[1] Walter Ulbricht, »Über die Entwicklung einer volksverbundenen sozialistischen Nationalkultur«, in: Zweite Bitterfelder Konferenz. 1964. Protokoll der von der Ideologischen Kommission beim Politbüro des ZK der SED und dem Ministerium für Kultur am 24. und 25. April im Kulturpalast des Elektrochemischen Kombinats Bitterfeld abgehaltenen Konferenz, Berlin 1964, S. 117.

der Vergabe von Stipendien an Schriftsteller wird bei der Vorstandssitzung nicht wirklich diskutiert. Brigitte Reimann, die ja ihre Erfahrungen mit der Staatssicherheit gemacht hat, verweist auf die Gründe: *Aber wen wundert dieses beharrliche Schweigen? Wer im Vorstand etwas sagen will, muß aufstehen, an ein rotüberzogenes Katheder treten und ins Mikrofon sprechen, während draußen ein Tonband läuft und jedes Wort festhält. Das ist ein wichtigster unter vielen Gründen, und ich habe Koch und Lewin solange zugesetzt, sie würden nie ein offenes Gespräch, gar einen Streit unter den Schriftstellern zustandebringen, solange dieses verdammte Tonband mithört.*

Ende April fährt sie zur 2. Bitterfelder Konferenz. *Scheußliches Wetter, eine scheußliche Gegend, grau und schmutzig, die Luft stank wie Kloake.* Mit anderen schläft sie in einem Lehrlingswohnheim der Stadt, in der Nähe liegen die riesigen Fabriken des Elektrochemischen Kombinats. Morgens um 6 werden sie mit schmetternder Musik aus einem unerbittlichen Lautsprecher geweckt. Lageratmosphäre. *Abends wurden wir in eine Kulturveranstaltung getrieben und sahen ein plattes Laienspiel.* Doch nicht nur die Volkskunst entspricht dem eindimensional verstandenen Bitterfelder Weg. Auch manche Berufsschriftsteller wollen im Trend der Zeit liegen.

Wo Brigitte Reimann sich tödlich langweilt, spricht der Hauptredner Walter Ulbricht stolz von »der Initiative der Werktätigen des Kreises Bitterfeld, die in den Tagen um unsere Konferenz in fast 800 Veranstaltungen in den Städten, Dörfern und Betrieben ihres Kreises das Fest der Lebensfreude feiern«.[1]

Die Aufzeichnungen, die Brigitte Reimann von der Konferenz macht, sind spärlich: *Auf der Konferenz war alles vertreten, was gut und teuer ist. Hauptreferate von Bentzien und Ulbricht. Ein paar kluge und witzige Reden: Neutsch, Sakowski, Strittmatter, Wolf – die Schriftsteller*

[1] Ebenda, S. 86.

188

waren wieder groß im Rennen. [...] Kuba war ärgerlich wie immer, der ewige Linksradikale, der – immer mal wieder – vorm Sumpf des Revisionismus warnte. Ein paar Leute wurden runtergeklatscht. Alles in allem – eine gute Sitzung, und was da von der Bühne kam, war diesmal so interessant wie die Wandelganggespräche, und das will schon was heißen.

Fast scheint es, als hätte sie mehr Aufmerksamkeit für den *schönsten Mann im Saal* (Herbert Nachbar), in den sie ja vor Jahren verliebt gewesen war, übrig als für die Referate. Kein Wort darüber, daß auf dieser Konferenz ein zähes Tauziehen stattfindet oder vielmehr ein Aneinandervorbeireden von Schriftstellern und Politikern. Während Kulturminister Bentzien alles, was abstrakt oder absurd dargestellt wird, mit dem Schimpfwort »Dekadenz« abstempelt, geht es den Schriftstellern um die Akzeptanz verschiedener Schreibweisen. Erwin Strittmatter spricht vom Fabulieren, von Phantasie und der Überhöhung als legitimen künstlerischen Mitteln. Seine Rede trifft ins Zentrum auch von Brigitte Reimanns Überlegungen: »Hat die Novelle nicht genug geleistet, wenn sie den Leser mitriß, seine Empörung aufrief und ihm neben dem Genuß an guter Sprache gewisse Einsichten vermittelte? Oder muß sie gleichzeitig Geschichtsbuch, soziologisches Nachschlagewerk, Beschlußillustration und Lehrbuch im direkten Sinne sein?«[1]

Christa Wolf fragt nach Wahrheit in der Kunst und meint angesichts der permanenten Parteiforderung nach »dem Typischen«: »Es sollte ruhig mal einer über das Abweichende schreiben. [...] Aber wenn man schreibt – auf welchem Gebiet auch immer – kann man nicht mit Netz arbeiten; da muß man schon ein kleines Risiko eingehen«,[2] sagt die Verfasserin der erfolgreichen Erzählung »Der geteilte Himmel«, fügt jedoch abschwächend hinzu,

[1] Rede Erwin Strittmatters, in: ebenda, S. 211.
[2] Rede Christa Wolfs, in: ebenda, S. 231.

daß dieses Risiko »aber mit Verantwortung verbunden sein soll«.[1] Der Schriftsteller Helmut Sakowski fordert Spaß ein: »Es würde mir gefallen, wenn diese Konferenz beitragen könnte, daß uns die Arbeit Spaß macht und daß unsere Arbeit wieder den Menschen möglichst viel Spaß machen kann.«[2]

Doch statt Spaß und Spontaneität regieren Ideologie und Verbissenheit. Seit der 5. Tagung des ZK der SED 1964, die die Anwendung eines »neuen ökonomischen Systems der Planung und Leitung« beschloß, liegen die Kulturpolitiker den Schriftstellern mit der Forderung im Ohr, sie müßten beim Schreiben die Sicht des »Planers und Leiters« haben – und das heißt vor allem: durch die Brille »der Partei« gukken. Und prompt finden sich auf der Bitterfelder Konferenz Autoren wie Erik Neutsch, die sozialistischen Realismus über die SED definieren: »Ich finde, das Verhältnis von Partei und Kunst ist doch wohl gegenseitig, und nach meiner Ansicht besteht dieses gegenseitige Verhältnis einfach darin, daß sich die Kunst des sozialistischen Realismus selbst opfern und keine Kunst des sozialistischen Realismus mehr sein würde, wenn sie sich nicht unter die Führung der Partei begäbe, und umgekehrt, daß die Partei – ich meine Genossen, die mit mir in einer Partei sind – schlecht führte, wenn sie sich nicht aller Mittel der Erkennbarkeit der Welt bediente.«[3]

Sollte damit das Nicht-SED-Mitglied Brigitte Reimann dem Begriff des sozialistischen Realismus nähergekommen sein? Sie widerspricht mit keiner Silbe, äußert nicht einmal Unbehagen, als Ulbricht vom Rednerpult herab kategorisch verkündet: »Die Grundfragen des sozialistischen Realismus sind bei uns geklärt.«[4]

[1] Ebenda, S. 234.

[2] Rede Helmut Sakowskis, in: ebenda, S. 176.

[3] Rede Erik Neutschs, in: ebenda, S. 161.

[4] Walter Ulbricht, »Über die Entwicklung einer volksverbundenen sozialistischen Nationalkultur«, in: ebenda, S. 123.

Was denn das sei: sozialistischer Realismus, weiß niemand so recht auf dieser 2. Bitterfelder Konferenz. Aber die Politiker wissen, was er *nicht* sein darf, nämlich: abstrakt, absurd, dekadent, pessimistisch oder nur anklagend oder nur protestierend, dem »Kult des Häßlichen« frönend, und schon gar nicht darf er den Menschen so zeigen wie Franz Kafka: als eine »ohnmächtige Kreatur, die hilf- und ziellos im Netz gesellschaftlicher Verstrickungen gefangen ist...«[1]

Was empfindet Brigitte Reimann, als sie zweimal – sowohl vom Kulturminister Bentzien als auch von Walter Ulbricht – lobend erwähnt wird? Bleibt ihr das Lachen im Halse stecken, als Ulbricht vom Rednerpult aus den tausend Delegierten fistelnd entgegenruft: »Verändern Sie bitte Ihr Leben! Das ist entscheidend für die Entwicklung der neuen Literatur.«[2]

16

Das weite Land

Anfang Juli 1964 hatte Brigitte Reimann, wie schon erwähnt, einen Anruf von Kurt Turba erhalten, dem Vorsitzenden der Jugendkommission des Zentralkomitees der SED. Sie soll eine Delegation des Zentralrats der FDJ nach Sibirien begleiten. Von der Schriftstellerin wird erwartet, über diese Reise, die in nur dreizehn Tagen von Moskau nach Nowosibirsk, Irkutsk, Bratsk und wieder zurück in die russische Hauptstadt gehen soll, eine Reportage für die hauptsächlich von Studenten gelesene Zeitschrift »Forum« zu schreiben, die in dieser Zeit vor allem

---

[1] Hans Bentzien, »Die Ergebnisse und weiteren Aufgaben bei der Entwicklung der sozialistischen Nationalkultur in der DDR«, in: ebenda, S. 36.

[2] Walter Ulbricht, »Über die Entwicklung einer volksverbundenen sozialistischen Nationalkultur«, in: ebenda, S. 77.

wegen ihrer interessanten literarischen Vorabdrucke gefragt ist.

Nach der halben Stunde Bedenkzeit, die Kurt Turba ihr läßt, sagt sie ja. *Zum Glück fährt der Turba mit, sonst hätte ich mich um keinen Preis bereden lassen; bei ihm fühle ich mich gut aufgehoben,* kommentiert sie die Einladung. Der väterliche Freund hat sie ausgesucht, weil sie so eine »Wärme« beim Schreiben habe. Er verspricht, ihr die Tricks zu zeigen, mit denen man halbwegs nüchtern aus einer Wodka-Party davonkommt, und daß sie im Notfall bei ihm ihrer Wut Luft machen oder sich bei ihm ausweinen kann. Wie sich bald zeigt, ist beides nötig, denn das Reiseprogramm ist *monströs* und bringt Brigitte Reimann bis an den Rand ihrer Kräfte.

Bis auf einige Ausnahmen sind ihr die anderen Reiseteilnehmer unsympathisch. *Die Hälfte mit Halbglatze,* hatte Kurt Turba sie beschrieben, was soviel hieß wie: gealterte »Jugend«-Funktionäre, sozusagen »Berufsjugendliche«, die aufgrund eines gerade mit der Sowjetunion abgeschlossenen »Vertrages über Freundschaft, gegenseitigen Beistand und Zusammenarbeit«, der auch die sowjetische Jugendorganisation Komsomol einschloß, eingeladen waren. Sie würden auf Schriftsteller *halb mit Strammstehen, halb mit Mißtrauen* reagieren, hatte Turba Brigitte Reimann vor der Abreise gewarnt. Seine Andeutungen und Befürchtungen werden von der Wirklichkeit übertroffen. Brigitte Reimann bleiben die meisten Mitglieder der Delegation nicht nur fremd, sie ist von ihnen geradezu angewidert: *Sie sind beschränkt und ordinär und verlieren jede Würde, wenn sie trinken. Sie machen aus jedem Fest einen deutschen Bierabend, reißen Zoten und singen dumme Lieder. Und sowas ist im Zentralrat!*

Die Spannungen zwischen ihr und den Jugendfunktionären führen tatsächlich nach dem sechsten, für die Schriftstellerin sehr aufreibenden Tag zum Zusammenbruch Brigitte Reimanns. *Kurt sagte mir, daß er sich mei-*

netwegen mit ein paar Delegierten zerstritten hat, die mich nicht parteilich genug finden; ich sei so zurückhaltend, isoliere mich von den anderen und singe die Arbeiterlieder nicht mit und sage keine Trinksprüche etc. Ich habe ohnehin kein Selbstvertrauen, ich war ganz zerschmettert und begann zu weinen und fiel einfach um. [...] Kurt brachte mich in mein Zimmer und rieb mir das Gesicht und die Füße mit kaltem Wasser ab, und er setzte sich zu mir und hielt mich fest, während ich weinte und weinte. Getröstet wird sie in solchen Situationen auch von der Dolmetscherin Nadja, die ihr Gedichte von Pasternak aufsagt, und von dem Fotografen Thomas Billhardt, den sie *Billy* nennt und mit dem sie sich überhaupt gut versteht.

Kurt Turba übernimmt nicht nur die Rolle des Trösters, sondern auch die des gütigen Lehrers, der ihre Beobachtungsgabe schult und ihr beibringen will, in Zusammenhängen zu denken. *»Jeden Tag ein politisches Gespräch mit Brigitte«* steht in seinem Arbeitsplan. Sie läßt sich bereitwillig agitieren und schreibt bewundernd: *Er ist sehr klug und ein großer Taktiker, und ich beginne wirklich einiges zu lernen. Er machte mir Vorwürfe, daß ich nicht öfter bei der Jugendkommission anrufe – fünfmal in der Woche, sagte er, und ich lasse dich sofort mit dem Wagen holen und wir können sprechen –, und daß ich von meinem Ausweis nicht genug Gebrauch mache: ich solle viel entschiedener auftreten [...] und diese große Gelegenheit benutzen [...], Übersicht zu bekommen und auch in der Partei energisch aufzutreten.*

Eine Genossin wird Brigitte Reimann freilich nie und eine kämpferische Funktionärin erst recht nicht. Immerhin ist Kurt Turba der geeignete Mann für eine zarte und keusche Romanze. Wie fast immer pendeln ihre Gefühle dabei zwischen Abgestoßensein und Zuneigung: *Kurt [...] hat ganz lange dunkle Wimpern. Sein Gesicht sieht jetzt zehn Jahre jünger aus als sonst. Ich streite wild*

[...] gegen ein völlig überflüssiges und verwirrendes Gefühl. Manchmal, wenn ich ihn vor mir hergehen sehe, denke ich voller Bosheit: Häßlich, dicker alter Mann ... Ich freue mich, daß ich dünn und geschmeidig bin, als gäbe mir das einen Vorteil vor ihm. Aber er ist so phantastisch klug, so ruhig und gut, daß meine Aufsässigkeit immer wieder in schwärmerische Bewunderung umschlägt. Bei ihm fühle ich mich ganz jung, unerfahren und beschützt.

Einen Beschützer braucht Brigitte Reimann während ihres ganzen Lebens. Verschiedene Männer haben diese Rolle übernommen, teils über mehrere Jahre, teils episodenhaft. Kurt Turba ist eine der unbeschwerten und folgenlosen Episoden, denen – zumindest von seiten Brigitte Reimanns – ein fast kindlicher Zauber innewohnt.

So kurz die Reise nach Sibirien auch ist, sie macht in konzentrierter Form die Hoffnungen und Ideale, die Widersprüche, aber auch die – aus heutiger Sicht – komisch und tragikomisch anmutenden Tendenzen jener Zeit deutlich. FDJler stehen klatschend Spalier, Junge Pioniere verabschieden die Delegation mit Nelkensträußen auf dem Flugplatz Berlin-Schönefeld. Kaum in Moskau gelandet, macht man eine Stippvisite beim Militär: bei den »Tamanskern«, einer verdienstvollen Gardedivision. *Wir mußten alle schießen. Zuerst mit einer Maschinenpistole, die mir Todesangst einjagte (ich ließ den Hahn nicht los und feuerte, ohne zu zielen, eine halbe Kompanie über den Haufen), dann mit einer Makarow-Pistole. Als ich schoß, wunderte ich mich über den Aufruhr hinter mir, der Zentralrat ging in Deckung, und ein halbes Dutzend Offiziere sprang mir bei; ich hatte vergessen, daß die Waffe nicht gesichert war, und fröhlich in der Gegend rumgefuhrwerkt,* notiert Brigitte Reimann aufgekratzt, ohne daß ihr offensichtlich das Makabre der Situation bewußt wird.

In derselben Nacht noch fliegen sie nach Zelinograd, einer Stadt im Neuland in Kasachstan, wo sie mit einem üppigen Essen empfangen werden, bei dem es sogar eine

Kostbarkeit gibt: winzige, süße Erdbeeren vom Neuland. In der Steppe treffen sie auf einen Trupp Moskauer Physikstudenten, die in den Semesterferien auf Baustellen arbeiten. Als sie eine Kolchose, eine landwirtschaftliche Genossenschaft, besuchen, fährt Brigitte Reimann ein Stück auf einer Sämaschine mit, die gleichzeitig pflügt, drillt und das Unkraut vernichtet. Junge Kasachinnen singen mit hohen durchdringenden Stimmen ihre alten Lieder. Und worüber unterhält man sich? Über die Arbeitsproduktivität zum Beispiel. Die allerdings scheint Brigitte Reimann in Kasachstan sehr niedrig zu sein. *Wir erfahren zwar immer von Enthusiasmus und Heldentaten, aber, um es hart zu sagen: man sieht wenige Leute arbeiten. In Z. sitzen sie auf der Straße, unterhalten sich, machen »Pause«, und aus den Berichten der Komsomolzen in den Kolchosen hatten wir den Eindruck, daß eine wissenschaftlich fundierte Arbeit durch Kampagnen erzeugt wird.*

Was Brigitte Reimann auf ihrer Reise in die Sowjetunion sucht, sind neue sozialistische Arbeits- und Lebensbedingungen und ist vor allem der Typus des *neuen Menschen*. Darunter verstand man das Ideal eines sozialistischen Menschen, das in der DDR jener Jahre heftig diskutiert wurde. Wie andere Schriftsteller hatte Brigitte Reimann längst begonnen, sich mit Erwartungen an eine erzieherische Funktion von Literatur und mit dem Begriff des »Helden« auseinanderzusetzen. *Möglich, daß ich eine schlichte Auffassung von Heldentum habe [...]; man sollte aber beginnen, den Begriff des »Helden« in der Literatur zu klären, ohne auf die antiquierten positiven Helden einer dogmatischen Literaturtheorie [...] zurückzugreifen,* hatte sie bereits Anfang 1963 als Reaktion auf scharfe ideologische Angriffe auf die Künstler formuliert. Dennoch hat sie natürlich das Ideal eines streitbaren und schöpferischen Menschen, und sie verbindet es immer noch mit einer sozialistischen Gesellschaft. So fährt sie durchs Land und ist neugierig auf Anzeichen für den

Typus neuer, mutiger, kritischer, allseits gebildeter und für die menschliche Gemeinschaft und den Aufbau des Sozialismus tätiger Persönlichkeiten. In »Lawrentjewka«, einer Stadt, die mitten im Wald für die Wissenschaftler der Sibirischen Akademie der Wissenschaften gebaut wurde, glaubt sie diese »neuen Menschen« zu entdecken: *Sie sind wirklich »Diener ihres Volkes«. [...] Es war ein Blick in das kommunistische Zeitalter,* schreibt sie enthusiastisch am 14. Juli.

Brigitte Reimanns Euphorie scheint ungebrochen, und das rasende Tempo der Reise läßt wenig Spielraum, um hinter die Kulissen zu schauen. Es ist die Zeit der unbegrenzten Erwartungen an eine bessere Zukunft. Der Fortschrittsglaube ist noch ungebremst, und fasziniert lauscht Brigitte Reimann dem Vortrag eines Akademiemitglieds *über die Zukunft der Atomforschung: wie nah wir der Zeit sind, da uns Erdöl und Kohle lächerlich erscheinen werden, und daß wir alle noch erleben werden, wie die Energie des Wasserstoffs nutzbar gemacht werden wird.* Noch ist der Einsatz von Kernenergie nicht problematisiert, man denkt noch nicht über die Schäden der Industrialisierung für die Umwelt nach, und die Sowjetunion ist eine sich dynamisch entwickelnde Weltmacht, die mit den USA zu wetteifern meint. *Der Reichtum dieses Landes ist wirklich unermeßlich,* schwärmt Brigitte Reimann.

Es hagelt Auszeichnungen und Orden in den denkwürdigsten Situationen wie im Flugzeug auf dem Flug zwischen Irkutsk und Bratsk: *Sitzen in der IL 14 (diese alten Maschinen sind die ruhigsten und zuverlässigsten), und eben wurde in 1 000 m Höhe der 2. Pilot mit der Arthur-Becker-Medaille ausgezeichnet.* Wo die Orden wie Sternschnuppen in lauer Sommernacht vom Himmel fallen, bekommt auch die Schriftstellerin etwas ab, zum Beispiel die *Medaille für die Erschließung des Neulands* und nach der Besichtigung eines Eisenerztagebaus in der Nähe von Shelesnogorsk eine Auszeichnung als Bestarbeiter. All das

196

gibt Aufschluß über die Arbeitsbedingungen und die gesellschaftliche Atmosphäre, die Brigitte Reimann in Sibirien vorfindet.

Mit dem Fotografen Thomas Billhardt, der die Aufnahmen für die Reisereportage liefern soll, sondert sich Brigitte Reimann, so oft es geht, von der Gruppe ab, um dem *Geschwätz* zu entfliehen und um wirklich etwas vom Alltag der Menschen zu sehen. *Wir waren zum erstenmal richtig fröhlich und glücklich und hatten das Gefühl zu arbeiten [...]. Außerdem macht es Spaß, mit Billy unterwegs zu sein, der auf seinem Gebiet ein Künstler ist, mit den Augen eines Künstlers, den raschen Einfällen und einer gewissen Naivität: er staunt. Wir hatten sofort Kontakt miteinander.*

Dann wieder müssen sie von Empfang zu Empfang eilen und von einem Gelage zum anderen, von Forschungsinstituten zu Kolchosen, von gerade erst aus dem Boden gestampften Ortschaften in die Steppe nach Omsk, wo ein Flugzeug wartet, das sie in das moderne Nowosibirsk bringt. Dort angekommen, haben sie schon 20 000 km zurückgelegt. In diesem Tempo geht es weiter: Die nächsten Ziele sind Irkutsk und das Akademiestädtchen »Lawrentjewka«. Dort absolvieren sie eine Stippvisite im Institut für Geophysik und beim Institut für Kernphysik. Dann bestaunen sie das Wasserkraftwerk, das Aluminiumwerk und so weiter – eine aufreibende Tour, die kaum Zeit für Schlaf läßt und Brigitte Reimann bis an die Grenze ihrer Aufnahmefähigkeit führt. Aber nicht nur ihre Begriffe von Zeit und Raum verschwimmen, sondern sie beginnt, in anderen Dimensionen zu denken, vergleicht die Verhältnisse in Sibirien mit denen in der Heimat, gewinnt zunehmend Abstand, wird kritikfähig. Der Schriftstellerin, die sich nicht nur wegen ihres Romans *Franziska Linkerhand* für Architektur- und Städtebauprobleme interessiert, springen zum Beispiel die Widersprüche in der Neulandstadt Zelinograd ins Auge:

Die alte Stadt besteht aus Hütten, im letzten Stadium des Verfalls, ärger als der schlechteste Ziegenstall, die neue aus nüchternen Ziegelbauten und einige Häuser in Großplattenbauweise. Im Grunde vergleicht sie alles mit Hoyerswerda: *Mir wird noch schwach, wenn ich an die neuen Häuser in Zelinograd denke: häßliche starre Kasernen. Dagegen ist Hoyerswerda ein Paradies. Wir sind auch in der industriellen Bauweise viel weiter.*

Eine bereits realisierte Utopie scheint Brigitte Reimann »Lawrentjewka« zu sein. In ihrer Sibirienreportage wird sie schreiben: *Das ist die Stadt, von der mein Romanmädchen geträumt hat; die Straßen, weiträumig, modern und heiter, sind gesäumt von Läden und Cafés im Boutiquestil, die Häuser zwischen hohen Kiefern scheinbar launisch verstreut, aber so planvoll geordnet, daß es überall freie Durchblicke gibt, kein Block einen grünen Platz abriegelt ... und Stille, lebendige Stille. Hier kann man arbeiten.* Immer die Neustadt von Hoyerswerda vor Augen, sieht sie in »Lawrentjewka« das der Öde abgerungene Ideal: *Als die Gelehrten nach Nowo. kamen, lebten sie zunächst unter schrecklichen Umständen, in ungeheizten Häusern und ohne jeden Komfort, den sie von Moskau oder Leningrad gewohnt waren. Heute haben sie diese Stadt mit schönen neuen Häusern, Cafés, Läden und Kinos, deren kühne Konstruktionen sich in jeder westlichen Architekturzeitschrift sehen lassen können, und mit mehr als 20 großzügig gebauten Instituten. Niemals habe ich das Wort vom »Russischen Wunder« besser verstanden,* notiert sie. Während der Sibirienreise entwickelt Brigitte Reimann jenen Blick, der Zukunft vorwegnimmt und für die Architektin *Franziska Linkerhand* charakteristisch sein wird. Ihre Aufmerksamkeit richtet sich auf Architektur und Design wie etwa auf dem neuen Flughafen bei Moskau: *Sie machen jetzt ernst mit der Architektur: Halle aus Glas und Stahl, viel Plaste, geometrische Sessel und Tische, Pastellfarben.* Sie wird besonders hellhörig, wenn es um die Durchsetzung von Schönheit gegen bürokratische Trägheit geht. Episoden wie der folgenden muß sie mit besonderer Spannung gelauscht haben. Der Sänger Martschuk erzählte ihr *von einer gewagten Brückenkonstruktion, die sie gegen den scharfen Protest des Moskauer Projektierungsbüros gebaut haben, auf eigenes Risiko. Der letzte Brief aus Moskau, mit dem stichhaltigen Beweis, daß die Brücke beim nächsten Eisgang brechen wird, kam nach dem Eisgang, und die Brücke stand.*

Die Schriftstellerin sammelt Stoff. Risikobereitschaft in der Auseinandersetzung mit Bürokratismus wird ein Thema ihres Romans werden. Daher interessiert sie besonders, was ein Kybernetiker von Forschungen zur Soziologie des Städtebaus berichtet, von Umfragen und ihrer Auswertung.

Brigitte Reimann schwärmt sogleich von der schlichten, anständigen, zugleich kühlen und leidenschaftlichen Art der jungen Wissenschaftler; *sie sind bar jeder Arroganz, Besserwisserei und [...] der Ruhmsucht – hier werden keine glänzenden Namen gemacht – und der Sucht nach einem hohen Lebensstandard.* Unwillkürlich vergleicht sie alles, was ihr auf dieser Reise begegnet, mit den Verhältnissen in der DDR. *Sie fühlen sich frei, Bürokratismus kann es sich nicht bequem machen. Sie sind weit weg von den Sessel-Instanzen und allen möglichen alten Funktionären,* notiert sie über Arbeiter und Ingenieure.

Mit der Dolmetscherin Nadja verschwatzt sie ein paar Stunden und entdeckt, *wie sehr alle Probleme in der Kunst, der Erziehung, der Moral sich [in] unseren Ländern gleichen. Die gleichen Sorgen der jungen Leute, die gleichen Ressentiments aus der Zeit des Personenkults, die verstohlenen Blicke auf die Kultur des Westens, auf die Mode und die Literatur.* Allerdings glaubt sie, daß die DDR einen Schritt weiter sei: *Wir lernen vom Westen, wo es für uns vorteilhaft ist. (Andererseits ist man hier in Bezug auf Literatur aus dem Ausland großherziger als bei uns).*

Eine völlig neue Erfahrung ist die Weite der Landschaft (*Hier verlieren alle unsere Maßstäbe ihre Gültigkeit.* »*Ganz in der Nähe*« – *das sind Hunderte von Kilometern.*), ihre Vielfältigkeit und Großartigkeit.

Brigitte Reimanns Vorstellungen von Sibirien werden gründlich umgekrempelt: *Sibirien [...] heißt in der wörtlichen Übersetzung »schlafendes Land«. Was fiel einem schon ein, wenn man »Sibirien« hörte? Kälte, Verbannung, Ödnis [...] Und dann kommt man nach »Lawrentjewka«, in die Sibirische Akademie der Wissenschaften ...* Hier imponiert ihr das, woran es ihr in Kasachstan mangelte, was sie aber ebenso in der DDR vermißte: *alles funktionierte, es wurde knapp gesprochen, man war pünktlich, die Toasts waren kurz, freundschaftlich,* und vor allem *Exaktheit, gründliches Denken.*

Sie begegnet Menschen, die eine Herzlichkeit besitzen, daß ihr das Herz weit wird, trifft in der Steppe auf abenteuerlich gestrandete Studenten, die ins Neuland fahren, wird in Dörfern Kasachstans bewirtet: *Vor dem Kulturpalast hatte sich das ganze Dorf versammelt, Greise und winzige Kinder und Leute von einem Dutzend verschiedener Nationalitäten, Ukrainer, Kasachen, Russen, Wolgadeutsche, und auf einem bestickten Handtuch brachte man uns einen riesigen Brotlaib und Salz, und wir aßen davon.*

Der Held ihres Reisetagebuchs aber und natürlich ihr Schwarm ist der äußerst lebhafte Alexej Martschuk, ein Ingenieur und Brigadier, der als Gitarrist und Sänger so berühmt geworden ist, daß gerade ein Lied über ihn populär ist. Brigitte Reimann begegnet ihm das erstemal in einem Zug: *er sang mit einer Messingstimme, die für Jazz geschaffen ist, kubanische und spanische [...] und viele sibirische Lieder, die in den letzten Jahren auf den Großbaustellen gedichtet worden sind und in sehr schönen Texten die heiße Romantik der Sucher, der Geologen und jungen Bauleute besingen. Und was für ein Mann ist dieser Martschuk!*

Sein Äußeres beschreibt sie nicht ohne Witz als *so eine Mischung zwischen Günter Grass und Nasser.* Man denke sich Szenen voll wilder Romantik: Der Zug hält mitten in der Taiga, und Martschuk singt und spielt russische Romanzen, Neulandlieder, Cowboylieder und »The battle of Jericho«. Brigitte Reimann ist hingerissen: *Wir hatten im Nu das Abteil voller Leute, die sich auf den Betten zusammendrängten [...] Ich konnte keinen Blick von seinem Gesicht wenden. [...] Wir hörten ihm zu wie dem Rattenfänger, Deutsche und Russen, und ich war so heiter, so glücklich über die Begegnung mit einem wunderbaren Menschen. Einer aus der Delegation (einer der wenigen, die ernst zu nehmen sind) sagte, er freue sich, mich zum erstenmal lustig zu sehen.*

Glücklich ist sie auch auf einem Flugplatz in der Taiga, wo die Delegation auf das Flugzeug wartet. *Es war der romantischste Abend, an den ich mich erinnern kann. Der Himmel war noch rot, abends um elf Uhr, und der Mond stand am Himmel, über der schwarzen Tragfläche einer kleinen Maschine. Wir saßen auf Baumstämmen und sangen, und Martschuk, der Unvergleichliche, spielte Gitarre. Sonst war es ganz still, manchmal bellte irgendwo ein Hund, und einmal startete ein Flugzeug, es rollte über das Steppengras, und wir sahen, wie sich die roten Lichter in den Himmel hoben.*

Immer wieder ist Brigitte Reimann aufs neue überwältigt – vom größten Wasserkraftwerk der Welt in Bratsk, vom Baden im »Obschen Meer«, einem riesigen Stausee, von der Begegnung mit wunderbaren Menschen. Mancher neue Höhepunkt stellt sich bei näherem Hinsehen allerdings als traurige Begegnung heraus. Boris Gainulin etwa, ein bärenhafter Mann, der mit gelähmten Beinen im Rollstuhl sitzt und zum legendären Helden hochstilisiert worden ist, weil er sich eine Rückgratverletzung beim Bau des Wasserkraftwerkes Bratsk zugezogen hat. *Ich wollte versuchen, ihn heldenhaft zu finden, sein Los nicht so beklagenswert wie das anderer Krüppel, aber es war doch zu arg,* bekennt Brigitte Reimann, die nicht zuletzt deshalb erschüttert ist, weil sie *selbst ein bißchen gehandicapt* ist.

Trotz aller Bewunderung für Geleistetes und der Schwärmerei für mehr oder weniger ungewöhnliche Männer fährt Brigitte Reimann nicht mit verklärtem Blick durchs Land, vielmehr ist sie eine hellwache Beobachterin, die die Widersprüche sehr wohl bemerkt: elende Katen vor protzigen Neubauten, nutzlose Kampagnen, das Übertünchen von menschlichem Leid durch Heroisierung. Insgesamt aber ist sie vom Aufbruch des Landes, den unendlich scheinenden Möglichkeiten, dem freier anmutenden Leben begeistert.

Heute liest sich das alles wie ein Bericht aus längst vergangenen Zeiten. Der Glaube an eine kommunistische Zukunft und den Fortschritt beflügelte die Menschen, der Baikalsee war noch voll klaren Wassers. Die Bewohner des Neulands hatten damals noch ihr Auskommen und wußten zu leben.

War Brigitte Reimann zu Beginn der Reise von all den Eindrücken und den körperlichen Anstrengungen überfordert und erschöpft, so ist sie um so euphorischer und tatendurstiger, je mehr das Ende der Tour naht. *Kurt sitzt neben mir und schläft. Er ist in den letzten Tagen völlig erschöpft – jetzt, da ich richtig aufwache, durchhalte und vor Begeisterung fast zerspringe.* Mit der Munterkeit haben sich auch ihre nervösen Anfälle verflüchtigt, sie *könnte noch ein paar Wochen so hart weiterarbeiten wie bisher.*

Die eigentliche Schreibarbeit aber beginnt nach der Rückkehr in Hoyerswerda. Nach den Notizen in zwei während der Reise in Windeseile vollgekritzelten Kladden, dem Notizbuch mit Redeteilen und dem Tagebuch, schreibt sie fieberhaft ihre Reportage für die Zeitschrift »Forum«. Der Erlebnisbericht erscheint in sieben Folgen. Sowohl

Brigitte Reimann als auch der Chefredakteur Heinz Nahke sind sich bewußt, daß manche ihrer Eindrücke den Erwartungen der Dogmatiker nicht gefallen werden. Aber das liegt auch nicht in ihrer Absicht; sie wollen vielmehr unter dem Mantel der Naivität *den gewissen Leuten allerhand Kuckuckseier ins bürokratische Nest legen.* Das klingt wie eine kleine Verschwörung. Als die Artikelserie entgegen ihren Erwartungen ein Erfolg wird, verändert Brigitte Reimann das Manuskript, indem sie politische Zitate zugunsten eigener Eindrücke reduziert und vor allem Reflexionen über ihre Romanfigur Franziska einflicht. Im Mai 1965 erscheint die Sibirienreportage als Buch im Verlag Neues Leben unter dem poetischen Titel *Das grüne Licht der Steppen.*

17
Die Ehe mit Jon

Nach der Scheidung von Daniel zögert Brigitte Reimann, sich sogleich voll und ganz an ihren Geliebten Jon zu binden. Der Gedanke, frei zu sein, hat sie beflügelt, aber frei für einen anderen zu sein erschreckt sie. Die drei Jahre mehr oder weniger heimlicher Liebschaft sind von bitterer Süße gewesen – aber nun, da man aus der Illegitimität ans Licht der Öffentlichkeit treten könnte, scheint der Reiz der heimlichen Beziehung verflogen. Kommt Jon nach der Spätschicht zu ihr, empfängt sie ihn widerwillig und gereizt. Tagsüber sitzt sie in ihrer Wohnung, die sie – nachdem Daniel ausgezogen ist – zu ihrer *Traumwohnung* umgeräumt hat, und ist unglücklich. Sie reden zwar von Heirat, aber das geschieht reichlich lustlos, und ihre Niedergeschlagenheit kann Brigitte Reimann nicht verbergen.

Sie grübelt, vergleicht wieder in Gedanken den, den sie verloren hat, mit dem, den sie gewann. Das zärtliche

Mitgefühl, das sie für Daniel empfunden hat, fordert Jon nicht heraus, der stets seine Stärke hervorkehrt. Er verbietet sich alle Regungen, die ihn als den Schwächeren dastehen lassen könnten. Ist er wirklich *ebenbürtig*, wie die Geliebte ihn sieht? Zunehmend tritt Fremdheit in ihre Beziehung. Es gibt einen Moment, da Brigitte Reimann in einem Wachtraum beinahe dem Wahnsinn nahe kommt, als sich Jons Gesicht vor ihren Augen in das Daniels verwandelt.

Während sie sich in Daniels ehemaligem Zimmer in die Arbeit an ihrem Sibirientagebuch stürzt, faßt sie – obwohl der Hochzeitstermin 7. November schon im Gespräch ist – den Entschluß, Jon doch nicht zu heiraten, und teilt ihn dem Geliebten mit. Sie notiert sachlich: *Ich weiß nicht, ob er gekränkt war, er sagte aber, er habe drei Jahre lang einer verheirateten Frau angehangen, er könne die nächsten drei oder zehn Jahre auch einer geschiedenen Frau anhängen. Bitter sei nur, daß ich meiner panischen Angst vor einer Ehe nicht auf den Grund gehe...*

Sie ahnt ja, daß sie auch Jon betrügen wird, daß sie ihm – es ist nur eine Frage der Zeit – einiges wird verschweigen müssen, denn sie betrachtet ihn jetzt nicht mehr verklärt wie in der anfänglichen Verliebtheit: *Manchmal, wenn er lacht – und ich finde jetzt, daß [er] zu laut lacht – starre ich ihn kalt an, bis ihm der Mund zuklappt.* Statt sich zu freuen, daß er sich trotz seiner Knochenarbeit als Raupenfahrer für vieles interessiert, sogar Erzählungen schreibt und ein Referat für eine Tagung der Bauakademie vorbereitet, ärgert sie sich über seine Disziplinlosigkeit. Ständig nörgelt sie an ihm herum, schämt sich manchmal sogar für ihn, weil er zum Beispiel nicht den richtigen Ton findet in den Architektenkreisen, in denen sie sich seit der Bekanntschaft mit Hermann Henselmann bewegt. Der neue Chefarchitekt von Hoyerswerda, Siegfried Wagner, der ihr Stoff für *Franziska Linkerhand* liefert, interessiert sie vorübergehend mehr als Jon.

Doch es dauert nicht lange, und die sexuelle Anziehungskraft zwischen Brigitte Reimann und Jon verdrängt Bedenken und Disharmonien. Eine einzige Nacht Ende Oktober löst alle dunklen Wolken am Horizont auf: *Ich kann ihm ja doch nicht widerstehen ... Auf einmal bin ich wieder heftig in Liebe gefallen, obgleich die Nacht zum Sonntag, als er bei mir schlief, anders war als sonst, beinahe böse, zerstörerisch, mit einer Sucht, Schmerzen zuzufügen ...*

Ende Oktober reisen sie gemeinsam nach Berlin zur 13. Öffentlichen Plenartagung der Deutschen Bauakademie. Brigitte Reimann ist von den meisten Beiträgen enttäuscht, weil sie nichts zum sozialen Inhalt des Städtebaus, einer wichtigen Aufgabe des Architekten, sagen. Als Jon seinen Vortrag hält, ist sie – angeblich aus Angst – nicht unter den Zuhörern im Plenarsaal. Statt dessen besucht sie die Malerin Erika Stürmer-Alex, die im Juni ein Porträt von ihr gemalt hatte: In Gedanken versunken, sitzt sie in legerer marineblauer Kleidung da und hält die Zigarette so selbstvergessen, daß sie gleich zu erlöschen scheint. Die runden, weichen Formen der Arme bilden einen Kontrast zu den kantigen Neubaublocks im Hintergrund. Auf dem Gemälde wirkt sie sensibel, entschlossen und scheu zugleich. Die junge Malerin hatte einige Wesenszüge Brigitte Reimanns sofort erfaßt.

Jon nennt die drei Tage in Berlin ihre »Hochzeitsreise«. Zum erstenmal wohnt das Paar in einem Hotelzimmer, und Brigitte Reimann zittert vor der Sittenpolizei, weil damals unverheiratete Paare offiziell nicht in einem Hotel zusammen übernachten durften. Aber in Berlin nimmt man derlei natürlich nicht mehr so genau wie in der Provinz.

Die beiden begeben sich in diesen Wochen oft gemeinsam auf Reisen, denn Brigitte Reimann stellt auf Lesungen die ersten Kapitel ihres neuen Romans vor – mit großem Erfolg.

Mitte November ist es dann soweit: Jon, der mittlerweile sogar neben seiner Arbeit im Kombinat eine Diplomarbeit schreiben will – Brigitte zuliebe –, wagt den Antrittsbesuch bei Familie Reimann in Burg. Lange waren die Eltern nicht gerade versessen darauf, Jon kennenzulernen, ihre volle Sympathie hatte Daniel gegolten. Aber nun, nach der Scheidung, sind sie bereit, Jon einer strengen »Prüfung« zu unterziehen. *So hatten wir denn einen gemütlichen Familiennachmittag, und die Prüfung (denn sie prüften ihn genau, das merkte ich wohl) fiel zu Jons Gunsten aus,* schreibt Brigitte Reimann erleichtert ins Tagebuch. Jon sehe Brigittes Bruder Uli so ähnlich, meint Mutter Reimann erstaunt. Und Brigitte Reimann singt eine Lobeshymne auf Jons Tugenden: seine Häuslichkeit, seine Geduld mit ihr, seine Nähkünste – *und schließlich legten sie mich ihm ans Herz, ein bißchen seufzend, aber einverstanden.* Jon wird sich später in die Familie seiner Frau trotzdem nicht richtig einfügen können. Die lauten dramatischen Szenen, die sich die Familienmitglieder machen, werden ihn immer erschrecken und erschüttern; die raschen Versöhnungen nach den urplötzlich ausbrechenden Spektakeln wird er nicht begreifen können. *Jon meint, wir seien eine Horde, ein Stamm mit Instinkt wie Indianer auf niedriger Kulturstufe,* bemerkt Brigitte Reimann anläßlich des weihnachtlichen Familientreffens Ende des Jahres 1965 belustigt.

Erst jetzt, nachdem auch die Eltern Jon akzeptieren, überwindet Brigitte Reimann, die unbewußt den Konventionen – nicht im Handeln, aber im Fühlen – stark verhaftet geblieben ist und es auch weiterhin bleiben wird, ihre Bedenken gegen eine erneute Ehe. Das heiratswillige Paar klappert die Standesämter ab und ärgert sich über das unausrottbar Preußische der Beamten, ihre Stempel, ihre Pedanterie. Brigitte Reimann möchte gerne ihren Namen behalten, mit dem sie als Schriftstellerin bekannt geworden ist. Aber selbst eine Bescheinigung des Ministeriums setzt nicht das seit 1954 gültige Ehegesetz außer Kraft: Sie muß den Namen ihres Ehemannes annehmen. Das soll nun die Gleichberechtigung der Frau sein, mit der die DDR so gern prahlt. Die künftige Gemahlin macht den moralisch auftrumpfenden Standesbeamtinnen in Hoyerswerda wütend und gekränkt glänzende Szenen. In Bautzen läßt man sich auf Diskussionen erst gar nicht ein – die beiden werden wegen angeblicher Überlastung des Standesamtes gleich abgewimmelt. So bleibt ihnen nur das Standesamt in Schwarze Pumpe: eine Baracke in der Werkstraße.

Sie heiraten an Jons Geburtstag, am 27. November 1964. Die Braut ist sich selbst über ihre Gründe für diesen Schritt nicht ganz im klaren. Sie glaubt, *eine gewisse Leicht-fertigkeit* an sich entdeckt zu haben, und denkt mit Witz an die bevorstehende Zeremonie. Natürlich will sie auch nicht die üblichen Eheringe, sondern Jon muß nach *bunten barbarischen Ringen* in der Stadt herumlaufen. Das alles sind aber eher Reimannsche Koketterien an der Oberfläche. Im Inneren hat sie *doch wieder die – vorsichtige – Hoffnung auf Dauer.*

Wider Willen ist die Braut denn auch trotz allen ironischen Abstands ergriffen, als die Standesbeamtin die feierliche Zeremonie mit Anteilnahme, umständlicher Herzlichkeit und mütterlich-wehmütigem Gehabe vollzieht. Sie feiern ihre Hochzeit heimlich und allein; ohne Familie, ohne Freunde. Sie trinken Sekt, und Jon hat Orchideen besorgt. Ihr Hochzeitsmahl besteht aus gebratenen Hähnchen, die sie mit den Fingern auseinanderrupfen. *Kurz, es war wie bei Kapitalistens*, kommentiert die frisch Vermählte am 30. November mit heiterer Ironie. Zwei Ausnahmetage mit *hundert Umarmungen und Küssen* gönnen sie sich in Jons Wohnung; in der ihren wären sie gewiß pausenlos durch Anrufe und unangemeldete Besucher gestört worden.

Zusammenziehen wollen sie nicht. Sie leisten sich den

Luxus, zwei getrennte Wohnungen zu haben, weil sie ihre Liebe nicht durch den Ehealltag gefährden wollen. Lediglich ein Fach in Jons Schrank füllt Brigitte Reimann mit ihrem Kram, und im Badezimmer hat Jon für ihre Tinkturen ein Brett angenagelt. *Wir sind jetzt in einem Stadium, wo es uns nicht nach anderen verlangt, wir haben kaum noch Beziehungen zu anderen,* bekennt sie verliebt. Doch hat dieser Satz nur in den paar Flittertagen seine Gültigkeit. Vor der Heirat waren die Tage angefüllt mit Kontakten zu Architekten, zu Christa Wolf, Annemarie Auer und Erwin Strittmatter. Thomas Billhardt, jener Fotograf, der mit ihr in Sibirien war, hatte sie kurz vor der Hochzeit besucht, und selbst ihm verriet sie nichts von der geplanten Eheschließung. Sie hatten einen ganzen Abend lang arglos und fröhlich auf dem Teppich die Fotos seines neuen Bildbandes über Menschen auf dem Berliner Alexanderplatz betrachtet: *Fotos, bei denen man heulen könnte vor Rührung, vor Entzücken und Mitleiden und vor Freude über die Schönheit eines Gesichts, die Zartheit einer Bewegung [...] er ist halt doch ein Dichter, mit der feinsten Empfindlichkeit, mit einer Herzenseinfalt [...]. Ich war stolz, weil er meine Wohnung so bewunderte – er [...] besah sich auch das Badezimmer und sagte: »Du bist ein gutes Mädchen, bei dir ist alles so sauber.« Ein gutes Mädchen – das war schöner als irgendein Kompliment.* Wie nachhaltig wirken doch die alten Rollenmuster der Geschlechter und die traditionellen bürgerlichen Vorstellungen von Gut und Böse in Brigitte Reimann fort.

Auch nach der Hochzeit ist das Leben der Eheleute voller Trubel. Tagelang sind sie gemeinsam unterwegs: bei einer Autorenkonferenz des Verlags Neues Leben in Berlin und bei Klaus Gysi, dem Leiter des Aufbau-Verlages, der zwei Jahre später Kulturminister werden sollte. Zu einer Lesung in Westberlin kann Brigitte Reimann aber nicht mit Jon fahren, sondern Horst Eckert, Sekretär des Deutschen Schriftstellerverbandes, begleitet sie. Die Lesung bietet ihr auch die Gelegenheit, ihren Bruder Lutz wiederzusehen. Als er auf dem Flugplatz Tempelhof endlich durch die Halle auf sie zukommt, fällt alle Angst vor der abendlichen Lesung vor Studenten und vielen Journalisten von ihr ab. Seit dem Wiedersehen beim 60. Geburtstag des Vaters ist ein halbes Jahr vergangen, und sehnsüchtig hat sie seitdem auf ein erneutes Treffen gehofft. Nach dem kurzen Wiedersehen wird sie wieder trinken: wegen Lutz und wegen der *verfluchten Grenze,* aber nicht eine Sekunde wird sie daran denken, die Chance zu nutzen und in Westberlin zu bleiben. Sie fühlt sich ganz als Bürgerin der DDR – auch wenn es viele Diskussionspunkte gibt, die sie guten Gewissens nicht verteidigen kann – und ist bestrebt, Vorurteile zu zerstreuen.

Streitigkeiten mit Jon lassen sie wieder zu Alkohol und Schlaftabletten greifen. Als sie zu einem Abend im Staatsrat geladen ist, fährt sie anschließend – ohne an die Verabredung mit Jon zu denken – mit Hans Rodenberg zum Funk. Währenddessen wartet Jon vorm Staatsrat auf sie und ist wütend und verletzt. *Ich glaube, er hat sich dort vor dem Portal zum erstenmal als »der Mann von B. R.« gefühlt,* notiert Brigitte Reimann im Dezember 1964.

Vielleicht beginnt hier bereits eine innere Entfremdung zwischen den beiden, die kaum merklich die körperliche Harmonie zu unterhöhlen beginnt. Als die Schriftstellerin im April 1965 den Fortgang ihrer Arbeit an *Franziska Linkerhand* notiert, deutet sie schon einen Grundkonflikt an: *ich saß herum und wußte nicht, wie ich das 2. Kapitel anfangen soll. Jetzt weiß ich es – ich werde erzählen, als erzählte ich Jon; auf einmal fühle ich mich wieder sicherer, aufgehoben, weil 500 Meter entfernt ein Mensch sitzt, der mich liebt, den ich liebe, zu dem ich gehen kann, wenn ich traurig bin. Vielleicht aber bleiben für ihn zu oft die Stunden der Traurigkeit, des Krankseins? Meine besten Stunden, wenn ich mutig und ausgeruht bin, brauche ich für die Arbeit.*

Es ist immer wieder die sexuelle Erfüllung mit Jon, die alle Unstimmigkeiten, allen Zank und alle Wut verfliegen läßt. Und es ist nicht die sanfte Variante der Liebe, sondern das Balancieren an der Grenze zur Gewalt, die Brigitte Reimann befriedigt. *Manchmal wird die Liebe zu ihm so qualvoll, zu einer wüsten Glut, die durch keine Umarmung zu ersticken ist. Ganz in ihm aufgehen (kannibalische Wünsche hinter einem Biß).* Sie denkt darüber nach, ob sie einander hörig seien. Ende 1964 und Anfang 1965 läuft in der Ehe mit Jon jedenfalls alles gut.

Sehr genau registriert Brigitte Reimann das kälter werdende kulturpolitische Klima im Jahr 1965, sie mischt sich in Debatten ein, arbeitet bis zur Erschöpfung an ihrem Roman und hat wichtige Begegnungen, zum Beispiel mit einem Menschen, der sie sofort fasziniert: Günter de Bruyn.

Sie begegnet ihm in Berlin. Mitte März 1965 hält sie im Tagebuch fest: *Lernte Günter de Bruyn kennen, der mir einen vorzüglichen Eindruck machte, ein stiller, blonder, ziemlich häßlicher Mensch, sehr schüchtern. Wir hatten ein friedliches Gespräch und schnell Sympathie füreinander. Er wäre einer, den ich mir zum Freund erwählen würde.* Nachdem sie im April auf der Feier anläßlich der Verleihung des Heinrich-Mann-Preises in der Akademie der Künste alle Glückwünsche entgegengenommen hat und ringsum die Feierlichkeiten ihren Verlauf nehmen, sitzt sie mit de Bruyn still in einer Ecke. *Und auf einmal, ganz überstürzt, machten wir uns Geständnisse: Sympathie auf den ersten Blick, Freude über diese Begegnung.* Sie hat das Gefühl, mit ihm *auf derselben Welle zu senden.* Vielleicht ist dies die zarteste, schüchternste und anrührendste Beziehung zu einem Mann, die Brigitte Reimann jemals erlebt hat. Auch als er sie später in Neubrandenburg besucht, wird ihr Verhältnis platonisch bleiben, eine Seelenverwandtschaft vor allem. Erzählt sie Jon kein Wort von ihrer Neigung, weil sie weiß, daß der sanfte, sensible de Bruyn, der in gewisser Weise auch Daniel ähnelt, ihre Ehe ernsthaft gefährden könnte? Jon nämlich kann wirklich eifersüchtig werden. Wild entschlossen und keinesfalls nur ironisch hatte er zum Beispiel fünf Monate zuvor auf die Annäherungsversuche des Verlagsleiters Gysi mit der Drohung reagiert: *Ich werde ihm einen Zahn einschlagen müssen.*

Im Mai 1965 hätte Jon Grund genug gehabt, gleich drei Männern zugleich die Zähne einzuschlagen. Vom 14. bis 22. Mai findet ein Internationales Schriftstellertreffen in Weimar und in Berlin statt. Mit ihrem gerade erschienenen Sibirienbuch *Das grüne Licht der Steppen* im Gepäck und mit Ehemann Jon am Arm, fährt Brigitte Reimann nach Weimar. Kaum ist Jon – trotz ihrer Tränen – wieder abgefahren, stürzt sie sich in einen Strudel erotischer Abenteuer. Drei Tage nur nimmt sie am Treffen in Weimar teil – und dreimal ist sie in drei ganz unterschiedliche Männer verliebt, so sehr, daß sie nicht mehr zwischen Spiel und Ernst unterscheiden kann. Ein *unvergeßlicher Blick* vom Verbandssekretär Horst Eckert, der sie zu der Lesung in Westberlin begleitet hatte, trifft sie gleich am ersten Tag wie ein *Blitzschlag*. Mit ihm geht sie ans Ufer der Ilm, auf die Brücke und unter Torbögen: *Nichts Kostbareres als dieser einzige, unwiederholbare Augenblick, wenn ein fremder Mund auf dich zukommt, der erste Kuß, schüchtern, eine Etüde ...*Gleichzeitig genießt sie die angeblich *sklavische Ergebenheit* des Filmjournalisten und Pressesprechers Bruno Pioch, den sie bald *ihren Diener* nennt, während die anderen ihn »Brigittes Mantelträger« titulieren. Schließlich wird sie von Annemarie Auer mit dem österreichischen Schriftsteller Franz Kain bekannt gemacht und erlebt mit ihm eine Romanze. *Es war eine böse Lust, mit jedem der drei Ritter in den Park zu gehen, an dieselbe Stelle, [...] und dabei war es doch jedesmal aufrichtig,* bekennt sie. Auch die Ehe mit Jon, die ihr doch

– wie sie immer wieder betont – sexuelle Erfüllung bietet, hält sie nicht von Eskapaden mit anderen Männern ab. Ist es erotischer Spieltrieb, Kompensation des seit der Kinderlähmung andauernden Minderwertigkeitskomplexes, Sucht nach Selbstbestätigung als begehrenswerte Frau, Zerstörungs- und Selbstzerstörungstrieb, wie Vertraute behauptet haben? Ist es die Angst, auf einen einzigen Mann angewiesen zu sein: Jon, dem sie hörig zu sein glaubt?

All das ist sicherlich im Spiel, aber vielleicht noch mehr. Kurz vor dem Weimarer Schriftstellertreffen war Brigitte Reimann vom Gefühl einer geradezu lähmenden Ohnmacht ergriffen worden. Es mehrten sich nicht nur die Anzeichen für einen dogmatischen Kurswechsel in der Kulturpolitik. Vergeblich hatte sie sich bei einem Autor, der zugleich wie sie Mitglied der Jugendkommission war, über die erneuten, jargongespickten Angriffe auf Robert Havemann beschwert, die sie als *unfair, dumm und schädlich* empfand. Sie waren ausgerechnet im »Forum« erschienen. Robert Havemanns Aufsatz »Ja, ich hatte Unrecht« hingegen konnte nicht im »Forum« erscheinen und wurde deshalb in der Hamburger Wochenzeitung »Die Zeit« gedruckt. *Er ist gut, er ist richtig, er ist wahr, wir billigen ihn von der ersten bis zur letzten Zeile*, hatte Brigitte Reimann am 9. Mai festgestellt und ihrer Verzweiflung im Tagebuch Luft gemacht: *Was jetzt tun? Schuldbewußtsein, Gefühl von Ohnmacht: unser Protest würde ohnehin nicht veröffentlicht. Das ist unerträglich. [...] Immer schweigen, zusehen, tatenlos dulden? [...] Unrecht dulden ist soviel wie Unrecht tun. [...] Soweit sind wir schon wieder, so hat das Mißtrauen, die Feigheit in uns Platz. Trotzdem – man muß etwas tun, man muß es.*

Die Zusammenballung erotischer Abenteuer während des Internationalen Schriftstellertreffens in Weimar wirkt da fast wie ein Ventil für den angestauten Frust. Mit Pressechef Pioch, der, wie er Brigitte Reimann erzählt, einst

212

in geheimem Auftrag in Frankreich arbeitete, träumt sie von Paris und einem gemeinsamen Leben im Ausland. Sie sehnt sich an seiner Seite aus der Enge der DDR hinaus. In seiner abenteuerlichen Agentengeschichte wittert sie außerdem Stoff für ein neues Buch. Als sie halb verzweifelt, halb resigniert notiert: *Ich bin so gierig nach Leben, ich will hier raus*, sitzt sie längst wieder im Provinznest Hoyerswerda.

Beinahe wirkt die Liaison mit dem weitgereisten und welterfahrenen Pioch wie ein Mittel zum Zweck, das freilich nur in Gedanken durchgespielt wird. Sie versteigt sich sogar zu Phantasien, wie sie über die Grenze gelangen könnte und was dann aus ihrem Buch *Franziska Linkerhand* werden würde. Soll sie es erst zu Ende schreiben, und wird Pioch solange auf sie warten? Kühl kalkuliert sie: *Wenn ich in Berlin, in seiner Nähe wäre, traute ich mir schon zu, daß meine Skrupellosigkeit ausreicht, ihn festzuhalten, auszubeuten. Aber das ist eine Rechnung ohne Jon – er wird nie verstehen, daß man für ein Buch solche Umwege gehen kann.*

Unglücklicherweise erzählt die vom Schriftstellertreffen zurückgekehrte Frau alles ihrem Ehemann. Aber Jon ist nicht Günter, der seiner Wut und Enttäuschung in Zank und Handgreiflichkeiten Luft machte. Während sie sich in Weimar ausgetobt hat, sich bestätigt sieht und nun wieder zum Alltag übergeht, als gehörten die Abenteuer zum normalen Eheleben, verfällt Jon in nachdenkliche Ruhe und Geduld, die ihr unheimlich werden. Er hat wohl zu Recht den Verdacht, daß sie das Leben in der Provinz haßt und daß sie – und das ist wohl das Entscheidende – die Tristesse in Hoyerswerda mit seiner Person identifiziert. Vor ihren dunklen Sehnsüchten hat er, so glaubt sie, Angst. Obwohl er durchaus zu wissen scheint, daß Brigitte Reimann die Bewunderung anderer, wie auch die Arbeitskontakte, braucht, um sich nicht – wie sie es formuliert – *klein* und *blöd* zu fühlen, ist er eifersüchtig. Als einer der drei Reimannschen Ritter vom Weimarer Park, Bruno Pioch, sie Anfang Juni während des Urlaubs in Ahrenshoop besuchen will, reagiert er nicht nur zornig, sondern bitterböse: *»Ich werde ihn ins Meer schmeißen«, sagte er, und das war gar nicht spaßig gemeint. Der Mann sei sein Feind, und so werde er ihn behandeln.*

Nach den aufregenden Tagen in Weimar und Begegnungen mit Autoren wie dem nordamerikanischen Schriftsteller Alvah Bessie und dem Guatemalteken Miguel Angel Asturias, denen sie allerdings – statt mit ihnen ins Gespräch zu kommen – nur Autogramme und Widmungen abjagen konnte, ist der Ostseeurlaub mit Jon, bei dem sie sich mit dicken Trabantbesitzern um leere Strandkörbe streiten müssen, entsetzlich öde. Wie aufregend war der Small talk mit Daniil Granin, mit Konstantin Fedin, mit John Wexley und der Australierin Dorothy Hewett gewesen, wie unvergeßlich eine Szene zwischen Marcos Ana und Anna Seghers. Denn das Weimarer Schriftstellertreffen hatte für Brigitte Reimann durchaus nicht nur aus Liebeleien bestanden. Sie hatte es genossen, bei Gesprächen mit Autoren aller Kontinente über Antifaschismus, Frieden und Humanismus dabeizusein. Sie hatte stolz an der Manifestation im Nationaltheater teilgenommen und begeistert registriert, wie Tibor Déry, der nach dem Ungarnaufstand drei Jahre inhaftiert gewesen war, mit wildem Beifall begrüßt wurde. *Mir scheint, es war eine politische Demonstration, die unseren Radikalen gar nicht paßte. [...] Nach seinen Worten, es sei die Aufgabe des Schriftstellers, immer und unter allen Umständen die Wahrheit zu sagen, brach wieder der Beifall los. Nun, die Unseren haben verstanden,* kommentiert Brigitte Reimann den Auftritt und meint mit »den Unseren« Dogmatiker vom Schlage des Schriftstellers und ZK-Mitgliedes Kuba (Kurt Barthel). *»Ich wünsche Ihnen ein gutes Gewissen«, sagte Dery zum Schluß. Kuba schäumte, und erst recht tobten meine Nachbarn und ich – ja, das*

hieß: für Dery, für unser Gewissen, für die Wahrheit –
gegen dich, Kuba, und deine verdammten Dogmatiker!

Währenddessen formieren sich die Dogmatiker in der
DDR neu. Brigitte Reimann hat in dieser Zeit Herz und
Hirn frei, die gesellschaftliche Entwicklung zu verfolgen.
Und sie hat Kraft, sich einzumischen. Die Ehe scheint
trotz allem weiter gutzugehen. Während sie sich in literarische und politische Debatten stürzt und wie besessen
an ihrem Roman arbeitet, ist Jon mit seiner Weiterbil-
dung und seinem beruflichen Fortkommen beschäftigt.
Sie scheint nicht zu bemerken oder will es nicht wahrha-
ben, daß er sich immer weiter von ihr entfernt. Dabei
haben die beiden Eheleute – anders als Brigitte Reimann
und Günter – durchaus etliche Gemeinsamkeiten, die
über die erotische Anziehung hinausgehen. Von Jons Beschäftigung mit Architektur und Städtebau und seinem
Vortrag auf einer Konferenz war schon die Rede. Er versucht sich aber auch als Schriftsteller, verfaßt einen Re-
portagenband, der allerdings im Mai 1966 vom Aufbau-
Verlag abgelehnt werden wird. Brigitte Reimann, die
selbst mit ihrem Romanstoff kämpft, wird kaum in der
Lage sein, ihn aufzumuntern. Statt ihn zu trösten, wird
sie ihn beschimpfen, weil er kapituliert. Er wird zunächst
weiter als Raupenfahrer im Kombinat Schwarze Pumpe
im Schichtbetrieb arbeiten, so daß den Eheleuten immer
weniger Zeit füreinander bleibt. Durch die Tagebucheintragungen der folgenden Jahre ziehen sich Hinweise
auf Ohnmachts- und Minderwertigkeitsgefühle Jons, der
glaubt, seiner Frau nicht mehr gewachsen zu sein. Im
November 1966 zum Beispiel hält Brigitte Reimann fest:
Neulich – wir hatten zusammen ein bißchen getrunken,
aus reinem Spaß am Manhattan-Mixen – gestand er, daß
er noch immer nicht an eine Dauer unserer Beziehung
zu glauben wagt; er denkt, ich gäbe mich nur seinetwe-
gen und nur vorübergehend mit der Einsamkeit unseres

Lebens, wie wir es jetzt führen, zufrieden … in Wahrheit,
auch uneingestanden, sehne ich mich nach der Welt, Tru-
bel, Männern, Gott weiß was für Dingen, die er mir »nicht
bieten« kann.

Im Jahre 1966 werden sich die Anzeichen mehren, daß
Jon Abstand sucht. Während Brigitte Reimann sogar das
Angebot eines Arbeitsaufenthaltes auf Schloß Wiepers-
dorf oder eine gemeinsame Reise nach Sibirien mit Thomas Billhardt ablehnt, weil sie sich dann Monate von
Jon trennen müßte, will er sie im November – so wird es
scheinen – nach Petzow abschieben. Dabei haben sie schon
nur noch die Sonntage füreinander. Im August 1967 wird
er selbst nach Boxberg gehen, wo er eine Stelle in der
Technologie annimmt. Anfangs wird er zweimal in der
Woche nach Hause fahren, an seinem Geburtstag am
27. November 1967, der zugleich ihr dritter Hochzeitstag ist, wird er gar nicht mehr kommen.

18
»Kommando: Fertigmachen den Mann«
Das 11. Plenum und seine Folgen

1965 ist das Jahr, da Günter Grass den Georg-Büchner-
Preis erhält und seine Wahlreden für die SPD publiziert.
Wolf Biermann kann sein Buch »Die Drahtharfe« nur im
Westen erscheinen lassen. In der DDR begeistert Hermann Kants Roman »Die Aula« die Leser, die das Buch
als eine neue Art des ironisch-souveränen Umgangs mit
den eigenen Problemen aufnehmen. Auch Brigitte Reimann mag das Buch, nennt es *einen großen Männerspaß*
und hält den Verfasser für einen *glänzenden Kopf.* Die
Kulturpolitik ist jedoch keineswegs souverän, schwankt
statt dessen unentschieden zwischen Dulden und Hin-
tertreiben. Mal werden die Zügel straffer gezogen – was
zu Verzögerungen bei der Veröffentlichung von Werken

führt oder zu ihrem Verbot –, mal läßt man sie locker schleifen, was die Schriftsteller ermutigt, neue Widersprüche aufzugreifen und neue Tonlagen zu erproben. Erst das 11. Plenum sollte im Dezember 1965 alle Hoffnungen auf freiere künstlerische Entfaltung und auf eine Mitsprache der Künstler beim Umgang mit gesellschaftlichen Konflikten zunichte machen.

Brigitte Reimann, die fieberhaft arbeitet, aber immer noch an den beiden ersten Kapiteln ihres Romans *Franziska Linkerhand* schreibt, registriert wie ein Seismograph alle Erschütterungen des Kulturbetriebes, kommentiert sie in ihrer emotionalen Art und mischt sich ein. Im Februar 1965 hält sie fest: *Bieler ist die Druckgenehmigung für sein »Kaninchen« wieder entzogen worden, und der zuständige Mifkult-* [Ministerium für Kultur] *Mann [...] mußte Selbstkritik üben. Vor einiger Zeit hatte ich B. einen Brief geschrieben wegen seines Buches, das mir sehr gut gefällt.* Nur achtzehn Tage später hat sich das Blatt für Manfred Bieler wieder gewendet, sein Buch darf von dem Regisseur Kurt Maetzig verfilmt werden. Daß dieser Film, »Das Kaninchen bin ich«, neun Monate später, nach dem 11. Plenum, verboten wird, können weder der Autor noch der Filmemacher ahnen.

Bei der DEFA entstehen immer mehr Filme, die den Ärger von Zensoren und Sittenwächtern herausfordern. Als Mitglied der Jugendkommission hat Brigitte Reimann im Frühjahr 1965 Gelegenheit, in der Aula einer Schule einen Film zu sehen, der nicht freigegeben worden ist und nun von Funktionären als schlechtes Beispiel niedergemacht werden soll: »Denk bloß nicht, ich heule«. *Zuerst sprachen nur die Funktionäre, [...] der übliche Quatsch: so ist unsere Jugend nicht, der Held ist nicht typisch, wo bleibt die Partei? Es gab Stürmer-Formulierungen, am liebsten hätte ich Stuhlbeine rausgedreht. Der Film schien schon gestorben, als endlich, eingeschüchtert aber unüberhörbar, die Jungs sich zu Wort meldeten, die trotz* allem die Geschichte als ihre Geschichte empfanden. Sie drängten schließlich die Funktionäre in die Defensive. Die Schriftstellerin empfindet den Vorgang als so typisch, daß sie sich vornimmt, diese Diskussion einmal in einem Buch zu beschreiben.

Auch die Schriftsteller wehren sich gegen Bevormundungen. *Heym reist dickköpfig mit seinem »Tag X« herum*, schreibt Brigitte Reimann im Februar, (*es soll im Westen erscheinen, on dit) und wird vom Verband in einem Ideologie-Schwatzplan wegen kleinbürgerlicher Tendenzen beschimpft. Wir tun alles, uns lächerlich zu machen.* Das Lächerliche der kulturpolitischen Verbote wird im Dezember noch davon übertroffen, daß alles Unerwünschte nicht nur abgewürgt, sondern auch noch als kriminelles Delikt verunglimpft wird.

Im Februar aber glaubt Brigitte Reimann – und mit ihr viele andere –, daß man etwas tun könne, etwas bewirken, indem man gegen einengende Entscheidungen von zumeist lokalen Bürokraten und Dogmatikern anrennt. Brigitte Reimann verschleißt dabei viel Kraft: *Zwei Tage hat es mich gekostet, nachzuforschen, warum der Dokumentarfilm »Das Leben Adolf Hitlers« aus dem Programm gezogen worden ist (in Berlin und in den anderen Bezirken läuft er). Überall, bis zur Bezirksleitung hinauf, das Herumgerede: Unklarheiten, unsere Menschen verstehen das nicht, – und keiner war verantwortlich, keiner empört oder auch nur nachdenklich über die selbstherrlichen Anweisungen der Bezirksleitung, ihre Unverschämtheit, anzunehmen, daß nur sie die »Unklarheit« durchschauen und unsere Menschen, die dumme breite Masse, davor bewahren müssen. Scheißkerle. Ich platze vor Wut. Nun habe ich es wieder mit der ganzen Partei-Hautevolle verdorben, aber das ist mir schnuppe.*

Brigitte Reimann nutzt ihre wachsende Anerkennung als Schriftstellerin, um Unzulänglichkeiten des gesellschaftlichen Lebens zu kritisieren, Widersprüche bewußt zu machen und Fehlentscheidungen korrigieren zu helfen. Wie andere Schriftsteller der DDR versteht sie sich und ihr Schreiben als Teil des Ganzen, der Gesellschaft. Ihr Rollenverständnis entspricht einem utopischen Entwurf, für den sie sich in ihren Werken wie im Leben gleichermaßen engagiert. Ständig ist sie unterwegs zu Verbandstagungen, Beratungen im Kombinat Schwarze Pumpe, Sitzungen der Kreisleitung, Diskussionen in Jugendklubs, sie arbeitet in der Jugendkommission an Projekten über Berufsbildung und an Freizeituntersuchungen mit.

Ständig muß sie sich aber selbst im eigenen Berufsverband gegen Gängelei wehren. Als der Verband die Veranstaltungsreihe in Westberlin, bei der Autoren aus der DDR aus neuen Manuskripten gelesen hatten, unter anderem im Dezember 1964 auch Brigitte Reimann, nicht fortsetzen will, kommt es zu einem einmütigen Autorenprotest. Kaum zu glauben, womit sich die Schriftsteller im Verband plagen: sie sollen einem Offenen Brief des westdeutschen Autors Max von der Grün, der dagegen protestiert hatte, daß man ihm die Einreise in die DDR verweigerte, antworten, ohne dessen Wortlaut zu kennen. Erst nach längeren Diskussionen gibt man ihnen das Original zur Kenntnis. *Eigentlich ist das alles lächerlich, aber es war doch so etwas wie ein kleiner Sieg, und wir sind ja so bescheiden geworden,* kommentiert Brigitte Reimann.

Das alles wäre heute kaum der Rede wert, gäbe es nicht Aufschluß über den Alltag der Schriftsteller in der DDR Mitte der sechziger Jahre und über die Lebensbedingungen und die Stimmung unter den Künstlern vor dem 11. Plenum.

Wenn man die Zeitungen der letzten Woche liest, kann man wie Liebermann sagen: Man kann gar nicht so viel essen, wie man kotzen möchte. Unter dem Aspekt der »historischen Wahrheit« wird die Wirklichkeit umgebogen. Jedenfalls liege ich mit meinem ersten Kapitel gründlich schief. Brigitte Reimann spielt damit auf einseitige oder verfälschende Darstellungen des Kriegsendes in offiziellen Verlautbarungen an und auf die Feierlichkeiten zum 8. Mai, dem 20. Jahrestag der Befreiung vom Faschismus. Sie haßt die militärischen Aufmärsche, die an diesem Tag auch über die Bildschirme flimmern. Und sie haßt – wie sie es am 6. Juli nennt – *die Feldwebel-Fressen unterm Stahlhelm.* Sie vergleicht die Situation mit der in Westdeutschland, wo 1965 die SPD zwar eine Notstandsverfassung im Bundestag verhindern kann, die nicht verfassungsändernden »einfachen« Notstandsgesetze aber vom Bundestag verabschiedet werden. *Nein, wir brauchen keine Notstandsgesetze*, stellt sie erbittert fest, als wieder einmal die Straßen durch Militärkonvois verstopft sind und die Bevölkerung ihrer ohnmächtigen Empörung in einem wildem Hupkonzert freien Lauf läßt: *Da war Lynchstimmung. Wir haßten diese Gewehrträger und stumpfsinnigen Befehlsempfänger, gegen [...] deren Willkür wir – Dutzende von Bürgern, die heimwollten – machtlos waren. Die Verherrlichung des Soldatentums nimmt unerträgliche Formen an. Dieser Tage las ich im ND einen Aufsatz über Wehrmoral, [der] derart im »Völkischen« hätte stehen können.*

All das ist ihr zutiefst zuwider. *Ich bin so bitter, manchmal voller Haß – und ohnmächtig. Das alles quält mich so, daß ich zuweilen wünsche, ich könnte wieder selig zurückkehren in den Schoß des alleinigen Glaubens, die religiöse Sicherheit der Partei empfinden [...] Fort, fort, auf eine einsame Insel*, klagt sie am 9. Mai. Selbst über ihre Erfolge und die öffentlichen Ehrungen, die ihr in diesem Jahr zuteil werden, kann sie sich nicht so recht freuen. Auf der Leipziger Buchmesse im März ist ihr Sibirientagebuch *Das grüne Licht der Steppen* auf Anhieb vergriffen, und am 28. März erhält sie den renommiertesten Literaturpreis der DDR, den Heinrich-Mann-Preis, für ihre Erzählung *Die Geschwister.* Noch Anfang März, als

Alfred Kurella ihr in einem Brief mitgeteilt hatte, daß sie von der Sektion Dichtkunst im Präsidium der Akademie für den Preis vorgeschlagen worden sei, war sie überglücklich. Doch als sie ihn dann tatsächlich bekommen hat, schreibt sie wenige Tage nach der Verleihung ins Tagebuch: *Nun habe ich also den Heinrich-Mann-Preis bekommen. Bin ich glücklich? Ich weiß nicht. Es war wie mit dem ersten Buch: wenn ich es in der Hand hielte, dachte ich, würde ich rasend glücklich sein. Und dann, da es erreicht war, verlor alles an Glanz. Vielleicht habe ich zuviel vorweggenommen. Ich bin stolz, ja, und ich fühle auch so etwas wie Ermutigung – aber das hält nicht an, wenn ich wieder an der Arbeit bin. [...] das alles ist gefärbt von einer Art Tristesse.*

Mit ihr zusammen hat der Lyriker und Erzähler Johannes Bobrowski den Preis erhalten, doch beide kommen nicht miteinander ins Gespräch. Monate danach wird es dafür für immer zu spät sein. Am 5. September stirbt Johannes Bobrowski qualvoll an einer Blinddarmentzündung. Brigitte Reimann ist entsetzt: *Ein schrecklicher Verlust. Mir wurde ganz schlecht, als ich die Zeitung aufschlug und den schwarzen Rahmen um das freundliche, verschmitzte Fernandel-Gesicht sah. Ich konnte nicht mehr arbeiten, weil mir zumute war, als sei ein Freund gestorben. Und wie gern hätte ich mich mit ihm befreundet! Henselmann hatte ein Treffen mit ihm vorbereitet, da hätten wir uns richtig kennenlernen können (mein sehnlicher Wunsch, seit ich B. das erstemal sah, damals in der Akademie), aber da war er schon krank. [...] Nach »Lewins Mühle« haben wir Wunderbares von B. erwartet. Er war erst 48.*

Der Carl-Blechen-Preis, mit dem sie im Oktober geehrt wird, ist ihr gerade mal die Bemerkung im Tagebuch wert: *Am 6. habe ich in Cottbus den Blechen-Preis bekommen, an dem nicht nur die pfundschwere Medaille, sondern auch eine hübsche Summe hängt.*

Was Brigitte Reimann sieht und hört, entfernt sich immer mehr von den Idealen der sozialistischen Gesellschaft, die auch sie teilt und an denen sie nach wie vor festhält. Diese Differenz zwischen Ideal und Wirklichkeit ist ihr Schreibantrieb, doch scheint sie im Laufe des Jahres 1965 immer mehr zu resignieren: Sarkastisch formuliert sie im Juli: *Wir haben uns früher mal Freiheit, Gleichheit und Brüderlichkeit versprochen. Schmonzes. Man verdient Geld, je mehr desto besser, und sieht zu, daß man ein angenehmes Leben hat und mit dem Rücken an die Wand kommt.*

Brigitte Reimann verzichtet auf diese Art Absicherung und macht immer weniger Kompromisse. Sie zieht es vor, sich den ewigen politischen Stellungnahmen, die von den Schriftstellern gefordert werden, zu verweigern. Keine öffentlichen Kommentare zum Beispiel zur Rede Ludwig Erhards, der unbequeme westdeutsche Schriftsteller als »Pinscher« beschimpft hat. *Ich schreibe keine. Mir ist jene Dezember-»Beratung«, als Ulbricht unsere Schriftsteller in die Pfanne haute, noch zu gut in Erinnerung. Außerdem kenne ich nicht einmal die westdeutschen Verhältnisse, weil man mich nicht rüberfahren läßt,* notiert sie gereizt am 19. Juli. Prompt beschweren sich die Zeitungen beim ZK über sie.

Die nunmehr zweiunddreißigjährige Schriftstellerin hat es satt, bevormundet zu werden. *Mein Land gefällt mir immer weniger,* bekennt Brigitte Reimann am 6. November. Man hat einen neuen »Feind« im eigenen Land entdeckt. Diesmal werden die Jugendlichen kritisiert, die es wagen, die Haare länger zu tragen und Beatmusik zu hören. Brigitte Reimann ist als Mitglied der Jugendkommission unmittelbar mit den Gängeleien und Gewaltmaßnahmen des Staates gegen junge Leute konfrontiert: *Bis vor zwei Monaten sprach niemand über die paar Gammler, die am Bahnhof Lichtenberg herumstehen – jetzt sind sie eine Seuche, eine Gefahr westlicher Dekadenz, Staats-*

222

anwälte drohen, man greift unerbittlich durch, den Jungs werden die Haare gewaltsam geschoren (das hatten wir doch schon mal?), die Jugendkommission steht Kopf. Ich war im ZK und erfuhr schreckliche Dinge. Es hat Demonstrationen gegeben, die Polizei setzte Wasserwerfer ein, verhaftete, es gibt Gefängnis und Arbeitslager. Das Lachen ist uns vergangen.

Wie sich zeigen sollte, war dies der Beginn einer Kampagne, die bald auch auf Schriftsteller und Filmemacher übergreifen sollte, um alle Abweichungen vom Kurs der SED zu diffamieren. Der Generalprobe am 25. November 1965 vor dem entscheidenden Plenum bleibt Brigitte Reimann fern. *Heute ist eine »persönliche Aussprache« zwischen W[alter] U[lbricht] und Schriftstellern. Ich bin der Einladung nicht gefolgt. Keine Lust, mit der Macht zu flirten und anspruchsvolle Plattheiten zu hören.*

Wäre sie der Einladung in den Staatsrat gefolgt, hätte sie erlebt, wie ein »Parteistab« aus Mehrfachfunktionären nach wohlkalkuliertem Plan versuchte, die Schriftsteller auf eine neue harte Linie einzuschwören. Auf ein Gespräch waren Ulbricht, Abusch, Gotsche, Kurella und andere nicht aus. Widerspruch, Zweifel und Kritik wurden als »Skeptizismus« verschrien, Kafka, Musil und andere »Stammväter« der Moderne galten mehr denn je als schädliche Vorbilder. Die Auseinandersetzung mit reformerischen Entwicklungen in anderen sozialistischen Ländern sollte ignoriert werden. Zwei Tage zuvor hatte das Politbüro beschlossen, die Honorare von Schriftstellern zu kontrollieren, »die gegen die elementaren Grundsätze unserer Kulturpolitik verstoßen«. Ahnungslos kommen Brigitte Reimanns Kollegen wie Christa Wolf, Anna Seghers, Stephan Hermlin, Franz Fühmann, Hermann Kant, Dieter Noll und Erik Neutsch zum angekündigten »Gedankenaustausch«, wo ihnen – nach anderen Referenten – Walter Ulbricht ganz im Sinne des »Neuen ökonomischen Systems der Planung und Leitung der Volks-

wirtschaft« eine grobe Aufwand-Nutzen-Rechnung auf-
macht und – wie in einem Test für das 11. Plenum – schon
mal einen Schriftsteller und dessen Roman attackiert.
Werner Bräunigs Buch »Rummelplatz« sei unmoralisch
und wohl eine Folge der Sexpropaganda im Westfern-
sehen. Christa Wolf verteidigt »Rummelplatz«: lediglich
ein Ausschnitt sei davon bekannt; es ginge aber um einen
Entwicklungsroman. Anna Seghers mißfällt die Methode
der Politiker, »das Hinwegdrängen einer Sache, die uns
in ihrer Widerspiegelung nicht gefällt«.[1] Hätte Brigitte
Reimann es diesmal gewagt, Ulbrichts groteskem kurz-
schlüssigem Urteil, daß die Unmoral von Jugendlichen
ein Ergebnis schlechter DDR-Literatur sei, entgegenzu-
treten? Hätte sie Kurt Hager widersprochen, der von
Werken sprach, die »die Jugend« direkt zu Zweifeln, zum
Skeptizismus, zur Negation erziehen?[2] Die Staatsfunk-
tionäre nahmen den für sie nicht ganz befriedigenden
Verlauf dieser »Aussprache« zum Anlaß, ihre Strategie für
den Ablauf des 11. Plenums festzulegen, die Redner nach
einem ausgeklügelten Plan agieren zu lassen und Widerspruch fast unmöglich zu machen. Alle relativierenden
Einwürfe von Autoren, alle Gegenargumente waren an
ihnen abgeprallt, als wären sie nie geäußert worden.

Was vom Ulbricht-»Gespräch« mit Schriftstellern nach
außen dringt, läßt Brigitte Reimann um das Schicksal
ihres Romans fürchten: *Bei dem WU-Gespräch muß allerhand losgewesen sein (Berichte vorerst nur vom Rias),
klingt so, als seien die Schriftsteller mal wieder schuld an
der Jugend-Vergammelung. U. fordert »weniger Erotik«
[…]. Mein armes Buch.*

Obwohl sie sich an ständige Kursschwankungen ge-

---

[1] Diskussionsbeitrag von Anna Seghers. In: Stenographisches Protokoll des Gesprächs Walter Ulbrichts mit Schriftstellern und Künstlern im Staatsrat am 25. November 1965. SAPMO B Archiv DY 30/IV
A2/906/142, S. 64.

[2] Diskussionsbeitrag von Kurt Hager, in: ebenda, S. 70.

wöhnt hat und dazu neigt, sie *nicht mehr recht ernst* zu nehmen, fällt ihr doch Anfang Dezember 1965 die *scharfe Sprache* der Medien und die hochgeschaukelte Aggressivität auf. *Die Kurve steigt wieder. Auseinandersetzung im Literaturinstitut, wegen einer provokanten Szene von einem gewissen Mucke. Angriff auf Lehrer Bräunig.* Sie durchschaut sofort die Zusammenhänge, erkennt die Regie, als das »Neue Deutschland« auch noch einen empörten Brief von Wismut-Kumpeln gegen Werner Bräunig abdruckt, dessen Roman noch keiner gelesen haben kann, weil bislang lediglich ein Auszug in der Zeitschrift »Neue Deutsche Literatur« erschienen ist. Eine Kampagne ist im Gange, bei der ein Sündenbock dingfest gemacht werden soll. Der Vorwurf: Er habe *historische Wahrheiten verletzt, im Schmutz gewühlt, wüste Szenen geschrieben über die braven Kumpel, die ein grandioses Werk aufgebaut haben.* Brigitte Reimann, die 1952 Günter zu den Wismut-Kumpeln nach Johanngeorgenstadt nachgereist war und von den wüsten Verhältnissen dort doch etwas schockiert war, weiß, daß Bräunigs Szenen authentisch sind. Drei Tage verbringt sie damit, einen Antwortbrief gegen die Wismut-Kumpel zu verfassen. Auf eine Veröffentlichung in der Wochenzeitung »Sonntag« wartet sie vergeblich.

Als nächstes folgt ein Schlag gegen das Selbstverständnis der Schriftsteller als Kritiker der Gesellschaft. Hermann Axen, Chefredakteur des »Neuen Deutschland« und Kandidat des Politbüros, zieht in einem Artikel unter dem Titel »Braucht unsere Zeit Propheten?« gegen »einige Schriftsteller« zu Felde, *die sich einbilden, sie hätten Wahrheiten zu verkünden, dürften über Fehler schreiben, verständen ihre Aufgabe als Kritik an der Gesellschaft.* Das trifft die gesamte, sich gerade erst profilierende Schriftstellerelite der jüngeren Generation. Dann folgt ein Artikel Klaus Höpckes, Ressortleiter für Kultur beim »Neuen

Deutschland«, gegen Wolf Biermann und seinen bei Klaus Wagenbach veröffentlichten Gedichtband »Die Drahtharfe«, den in der DDR niemand kennen kann. Brigitte Reimann kommentiert am 7. Dezember: *Die Gedichte werden freilich nicht zitiert, dafür gibt es fünf Spalten Widerlegung, Beschimpfung (auch der Verband wird angeklagt). Ich kann über B. nicht urteilen, weil ich eben seine Gedichte nicht kenne. Aber wie immer: hier sind die Pinscher, hier tobt das Kommando: »Fertigmachen den Mann!*«

Ihr klares, unbestechliches Urteil und ihr waches Gefühl sagen ihr, daß hier etwas besonders Infames im Gange ist. Sie legt sich ein privates Archiv über diese und die folgenden Vorgänge an, sammelt *Berichte über jugendliche Missetäter und Gammler, die in Arbeitslager eingewiesen werden.* Die Jugendkommission, der sie angehört, ist machtlos. Bald wird die Kommission ganz aufgelöst werden.

Wenige Tage vor dem 11. Plenum, bei dem es sowohl um Kulturpolitik als auch um die wirtschaftliche Situation in der DDR gehen soll, nimmt sich Erich Apel, stellvertretender Vorsitzender des Ministerrats der DDR und Vorsitzender der staatlichen Plankommission sowie geistiger Initiator einer Wirtschaftsreform, das Leben, indem er sich in seinem Büro erschießt – ein demonstrativer Akt. *Brandt behauptete, der Westen sei im Besitz von Dokumenten und Tagebuchaufzeichnungen A.s, sein Selbstmord Protest gegen das Handelsabkommen mit der SU, bei dem uns das Fell über die Ohren gezogen werde.* Brigitte Reimann schlußfolgert: *die Schriftsteller sind Ventile für den Volkszorn, wie immer, wenn etwas schiefgeht in der Wirtschaft.*

Für Künstler und Schriftsteller, die beginnen, den Kopf einzuziehen, hat Brigitte Reimann Mitleid oder Spott. Regisseur Kurt Maetzig zum Beispiel resigniert, als der Produzent den Film »Das Kaninchen bin ich« nach dem Roman Manfred Bielers nun doch fallenläßt: *Armer Maet-*

zig. Den Schriftsteller Dieter Noll, der sich in einem Artikel zu dem Fernsehfilm »Dr. Schlüter« von »destruktiven Kunstwerken« distanziert, nennt sie spöttisch einen *perfekten Karrieremacher.*

Wer sich nicht mit der Macht arrangiert, schweigt; ein Forum für Auseinandersetzungen gibt es nicht. Am 16. Dezember, nachdem die Rede Erich Honeckers auf dem 11. Plenum erschienen ist, schreibt Brigitte Reimann resigniert ins Tagebuch: *ich bin so zornig und deprimiert. Die Lage hat sich so zugespitzt, daß Jon sagt, das beste sei, die Schnauze zu halten. Widerstand welcher Art auch immer ist jetzt ganz sinnlos.*

Das Gebell gegen die Schriftsteller hält an, hatte sie schon am 12. Dezember festgestellt, doch nun, auf dem 11. Plenum, sollte es sich zum Frontalangriff gegen Schriftsteller und Filmemacher steigern. Opfer werden neben Manfred Bieler, Kurt Maetzig, Werner Bräunig und Wolf Biermann u. a. auch Heiner Müller mit seinem Theaterstück »Der Bau«, Stefan Heym mit seinem Roman »Der Tag X«, Volker Braun mit »Der Kipper Paul Bauch« und Gerd Bieker mit »Sternschnuppenwünsche«. In den nächsten Monaten sollte es unter anderen auch Peter Hacks' Theaterstück »Moritz Tassow« und die Verfilmung von Erik Neutschs Roman »Die Spur der Steine« mit Manfred Krug in der Hauptrolle treffen. Derart massive Einschüchterungen und politische Abkanzelungen als konzertierte Kampagne hatte es vorher nicht gegeben. Walter Ulbricht sprach in seinem Schlußwort auf dem Plenum sogar von »Verrückten« und »Konterrevolutionären«, andere von »Schweinerei«, »Dreck« und »ideologischer Verwilderung«. Dagegen konnte auch Christa Wolf mit auf dem Plenum eher bedenkend vorgebrachten Einwänden nichts ausrichten.

Die den Delegierten des Plenums ausgehändigte »Lesemappe« rückte die Autoren in die Nähe von jugendlichen Kriminellen und erweckte den Eindruck, daß Bücher und Filme – zusammen mit westlicher Amoralität – die Ursache jugendlichen Rowdytums in der DDR seien. Die Beschimpfung der »Banausen« und »Nichtskönner« erstreckte sich über drei Plenumstage: vom 15. bis zum 17. Dezember 1965. Brigitte Reimann notiert: *Heute war die Rede Honeckers auf dem ZK-Plenum abgedruckt. Die Katze ist aus dem Sack: die Schriftsteller sind schuld an der sittlichen Verrohung der Jugend. Destruktive Kunstwerke, brutale Darstellungen, westlicher Einfluß, Sexualorgien, weiß der Teufel was – und natürlich die böse Lust am Zweifeln. [...] Es ist zum Kotzen. Das ist harter Kurs, wie er im Buch steht. Jetzt sind wir ganz unten. Der Volkszorn wird auf uns gelenkt, uralter Instinkt geweckt – »die Künstler« [...] werden freigegeben zum Beschuß.* Mit ihrem prophetischen Fazit sollte Brigitte Reimann recht behalten: *Wir gehen einer Eiszeit entgegen. Überall herrscht Konfusion, die Stücke und Bücher werden jetzt en masse sterben.*

Brigitte Reimann, empört und deprimiert zugleich, kann sich weder in Selbstkritik noch in Zerknirschung üben wie manche ihrer Kollegen. Den Mund halten, wie Jon ihr geraten hat, kann sie schon gar nicht. Auf einer Sitzung Mitte Januar in Cottbus sagt sie deutlich ihre Meinung: *Alles lief nach Programm. Meine Kollegen erklärten, daß sie das Plenum richtig verstanden hätten, die Kritik akzeptiert, sich von Heym und Biermann distanzierten blahblah. Und dann habe ich ihnen die Show vermasselt, und während ich sprach, fing auch Dieter* [Dreßler] *an zu sieden – aber wir standen allein. Das war zu erwarten. Ich habe über die »Langeweile von Minsk«* [ein Aufsatz von Stefan Heym in »Die Zeit«] *gesprochen, über Meinungsfreiheit, über das organisierte Denunziantentum, über Bräunig und die Unterdrückung unserer Proteste – eben alles, was sich so in den letzten Wochen angestaut hatte. Na, du lieber Himmel! Ich bin mit beiden*

228

Füßen ins Fettnäpfchen gestiegen; übrigens war ich mir dessen bewußt, verzichtete auch auf »vorsichtige« Formulierungen, hatte also mit einem Schlag die ganze Ideologiekommission auf dem Hals.

Dennoch gerät sie nicht ins Schußfeld der überregionalen Diffamierungsaktionen. Man hält sie offenbar nur für erziehungsbedürftig: *Nun wollen sie »Gespräche« mit mir führen,* schreibt sie und bemerkt gleichzeitig, daß ihr ein fragwürdiger Sonderstatus eingeräumt wird: *Aber freilich, wir genießen eine Art Narrenfreiheit, das habe ich an gewissen Anzeichen gemerkt, weil wir die »profilierten Künstler« des Bezirks sind. Jemand nannte mich das enfant terrible des Verbandes, dem man allerhand nachsieht – und das ist wirklich kein Grund, heiter zu sein. Noch werden wir gebraucht…*

Die Stunde der *Antiquierten,* der *Fahnenschwenker* und *Mittelmäßigen* hat wieder geschlagen, doch Brigitte Reimann bleibt sich treu: *Ich habe mir vorgenommen, ohne Selbstzensur zu schreiben, ohne an die Folgen zu denken – einfach so, nach meiner Wahrheit.*

Inzwischen schreibt sie am 5. Kapitel von *Franziska Linkerhand.* An ihrem literarischen Konzept hält sie unbeirrt fest, auch gegen die Kahlschlagpolitik der Ideologen und gegen die Unsicherheit und Angst, die seit dem 11. Plenum auch in den Verlagen um sich greift. *Wofür ist die Literatur denn zuständig, wenn nicht für Probleme? Ein widerliches Land,* vermerkt sie im Mai 1966.

19
Arbeitswut und Depression

Nach dem 11. Plenum werden auf allen Ebenen im Kulturbereich Leitungsfunktionen neu besetzt. Daß der Kulturminister Hans Bentzien durch Klaus Gysi, den vormaligen Leiter des Aufbau-Verlages, abgelöst wird, ist nur die spektakulärste Entscheidung in dieser Richtung. *Unsicherheit und Flucht vor Verantwortung ist überall zu spüren, eine Menge Leute sind abgesetzt worden, Vorgesetzte bekommt man – bei Rundfunk und Fernsehen vor allem – überhaupt nicht mehr zu sehen; die meisten scheinen jetzt nach der Devise zu handeln (vielmehr nicht zu handeln): Wer gar nichts tut, kann auch keine Fehler machen*, notiert Brigitte Reimann im Februar 1966 über diese Entwicklung.

Angesichts der immer deprimierender werdenden Verhältnisse kann sich Brigitte Reimann über technische Sensationen, die die Menschheit in Erstaunen versetzen, nicht mehr so begeistern wie fünf Jahre zuvor. Damals hatte sie angesichts des ersten bemannten Weltraumflugs eingetragen: *Eröffnung eines neuen Zeitalters*. Als jetzt die Raumsonde »Luna 9« auf dem Mond landet und die ersten Fotos von der Mondoberfläche macht, ist Brigitte Reimann zwar sicher, daß es nicht mehr lange dauern wird, bis der erste Mensch den Mond betritt, aber in Euphorie verfällt sie nicht. *Woher kommt diese Haltung »Uns kann gar nichts mehr imponieren«? Vielleicht ist es eine Art Abwehr, eine Art Selbstschutz, weil die Differenzen zu groß werden zwischen dem, was im Weltall und was auf der Erde geschieht.*

Bei solchen Bemerkungen handelt es sich nicht um Floskeln. Brigitte Reimanns Interesse an weltpolitischen Entwicklungen schlägt sich zwar selten direkt in ihren Tagebuchaufzeichnungen nieder, sie bleibt aber eine wache Beobachterin, sammelt Zeitpartikel, und ab Juni 1967 führt sie sogar eine besondere Chronik, in der sie sich politische Ereignisse kurz notiert.

Besser jedoch kann man durch die Tagebucheintragungen – auch wenn sie zwischen 1966 und 1969 spärlicher als in früheren Jahren ausfallen – Brigitte Reimanns zunehmende Schwierigkeiten in Hoyerswerda verfolgen.

Im März 1966 wird sie zum Beispiel Zeugin einer erbitterten ideologischen Auseinandersetzung, die um ein Wandbild entbrennt, das ihr Freund Dieter Dreßler für eine polytechnische Oberschule in Cottbus gemalt hat. *Was für eine Kluft zwischen Künstler und Publikum [...] Grotesk falsche Auffassung von Kunst, und wieder die Forderung nach gültigem soz. Menschenbild – unter dem sich aber keiner etwas vorstellen konnte. [...] Eines jedenfalls hat unsere Kulturpolitik zustande gebracht: jede Achtung vor dem Künstler, vor seiner Arbeit zu beseitigen.* Die Kluft zwischen Künstlern und Publikum, die man glaubte mit dem Bitterfelder Weg überwinden zu können, wird vor allem durch solche Aktivitäten beschränkter Funktionäre oft noch weiter vertieft. Für die Künstler, wie in diesem Falle Dieter Dreßler, bedeutet solche Kritik meist zugleich Auftragssperre und damit Entzug der Existenzgrundlage.

Auch Brigitte Reimann bekommt den härteren Kurs nach dem 11. Plenum direkt zu spüren. Ein geplanter Vorabdruck einiger Romankapitel in der Zeitschrift »Neue Deutsche Literatur« scheitert daran, daß der neue Chefredakteur Werner Neubert *problematische Stellen* im Manuskript entdeckt hat, die ihn offensichtlich an den Roman »Rummelplatz« von Werner Bräunig denken lassen: die Kritik an ihm begann nach einem Vorabdruck in der NDL. Im Bezirk Cottbus scheint der Druck auf Schriftsteller und Künstler besonders zugenommen zu haben. Da Brigitte Reimann bei den kulturpolitischen Debatten nicht klein beigibt, initiiert man eine Kampagne von Verleumdungen gegen sie, sowohl private als auch ideologische. So versucht man etwa, Brigitte Reimann und ihren Ehemann zu zwingen, eine gemeinsame Wohnung zu beziehen, da es Anfragen und Eingaben aus der Bevölkerung gibt, weil das Ehepaar zwei Wohnungen nutzt.

Schlimmer sind die Aktivitäten von einer anderen Seite. Anfang Juli 1966 notiert Brigitte Reimann: *Schrieb ich* schon, daß sich die Staatssicherheit über uns – Dieter [Dreßler] und mich – informiert hat? Sie haben Kollegen befragt. Wir gelten als das Haupt einer »Untergrundbewegung« bei den Künstlern. Das ist so absurd, man sollte darüber lachen, mein Gott, aber ich finde es schrecklich, schrecklich. Weil wir fragen. Es gibt Augenblicke, in denen ich das Gefühl habe, der Hals werde mir zugedrückt. Es gibt tatsächlich bereits einige Informanten, IM »Arnold«, GI »Peter Steinhaus« oder GM »Walja«, die über Brigitte Reimann an die Bezirksverwaltung der Staatssicherheit berichten. Das alles trägt in diesen ersten Monaten des Jahres 1966 dazu bei, einen Plan in Brigitte Reimann reifen zu lassen, mit dem sie schon einige Zeit liebäugelt. Befreundete Schriftsteller wie Helmut Sakowski oder Joachim Wohlgemuth, denen sie von ihren Schwierigkeiten im Bezirk erzählt hatte, hatten ihr vorgeschlagen, sich doch in Neubrandenburg anzusiedeln. Diese Idee gefällt ihr auch deshalb ausnehmend gut, weil sie hofft, in Neubrandenburg ein offeneres Klima im Schriftstellerverband und bei den Kulturfunktionären des Bezirkes vorzufinden, weil sie sich auf einen stärkeren geistigen Austausch mit Kollegen freut und, nicht zuletzt, weil sie endlich wieder – nach sechs Jahren in Hoyerswerda – in einer landschaftlich reizvolleren Region und einer schöneren Stadt mit altem Stadtkern leben will.

In Neubrandenburg ist man diesem Vorhaben gegenüber sehr aufgeschlossen. Das war nicht unwichtig, denn in der DDR erhielt man in der Regel nur dort Wohnraum zugewiesen, wo man eine Arbeitsstelle hatte. Ein Schriftsteller, der nirgendwo fest angestellt war, blieb daher auf das Einverständnis und die Unterstützung staatlicher Stellen angewiesen. Erste tastende Kontakte ergeben sich, als Brigitte Reimann zu einer Schriftstellertagung des Bezirkes Neubrandenburg am 5. Juni eingeladen wird. Gemeinsam mit Helmut Sakowski soll sie dort lesen. Die Abteilung Kultur stellt sogar Wohnraum in Aussicht, für den Fall, daß sie sich entschließen könne, ihren Wohnsitz dorthin zu verlegen. Wie die Dinge liegen, verspricht Neubrandenburg scheinbar Ruhe vor den offenen politischen Repressalien und moralischen Anfeindungen, die – neben der ohnehin vorhandenen Veranlagung zur Schwermut – ihre schöpferische Phantasie zusätzlich lähmen. Doch wird es noch mehr als zwei Jahre dauern, bis die Wohnung dort endlich bereitgestellt ist.

Das Leben in Hoyerswerda bietet ihr weiter Stoff für ihren Roman. Im Juni 1966 notiert sie den Inhalt eines Gesprächs mit einem Arzt. *Zwei Jahre lang hat er in Hoy pro Woche ein bis zwei Gastote aus den Küchen geholt, an einem Sonntag gleich zwei aus derselben Küche – einen morgens, den anderen abends. Meist junge Männer zwischen 18 und 21, aber auch »ältere« Frauen (30–35). Hauptmotiv (jedenfalls das auslösende) ist Liebeskummer. Zeit: meist an Sonn- und Feiertagen. Hochkonjunktur im Mai. Ich mußte mich genau unterrichten über den Vorgang des Sterbens durch Gas (übrigens eine leichte und angenehme Todesart – man sieht nur friedliche Gesichter) und das Aussehen der Leichen; ich brauche das für meine Gertrud.*

In dem nach Brigitte Reimanns Tod beim Verlag Neues Leben erschienenen Roman allerdings werden gerade Stellen, in denen es um Selbstmorde geht, besonders um mögliche Selbstmordversuche Franziska Linkerhands, gestrichen oder bearbeitet sein. Das Thema des Suizids war in der DDR, dem Land mit einer der höchsten Selbstmordraten der Welt, für die Literatur tabu, denn man setzte ihn mit Aufgeben, Versagen und Scheitern gleich, also mit Eigenschaften, die für einen positiven Helden nicht akzeptabel waren. Außerdem galt lange, daß in einer sozialistischen Gesellschaft alle Konflikte und Widersprüche lösbar seien, es also keinen Grund zum Selbstmord gäbe.

Erst in der ungekürzten Fassung des Aufbau-Verlages von 1998 sind die entsprechenden Passagen zu lesen.

Selbstmord war aber nicht nur ein Problem ihrer literarischen Figur. Der Gedanke, sich das Leben zu nehmen, zieht sich wie ein roter Faden durch die Depressionsphasen in allen Lebensabschnitten Brigitte Reimanns. 1954 hatte sie sogar mit Schlaftabletten einen Versuch unternommen. Neu ist im Jahre 1966 die ruhige gedankliche Reflexion über diese Möglichkeit. Mit ihr begann bereits der erste Tag des Jahres: *Für Jon ist, wie für mich, der Selbstmord eine Äußerung der Freiheit, [...] und der Gedanke an einen selbstgewählten Tod hat etwas Beruhigendes.*

Im Jahr 1966 bekommt Brigitte Reimann vom Verlag Neues Leben ein auf ein halbes Jahr befristetes Stipendium. Bis Oktober muß sie 250 Seiten abliefern, und bis Mai 1967 soll *Franziska Linkerhand* fertig sein. Brigitte Reimann ist nicht in der Lage, so zu arbeiten. Beim Schreiben ihrer vorigen Bücher hatte sie stets zwischen Phasen der Arbeitswut, in denen sie alles um sich her vergaß und wie besessen Seite um Seite schrieb, und Phasen tiefer Depression, in denen sie nichts zustande brachte, krank wurde und trank, gependelt. *Manchmal verspüre ich ein wildes Hochgefühl, als wär ich imstande, wunder was zu schaffen. Oder ist es das Übliche – Depression und Aufschwung in raschem Wechsel? Traurigkeit und Begeisterung, und immer maßlos und ausschließlich,* sollte sie drei Jahre später dieses kreative Auf und Ab beschreiben. Im April und Mai 1966 versucht sie sich auf kuriose Weise zu disziplinieren. Sie hängt sich eine Leistungstabelle über ihren Schreibtisch, setzt sich selbst eine tägliche Norm und versucht, diese zu erfüllen: ein Zahlenspiel, mit dem es ihr anfangs gelingt, sich anzuspornen. Doch mit dem Manuskript geht es nicht so gut voran, wie sie es sich vorgenommen hatte.

Zu Beginn des Jahres 1967 hat Brigitte Reimann mehrere Wochen voller Verzweiflung hinter sich: *fühlte mich unfähig und voller Angst vor der endlosen Schreiberei.* Wie nach jedem Zusammenbruch kommt auch jetzt ihr Elan allmählich wieder zurück. Mit Hilfe des Schriftstellers Helmut Sakowski treibt sie ihre Umzugspläne voran, aber im März 1967 befällt sie beim Gedanken an einen Abschied von Hoyerswerda trotz alledem plötzlich so etwas wie *vorweggenommenes Heimweh*: *Ein Glück, daß ich darüber in meinem Buch schreiben, es mir also von der Seele schaffen kann.*

Nicht von der Seele schaffen kann sie sich den Ärger über die kulturpolitische Eiszeit. Sie registriert sehr genau den kalten Wind für Künstler: Der im April stattfindende VII. Parteitag der SED kündigt sich an. Dort ist dann viel von Wirtschaft und Wissenschaft die Rede, von Kunst wenig. Keine Kritiken – woran auch? *Es erscheinen ja kaum noch Bücher und Filme,* bemerkt Brigitte Reimann im Mai 1967. Weit und breit sieht sie *nur eingängiges und bequemes Zeug,* während Schriftsteller wie Bieler und Bräunig weiter verfemt sind. Den Widerspruch zwischen der kulturpolitischen Praxis und der Forderung des Parteitages, »Würde und Schönheit unserer Menschen zu gestalten«, registriert sie nur noch mit Sarkasmus.

Kritisiert wird nun auch der Roman, an dem sie arbeitet, allerdings vorerst lediglich auf lokaler Ebene. Im Mai 1967 hält die Schriftstellerin fest: *die Partei sagte, das Buch sei zu intellektuell, der Rat, es sei »grau in grau«, schließlich schwatzte man von einem »zweiten Kaninchen«. Das alles habe ich natürlich nur hintenherum erfahren [...]. Direkte Gespräche über das Buch (soweit bekannt) waren grotesk, sogar ein »voller Aschenbecher« erregte Anstoß. Offenbar ist nichts weniger erwünscht als Schilderung von Alltag und normalem Leben.*

Sechs Wochen später kommt es auch zu einem offenen Affront. *Neulich Lesung in der Bezirksparteischule. Scheußliche Auseinandersetzung, weil »alles negativ« sei, zynisch und unsozialistisch.*

Und dann hat sie im November 1967 auch noch ein

Werkstattgespräch mit der Essayistin und Kritikerin Annemarie Auer, die bis vor kurzem noch als Redakteurin bei der »NDL« beschäftigt war und nun freischaffend arbeitet.

Ihr war Brigitte Reimann erstmals im Mai 1958 in Petzow begegnet. Von der freundschaftlichen, auch in etlichen Briefen bezeugten Anteilnahme, die ihr Annemarie Auer bis dahin entgegengebracht hatte, glaubt Brigitte Reimann nichts mehr zu spüren. Wie hatte sie sich einst gefreut, wie stolz war sie, als die strenge Kritikerin ihre Sibirienreportage im Oktober 1964 *schlechthin vorzüglich* nannte. Die Kritik, die Annemarie Auer nun aber in dem für die Zeitschrift »Sonntag« geführten Gespräch über das Manuskript von *Franziska Linkerhand* äußert, beunruhigt Brigitte Reimann zutiefst. Annemarie Auer wirft der zwanzig Jahre Jüngeren vor, die Geschichte sei noch nicht deutlich, das Anliegen noch nicht ablesbar. Vor allem vermißt die an konventionellen Belletristikmodellen geschulte Literaturwissenschaftlerin eine Fabel. Brigitte Reimann ist irritiert und verunsichert, versucht dann aber, sich die Gründe für ihre Schreibweise bewußt zu machen: *Ich weiß selbst, das Buch besteht aus lauter Abschweifungen, kann aber nicht erklären, warum ich's gerade so schreiben will: einfach Leben ballen, Alltäglichkeit mit Zufälligem, Nicht-notwendigem. Protest gegen die Fabel, die Roman-Konstruktion, die mir zu kristallen, zu rein erscheint, zu künstlich, zu klar in einer unklaren Gesellschaft.*

Nach mehr als einem Jahr wird Brigitte Reimann an der Kritik immer noch zu knabbern haben. In einem Brief an Christa Wolf vom 29. Januar 1969 wird sie schreiben: *ich bin schrecklich unsicher, und ein Urteil wie das von der Annemarie A., die sagte, das Buch habe keine Fabel, kann mich wochenlang arbeitsunfähig machen.* Zwei Wochen später kommt sie wieder darauf zurück: *Ich weiß ja, daß ich kein Intelligenz-Riese bin, aber sie hat's mir auf so brutale Art gesagt, daß ich mich bis heute nicht davon erholt habe. Damals, bei diesem [...] Interview, in dem übrigens kein Antwort-Satz von mir war (»die unwiderstehliche Dynamik des sozialistischen Alltags« – du lieber Himmel!). [...] Nun ja, und bei diesem Gespräch habe ich zum erstenmal protestiert, wenn auch schüchtern, gegen die Dummerchen-Rolle.*

Dennoch blieben die Schriftstellerin und die Kritikerin nicht *ein für alle Mal verkracht*, wie Brigitte Reimann vermutet hatte. Annemarie Auer hat ihr Verhalten in einem Brief später bedauert. Im November 1967 aber bleibt Brigitte Reimann entsetzt über diese *merkwürdige Haßliebe.*

Um der Einsamkeit des Schreibtischs und der Geldnot zu entfliehen, stürzt sie sich im November 1967 in die Arbeit an einem DEFA-Spielfilm und schreibt gemeinsam mit den jungen Filmregisseuren Lothar Warneke und Roland Oehme ein Exposé nach dem Roman »Martin Jalitschka heiratet nicht« von Martin Kähne. Auch dieses Projekt, die Geschichte eines jungen redlichen Arbeiters, der sich in ein hübsches, aber oberflächliches Mädchen verliebt hat und nicht merkt, daß sie ihn mit einem Mann mit Sportcabriolet betrügt, wird ein Fehlschlag, ihre Existenzsorgen bleiben bestehen. Sie wollte ja Geld verdienen, um sich dem Roman widmen zu können und die notwendigen Umbauten in der Neubrandenburger Wohnung vornehmen zu lassen – aber im Dezember wird ihr Film-Exposé abgelehnt. *Ausgerechnet Maetzig (»Kaninchen«!) findet unseren Film zu grau; auch die anderen möchten lieber das sozialistische Menschenbild und eine fröhliche Wunschwelt.*

Lethargie breitet sich aus. Brigitte Reimann hält im April 1968 ihre Eindrücke von einer Vorstandssitzung des Schriftstellerverbandes in Berlin fest: *kaum Schrift-*

steller anwesend. *Kein Interesse mehr am Verband, der in Bürokratie, Langeweile und Obrigkeitsgehorsam erstickt.* Wenn sie die Schriftsteller in der DDR mit denen in der CSSR vergleicht, die dazu beitragen, daß man dort versucht, die Idee einer sozialistischen Demokratie zu verwirklichen, wird sie noch verzweifelter als zuvor: *Ich habe geweint: unseretwegen, über uns, aus Zorn. Zornig auch gegen mich selbst – Mitmacher, Schweiger.*

Immer seltener führt Brigitte Reimann Tagebuch. Im Mai 1968 ist von einem Krankenhausaufenthalt und wochenlanger Krankschreibung wegen *endogener Depression* die Rede. Sie hat Angst, über die Straße und unter Leute zu gehen, und ist so niedergeschlagen, daß sie an ihrem Talent zweifelt und keine Zeile zustande bringt.

Im August schließlich kommt es noch schlimmer. Seit Monaten hatte sie über Brustbeschwerden geklagt, war aber von Ärzten mit dem Hinweis auf vermutliche Folgen ihrer Brustverkleinerung abgewiesen worden. Schließlich hatte man einen »verkapselten Fadenrest« diagnostiziert und sie doch operiert. Am 9. August 1968 scheint die monatelang verdrängte Angst sich zu bestätigen: *Beim Operieren ergab sich leider, daß noch mehr Knoten im Gewebe steckten, widerliche rosa Kugeln, die müssen noch ans Path. Institut geschickt werden. Soll die Angstpartie wieder beginnen?*

Am 11. September wird die Ahnung Gewißheit. Brigitte Reimann erfährt, daß sie Krebs hat und die rechte Brust abgenommen werden muß. *Es war ein furchtbarer Schock. Ich dachte immer: Warum muß das gerade mir zustoßen? Nun habe ich den ganzen Tag gearbeitet – das beruhigt. Tränen wird's bestimmt noch geben, aber jetzt bin ich ziemlich gefaßt. Man muß eben durch.*

20

Abschied und Willkommen
Mutprobe Neubrandenburg

Während Brigitte Reimann den Umzug von Hoyerswerda nach Neubrandenburg vorbereitet und auf den Befund der Gewebeprobe wartet, trifft sie ein Schock ganz anderer Art. Truppen der Warschauer Pakt-Staaten marschieren am 20. August 1968 in die ČSSR ein, um die Reformprozesse zu stoppen. Die führenden Reformer werden verhaftet. Statt die Schubladen für den Umzug durchzusehen und weiter alte Fotos, Arbeiten und Briefe zu zerreißen, sitzt Brigitte Reimann am 21. August den ganzen Tag am Radio und hört angespannt Nachrichten. Das verlogene Geschwätz der DDR-Sender über die angebliche Liebe zum Brudervolk empört sie. *Wieder mal deutsche Uniformen in Prag. [...] Und welche Hoffnungen haben wir auf das »Modell« ČSSR gesetzt! Unfaßbar, daß immer noch, immer wieder mit diesen Methoden des Stalinismus gearbeitet wird.*

Brigitte Reimann weiß noch nicht, daß die Besetzung – unter dem Vorwand, eine angebliche Konterrevolution niederzuschlagen – nicht nur ein Rückschlag über Jahre für alle politischen Reformer sein wird, sondern auch ihr eigenes Verhältnis zum Staat und ihr Selbstverständnis als Schriftstellerin dauerhaft verändern wird. Endgültig verliert sie ihr Grundvertrauen in den sozialistischen Staat und seine Regierung.

Der Tagung des Zentralvorstandes des Schriftstellerverbandes am 26. August, auf der die Mitglieder sich mit dem Einmarsch in die ČSSR einverstanden erklären sollen, bleibt sie fern und läßt verlauten, daß sie eine Zustimmungserklärung zu diesen Ereignissen nicht unterschreiben wird, was – wie heute nachzulesen ist – ein IM bei der Stasi prompt aktenkundig macht.[1]

[1] BStU Neubrandenburg AOPK III 259/73, Blatt 35.

Als das Entsetzen über den Einmarsch in die ČSSR und die Gewißheit, daß sie Krebs hat, fast gleichzeitig über sie hereinbrechen, ist sie gerade dabei, sich mit gemischten Gefühlen innerlich von Hoyerswerda und dem Kombinat „Schwarze Pumpe« zu verabschieden, von der durch den Braunkohlentagebau verwüsteten Landschaft ringsum, den abgesoffenen Kohlengruben, von den in kurzer Zeit heruntergewirtschafteten Läden und Restaurants und den Wohnsilos. *Trotzdem – wenn ich denke, daß nur ein paar Blöcke in einer Sandwüste standen, als wir hierher kamen, und jetzt ist es eine Stadt von fast 60 000 Einwohnern, und das Kombinat ist ein riesiger Komplex geworden (in dem so gut wie nichts ordentlich funktioniert). Die Kohle geht zuende, vielleicht ist Hoy in zwanzig Jahren eine Geisterstadt wie die verlassenen Goldgräber-Siedlungen.*

Alles schmeckt nach Abschied, hatte sie am 9. August 1968 im Tagebuch festgehalten. Und dieser Geschmack ist bitter, vor allem wegen der zermürbenden Streitigkeiten mit den Funktionären in Hoyerswerda und im Bezirk. Politische Verdächtigungen und Tratsch und Klatsch von Moralaposteln hatten ihr den Ort, in dem sie anfangs eine Heimat gefunden zu haben glaubte, zur Fremde gemacht. Als letzte Aktion war es ihr noch gelungen, ihren direkten Draht zum Staatsrat für eine Bürgerinitiative nutzend, den Bau eines Theaters durchzuboxen.

Nun muß sie den Umzug nach Neubrandenburg wegen der Krebsoperation verschieben. Daß der berühmte Krebsspezialist Professor Gummel sie behandelt, läßt sie auf ein Wunder hoffen. Am 20. September schreibt sie den denkwürdigen Satz: *Ich bin glücklich über jeden Tag, der mir noch bleibt.*

Im Oktober 1968 glaubt sie, das Ärgste überstanden zu haben: *Alles weggeschnitten. Achselhöhle völlig verstümmelt, muß erst wieder lernen, den Arm zu gebrauchen. Immerhin, ich kann schon schreiben – so unleserlich wie immer.*

Als sie aus dem Krankenhaus in Berlin-Buch entlassen wird, heißt ihr Zuhause immer noch Hoyerswerda. Dort läßt man sie die Folgen ihrer verweigerten Loyalitätserklärung spüren. Sie vermutet im Tagebuch richtig, daß die Stasi des Bezirks Cottbus die Neubrandenburger vor den »staatsfeindlichen« Umtrieben der Schriftstellerin Brigitte Reimann gewarnt hat. In einer Parteigruppe werden Lügen über sie verbreitet. Angeblich habe sie mit ihrem Manuskript zu einer Diskussion bei der Bezirksleitung der SED erscheinen müssen, wo es *für schädlich, wenn nicht feindlich erklärt worden* sei.

Nicht daß Brigitte Reimann etwas gegen einen fairen Streit hätte. In einem Brief an Christa Wolf vom 29. Januar 1969 wird sie schreiben, daß es die Methoden gewesen seien, die in ihr das schlimme Gefühl von Vergeblichkeit erzeugten.

Inzwischen schreibt man den 1. November 1968. Studenten, die gegen den Überfall auf die ČSSR demonstriert und Flugblätter verteilt haben – darunter etliche Kinder von Prominenten: die Söhne Robert Havemanns und Thomas Brasch, Sohn des stellvertretenden Ministers für Kultur, Horst Brasch, zum Beispiel –, sind längst verhaftet und in Schnellverfahren zu mehrjährigen Gefängnisstrafen verurteilt worden. Reiner Kunze, der am Tag nach dem Einmarsch aus der SED ausgetreten ist, folgt Mitte November einer Einladung Brigitte Reimanns zu einer Lesung nach Hoyerswerda. Er, der die Reformprozesse vor Ort verfolgt hatte und die tschechischen Zeitungen in der Originalsprache lesen kann, bestätigt ihren Eindruck: die DDR-Medien fälschen die Tatsachen. Die Stasi öffnet Briefe oder verhindert, daß sie ankommen. Eine Tagebucheintragung vom 1. November berichtet sogar, daß *einer der Herren mit den abstehenden Ohren* bei Jon war, um ihn zu befragen. Längst ist die Staatsicherheit mit dem Operativen Vorgang »Denker« beschäftigt. In einem »Auskunftsbericht der Bezirksverwaltung Cottbus« vom 28. August 1968 finden Hauptmann Henoch und Leutnant Wiesenberg von der Bezirksverwaltung Cottbus genug »begründete Verdachtsmomente auf negatives und feindliches Verhalten«. Brigitte Reimann negiere die Gesellschaftsverhältnisse der DDR und denke sogar über »eine schnellere Annäherung bzw. Wiedervereinigung beider deutscher Staaten« nach, sie hätte in den Veröffentlichungen der letzten Zeit »Probleme des Herausbildungsprozesses des sozialistischen Menschentyps verzerrt und skeptizistisch dargestellt«.[1]

Brigitte Reimann weiß von diesen »Auskunftsersuchen« nichts, doch man läßt sie allenthalben spüren, was man von ihr hält. Sie hat den Bezirk *satt bis obenhin.* Am 18. November kommt endlich der Möbelwagen. Brigitte Reimann verläßt die Lilo-Hermann-Straße 20 in Hoyerswerda in Richtung Neubrandenburg. Jon, der in Boxberg wohnt und arbeitet, will nachkommen, sobald sich auch für ihn eine Wohnung findet.

Die Wohnung in einem Zweifamilienhaus in der Gartenstraße 6 in Neubrandenburg ist schrecklich heruntergewirtschaftet. Die Wände sind gerissen, das Badezimmer steht wegen eines Rohrbruchs unter Wasser, und die Fenster sind wie zugenagelt, weil sie nach dem Lackieren gleich geschlossen wurden. Brigitte Reimann friert erbärmlich, denn die Wärme der Elektroöfen hält nur bis mittags vor. Allein in der Parterrewohnung, hat sie abends Angst. Es gruselt sie nicht nur, weil sie gerade Truman Capotes Roman »Kaltblütig« liest. Aber trotz der widrigen Umstände hat Brigittte Reimann kein Heimweh nach Hoyerswerda. Nur ein paar Freunde vermißt sie – vor allem die Dreßlers an den Freitagabenden, an denen man in Senftenberg immer gesellig beisammensaß. Jetzt sitzt sie meist allein in ihrer Arbeitsecke. *Also im Erker,* notiert sie am 24. Dezember 1968, *in dem ich auf winzigstem Raum zusammen-*

[1] BStU Neubrandenburg AOPK III 259/73, Blatt 34/35.

geschleppt und aufgebaut habe, was ich so zum Arbeiten brauche: Tonbandgerät und die Bänder dazu, Plattenspieler und die Schallplatten, den Schreibmaschinentisch, mein »Archiv« (all das Zeug über Architektur und Städtebau) und meine Lieblings- oder Lehrbücher, die Bibel, ein paar Bücher von Freud, den Kolakowski, »Gantenbein«, Baldwin, Braines »Weg nach oben«, Sartre, Mitscherlich, Ehrenburg (»Die französischen Hefte«), Leduc's »Bastardin«. Eine gemischte Gesellschaft. Weihnachten kommt Jon zu Besuch. Seit der Krebsoperation beteuert er, ihr »Amazonenzustand« mache ihm nichts aus, aber der betroffenen Frau machen die Folgen der Operation sehr wohl zu schaffen. Sie kann ihren Arm nicht mehr so bewegen wie früher, er tut weh. Am ersten Weihnachtsfeiertag 1968 schreibt sie: *Ein halber Mensch. Eine halbierte Frau. Das Entsetzen morgens beim Aufwachen (ich träume jede Nacht von der Zerstückelung), und abends, wenn ich mich ausziehe, dieses Gefühl von Fremdheit: ich sehe ohne Schrecken die Narbe. Das bin ich nicht, das kann nicht gerade mir zugestoßen sein.*

Nach dem Weihnachtsfest reist Jon wieder nach Boxberg ab. Beide sind sich einig: In der kleinen Wohnung jeden Tag zusammenzuleben, halten sie nur ein paar Tage aus.

Brigitte Reimann versucht, die Arbeit an *Franziska Linkerhand*, die sie erst kurz vor der Operation in der Klinik abgebrochen hatte, wieder aufzunehmen. Doch der Faden ist gerissen. Brigitte Reimann schaut in den verschneiten Garten vorm Haus, auf die hohen Bäume mit Krähennestern darin und träumt vom Sommer: von den Weinranken, die über ihre Fenster hängen werden, und dem grünen Licht, in das sie das Zimmer tauchen werden – so wie sie es bei der ersten Besichtigung erlebt hatte. Jetzt, in der Eiseskälte des kaum beheizbaren Hauses, da sie selbst unter der Bettdecke noch zittert und die Finger so klamm sind, daß sie nicht einmal die Tastatur der Schreibmaschine bedienen kann, muß ein Warmluftwerfer her, den ihr der hilfsbereite Helmut Sakowski besorgt. Der bereits mit zwei Nationalpreisen bedachte, arrivierte Autor, der außerdem Kandidat des ZK der SED ist, hatte sich sehr dafür eingesetzt, daß sie nach Neubrandenburg ziehen konnte. *Ein verwundbarer Riese*, sagt Brigitte Reimann über den warmherzigen, aber widersprüchlichen Freund, den sie studiert wie eine Romanfigur.

So ganz allein gelassen ist sie ja nicht in Neubrandenburg. Kurz vor Weihnachten hatte sie mit einmonatiger Verspätung ein Brief von Christa Wolf erreicht, der ihr Mut machte. Waren zuvor nur spärliche Mitteilungen hin und her gegangen, wird dies jetzt der Auftakt zu einem regen Briefwechsel. Christa Wolf läßt sich nicht nur auf Brigitte Reimanns Sorgen ein, sie ist auch diejenige, die das ganz Persönliche in größeren Zusammenhängen sieht.

Über Christa Wolfs Auffassung, daß Ortswechsel einen Ersatz für Aktivitäten anderer Art, die einem verwehrt sind, darstellen, denkt Brigitte Reimann lange nach. Sie findet andere Begriffe dafür: *Mutprobe* und *Hoffnung*. *Ich wünschte wirklich, ich wäre endlich mal zu Hause,* wird sie Ende Januar 1969 an Christa Wolf schreiben. Ihr *Gefühl, provisorisch zu leben*, führt sie – anders als die Brieffreundin – auf *subjektive Ursachen* zurück. Sie hofft, in Neubrandenburg friedlicher leben zu können: *nicht mit gesträubtem Fell und spitzen Krallen.*

Neben Brigitte Reimann wohnt der Erste Sekretär der SED-Kreisleitung Neubrandenburg, Gerhard Müller, und durch ein Machtwort von ihm bekommt sie einen Gasofen, der die Wohnung endlich warm macht. Der Nachbar nimmt sich Zeit für sie, erklärt ihr die Stadt.

Bald ist sie unterwegs auf dem *nettesten* Weg in die Stadt, spaziert über den Wall, durchs Stargarder und durchs Anklamer Tor, das zu einer *verwunschenen Gasse* führt. Sie verliebt sich auf Anhieb in die *putzigen kleinen Wiek-*

häuser in der Stadtmauer und hat ihren Bäcker und ihren Fleischer gefunden. *Diese Gegend zeichnet sich durch Lust am Essen und Trinken aus,* weiß sie schon Ende Dezember 1968. *In jeder Gasse drei Schnapsläden. [...] Und was ich hier schon an Schnaps ausgeschenkt habe! Mein Vorrat an Bergmannsschnaps ist alle, und dabei hat sich jetzt herumgesprochen, wie gut der Bergmannsschnaps bei der Reimann schmeckt.* Sie kommt mit den Leuten ins Gespräch, mag die Mentalität der Mecklenburger, ihren Stolz vor allem – den auf den Cognac der »Stammarke extra« ebenso wie den auf die sorgsam restaurierten Wallanlagen. *Hier läßt man sich noch Zeit, des langen und breiten zu schwatzen, man ist neugierig und zeigt es auch.*

Hoyerswerda war ihr zuletzt wie ein *mißglücktes Experiment* vorgekommen, Neubrandenburg scheint ihr *ein Königreich.* Natürlich gehört die bekannte Schriftstellerin bald zur Stadtprominenz, die zum Empfang geladen wird, als Neubrandenburg »kreisfreie Stadt« wird, und sie hat – gemeinsam mit Jon – *einen Mordsspaß* dabei, läßt sich von dem Schriftsteller Otto Gotsche küssen, den sie zu anderen Zeiten schon kritischer sah. Ihr Wunsch, endlich eine Heimat zu haben und von anderen angenommen zu sein, taucht alles in ein rosiges Licht.

Nur eines stört sie: die Fragen nach einem *Roman über Landwirtschaft, über unsere Bäuerinnen, über die Probleme der Kooperation,* wie sie Christa Wolf Ende Januar schreibt. Nein, auf dem Bitterfelder Weg will sie nicht noch einmal gehen – und in dieser anscheinend weiterhin schematisch verstandenen Weise schon gar nicht.

Brigitte Reimann beginnt ihr Leben in Neubrandenburg voller Hoffnungen und zeitweise sogar euphorisch. Selbst die führenden Funktiönäre erscheinen ihr hier als umgänglichere, offenere Menschen: *Sie sind mich besuchen gekommen, haben einen getrunken, mit meinen Uhren gespielt,* notiert sie arglos. Füllen sich so ihre Stasi-Akten? Wer von den Besuchern hat den Grundriß ihrer Wohnung samt

Anordnung ihres Mobiliars für den OPV »Denker« gezeichnet? Flirtet sie wieder mit der Macht? Immer noch oder schon wieder hat sie Illusionen, auch die über ein anderes, vorbildliches Verbandsleben der Schriftsteller.

Als die Neujahrsglocken läuten, ist sie freilich einsam, wünscht sich für das Jahr 1969 Frieden, ein abgeschlossenes Buch, die Liebe und Treue von Jon. *Und daß ich noch lebe, nächstes Jahr um diese Zeit.*

Sie wird noch leben ein Jahr später – aber unter welchen Qualen! Mit dem Buch wird es vorerst nichts, wie schon angedeutet. Sie unternimmt immer neue Anläufe, um *wieder zum Sprachstil der ersten Kapitel zurückzukehren.* Jon reist immer seltener aus Boxberg an. Brigitte Reimann ist nervös, trinkt Wodka und raucht *hundert Zigaretten,* obwohl die Ärzte sie nach der Krebsoperation vor dem Rauchen und Trinken gewarnt hatten. Sie beginnt eine Romanze mit einem Rundfunkjournalisten. *Der Reiz besteht im Suchen, im Beginn, den ersten Küssen – noch mehr in dem Augenblick vorm ersten Kuß. Danach kommt nur in Frage: Liebe oder Abschied. Und Liebe? Aber nein.*

Sie sucht sich Leute, mit denen sie etwas unternehmen kann, die Schriftstellerin Margarete Neumann zum Beispiel. Eine Tagebucheintragung vom 1. April 1969 liefert ein Kurzporträt: *Eine originelle Person. Sie kommt mich oft besuchen, manchmal finde ich: zu oft. Sie redet so viel und so schnell [...] und steckt voller Klatschgeschichten und ist selbst Gegenstand lebhaftesten Klatsches. [...] Jedenfalls eine vitale Frau und in ihrer Art tapfer, schlägt sich so durchs Leben mit ihren Kindern (jedes von einem anderen Mann), ist begabt und hat nicht den gebührenden Erfolg, haust da draußen im Wald und marschiert jeden Tag zehn Kilometer [...]* Margarete Neumann schleppt Brigitte Reimann in die Neubrandenburger Nachtbar, durch Restaurants und Cafés. Auf diese Weise kann sie einen Flirt durch einen anderen ersetzen, wenn er ihr auf die Nerven geht. Wenn sich ihr Gewissen meldet, hat sie wohlanständige Begründungen parat: Sie sammelt ja Stoff für ihren Roman. Mit *ihrem kleinen Beatnik W.* zum Beispiel führt sie stundenlange Diskussionen über die ganz anderen Lebensziele seiner Generation. Sie wirft ihm vor, daß sich bei ihm alles nur ums Geld dreht, daß er nur seine vorgezeichnete Karriere vor Augen hat: *Wo wir unsere Ideale hatten (vielleicht falsche, vielleicht mißbrauchte), ist bei denen ein Vakuum, das manche ausfüllen mit Hilfe von Familie, Frau, Kindern, Häuslichkeit. Die sind groß geworden in den Jahren, als wir (wieso denn »wir«?) ihnen nichts geboten haben an Zielen als Wohlstand, das Schlagwort »den Westen überholen«, Pragmatismus statt Ideen*, notiert sie im April und stockt zum erstenmal bei dem Wort »wir«.

Zum Wir der Schriftstellergemeinschaft, deren freizügigeres Leben Außenstehenden wohl etwas exotisch vorkommt, bekennt sie sich allerdings weiterhin gerne. *Die Maggy mit ihren merkwürdigen Liebschaften, Jochen mit seinen kleinen Mädchen und der roten Lampe über der Couch, Sakowski mit [...] den Berliner Lieben [...] Und nun werde ich auch noch so ein Sumpfhuhn [...]* Ihre Lebenslust ist zurückgekehrt, gepaart mit dem wütenden Vorsatz, sich nicht unterkriegen zu lassen – weder von der Krankheit noch von der Einsamkeit noch der Zerstörung ihrer letzten Illusionen von Wirkungsmöglichkeiten als Autorin.

Der VI. Schriftstellerkongreß, der vom 28. bis 30. Mai 1969 in Berlin stattfindet, setzt freilich eine Zäsur in ihrem Selbstverständnis als Schriftstellerin. Dort trifft sie auch Max Walter Schulz wieder, der das Hauptreferat hält. Spätestens seit er einen Offenen Brief an Martin Walser, der den Einmarsch der Armeen des Warschauer Paktes in die ČSSR verurteilt hatte, im ND veröffentlichte, weiß Brigitte Reimann, daß er längst nicht mehr jener *Joe* ist, den sie einst in Sacrow liebte. Völlig aufgelöst kommt sie vom Schriftstellerkongreß zurück und kann selbst im Tagebuch nur zögerlich von den Ereignissen dort berichten. Die Nacht, die sie mit Max Walter Schulz während des Kongresses verbringt, wird sie später die *Dämonen-Nacht* nennen. Von der tiefen Erschütterung, ihrer *verspielten großen Liebe Joe* als einem *massig gewordenen Karrieristen* wiederzubegegnen, der schwach, verzweifelt und in sich zerrissen ist und sich hergibt, Autoren wie Reiner Kunze und Christa Wolf für ihre Bücher anzugreifen und zu diffamieren, kann sie erst vier Monate später, im September 1969, in ihrem Tagebuch schreiben. Zu verwirrt ist sie wohl auch über die gegensätzlichen Gefühle, die sie selbst erlebt. Sie kann sich einer für Augenblicke erneut einsetzenden erotischen Anziehungskraft nicht entziehen und ist zugleich voller Mitleid und Abscheu über seinen Auftritt als Vizepräsident des Schriftstellerverbandes.

Trotz dieser schizophrenen Erfahrung kehrt Brigitte Reimann mit der Gewißheit zurück, daß sie fortan vor der Alternative steht, ihre kritische Sicht auf die gesellschaftliche Wirklichkeit zu verschweigen, sich einzurichten und zufriedenzugeben oder ihrem Gewissen zu folgen und für die Schublade zu schreiben. Sie gesteht sich ein, daß sie noch mit *zuviel Rücksichtnahme (auf mich, auf andere, auf Ämter, die Zensur)* schreibt und *nicht genug Mut [hat], ihre Existenz aufs Spiel zu setzen.* Gemeinsam mit Günter de Bruyn, den der Erfolg seines Romans »Buridans Esel« nicht glücklich gemacht hat, denkt sie über den Sinn des Schreibens neu nach. *Der Traum von einem Bündnis der Schriftsteller ist längst ausgeträumt*, lautet ihr Fazit Anfang Juni 1969. *Das ist gut oder schlimm. Das Beispiel CSSR ermutigt nicht zu Versuchen. […] Jedenfalls ist es tröstlich zu wissen, daß es verbindende Ansichten gibt zwischen diesen und jenen […]. Aus irgendeinem Grund bin ich in den letzten Jahren in diesen Kreis geraten, an Leute, die ich immer geschätzt, bewundert, deren Freundschaft und Vertrauen ich mir gewünscht habe. Sie finden mich verändert. Wieso, durch was verändert? [...] Habe ich denn irgendwas dazu getan? Unbehagen, ein stiller Widerstand – das ist doch noch keine Haltung.*

Vielleicht aber doch? Vielleicht verbindet diese Autoren so etwas wie die Sehnsucht nach Offenheit und den Austausch von Informationen?

Mitte Mai hatte Brigitte Reimann die Wolfs in Kleinmachnow besucht. Als am Abend die Schriftsteller Jeanne und Kurt Stern dazukamen, wurden auch Interna ausgetauscht: die streng geheim gehaltene Liste der Redner zum VI. Schriftstellerkongreß, die ihre Diskussionsbeiträge – so vermutet Brigitte Reimann sicher zu recht – vorher vorlegen und zensieren lassen mußten. Am ersten Kongreßabend wird Brigitte Reimann einen Sekretär damit aus der Fassung bringen, daß sie ihn fragt, ob für den zweiten Tag ein Zwischenruf eingeplant sei. Durch diese Freunde kann Brigitte Reimann hinter die Kulissen blikken, diesmal von der anderen Seite als fünf Jahre zuvor, als sie von hohen Funktionären protegiert wurde. Sie sind alles andere als Verschwörer, Brigitte Reimann, Günter de Bruyn, Reiner Kunze oder Christa Wolf, doch sie verbindet ein Verständnis von Literatur und von ihrer Aufgabe als Schriftsteller, das dem der *alten Herren der Partei-Prominenz* entgegengesetzt ist. Anstatt von den ZK-Funktionären zitiert zu werden, wird sie auf dem VI. Schriftstellerkongreß geschnitten. Selbst *Gotsche ist merklich kühl.* Brigitte Reimann hat das »Lager« gewechselt. Sie muß erleben, wie der Gedichtband »sensible wege« ihres Freundes Reiner Kunze von Max Walter Schulz öffentlich als »Bündnis mit dem Antibolschewismus« abgekanzelt wird, wie die Lyriker der Anthologie »Saison für Lyrik« im politischen Kreuzfeuer stehen, wie Alfred Wellms Roman »Pause für Wanzka« – erst zwei Jahre auf Eis gelegt, dann doch gedruckt – erneut als »skeptizistisch« und »resignativ« kritisiert wird. Günter Kunert, Eduard Claudius, Kurt Bartsch werden wie Feinde behandelt. Das Buch des Jahres aber ist Christa Wolfs »Nachdenken über Christa T.«, das von dem Verlust von Illusionen und Idealen erzählt und vom Tod. Es trifft den Nerv der Zeit. Die Leser warten ungeduldig auf dieses Buch, von dem sie schon gehört haben, aber der Mitteldeutsche Verlag liefert nur 4000 Exemplare aus. So wird »Nachdenken über Christa T.« zu einem jener »Geheimtips«, die nur unter dem Ladentisch zu haben sind oder von Westbesuchern unterm Jackett eingeschmuggelt und von Hand zu Hand weitergereicht werden. Reiner Kunzes »sensible wege«, die – da nur im Westen erschienen – gar nicht zu kaufen sind, läßt sich Brigitte Reimann vom Autor selbst schicken. Auch dieses Buch wandert weiter: an Günter de Bruyn und Christa Wolf. Die Gedichte, die Max Walter Schulz antikommunistisch und von »nacktem, vergnatztem Individualismus« geprägt nannte, sieht Brigitte Reimann ganz anders: *Die meisten sind sehr schön, sehr bewegend, manche wie Seufzer.* Alle in einem Buch vereint, empfindet die Prosaautorin sie allerdings *denn doch bedrückend, schlimmer als nur bedrückend.*

Ein Ausweichen vor der Arbeit am Roman und nicht nur nötige Brotarbeit ist die Beschäftigung Brigitte Reimanns mit einem Dokumentarfilm fürs Fernsehen. Anfang Juli beginnt sie das Exposé, Ende des Monats liefert sie es ab. Sie möchte mit diesem Film – ihr schwebt ein charmantes Porträt einer Straße vor – etwas von der ursprünglichen Utopie der »sozialistischen Menschengemeinschaft« aufspüren. *Eigentlich ist es ja eine Liebeserklärung an die Straße,* notiert sie. Am 17. August bringt sie die letzten Seiten des Rohdrehbuchs zur Post. Regisseur Bernd Scharioth verlangt ihr immer neue Fassungen des Drehbuchs ab. Ab Mitte September wird in Neubrandenburg gedreht. Als im Oktober die letzten Szenen aufgenommen werden sollen, muß das Fernsehteam vorfristig abreisen. Die Straße ist am 7. Oktober 1969 so voller Fanfarengeschmetter, Fahnen, Transparente und Plakate, die den 20. Jahrestage der DDR enthusiastisch feiern, daß Dreharbeiten nicht mehr möglich sind.

Brigitte Reimann hat gern mit Bernd Scharioth gearbeitet, denn der unkomplizierte Kontakt zu ihm und der Trubel der Dreharbeiten lenkten sie von dem Unglück mit Jon ab.

21
Endszenen einer Ehe

Ich brauche Leute, ich brauche – dies vor allem – die Nähe von Jon, schreibt Brigitte Reimann 1968 verzweifelt ins Tagebuch. Ohne ihn hat sie sechs Wochen zuvor die Erdgeschoßwohnung des Hauses in der Gartenstraße 6 bezogen. Zwar hatten sie immer getrennt wohnen wollen, aber natürlich nicht in verschiedenen Städten. Jon hatte – will man der Tagebuchschreiberin glauben – versprochen, seiner Frau nach Neubrandenburg zu folgen. Er soll eine Wohnung in einem noch im Bau befindlichen Neubaublock bekommen, aber die Arbeiten verzögern sich. Jon fährt immer seltener nach Neubrandenburg. Seine Arbeit läßt ihm wenig Freizeit, denn endlich hat er die Chance, sich beruflich zu entwickeln. Innerhalb eines Jahres hat er es in Boxberg vom Hilfstechnologen zum Ingenieur gebracht. Brigitte Reimann hat wenig Verständnis für seine Belastung. Sie fühlt sich einsam, sie wartet – nur das zählt für sie. Wenn Jon alle zwei bis drei Wochen am Wochenende zu ihr kommt, möchte sie ihn mit ihrem neuen Lebensumfeld vertraut machen, sie schleppt ihn zu Geselligkeiten und stellt ihm Leute vor, die ihn nicht interessieren oder die er gar nicht mag.

Das Paar lebt sich allmählich auseinander, und Jon, der

das wohl eher spürt, zieht es vor, immer öfter ganz abzusagen. Die Ausreden, die er gebraucht, durchschaut Brigitte Reimann nicht. Sie ist beunruhigt, gibt sich aber mit seinen Ausflüchten zufrieden: ein Computer ist kaputt, Jon hat Herzbeschwerden oder andere gesundheitliche Probleme. Erst im Januar 1970, als beide sich längst getrennt haben, wird Brigitte Reimann sich rückblickend eingestehen, daß sie selbst nur *mit Unbehagen* an seine Übersiedlung nach Neubrandenburg dachte. Sie will ihren Roman weiterschreiben und braucht dafür ihren eigenen Lebensrhythmus.

In traurigen und verzweifelten Augenblicken raucht und trinkt sie wieder, sie stürzt sich weiter ins Neubrandenburger Nachtleben und beginnt allerlei kleine Abenteuer, die sie schnell wieder beendet, denn wenn sie fremde Männer mit ihrem Ehemann vergleicht, gewinnt immer Jon. Keiner habe, so findet sie, sein Format. Doch was tun mit der nach der überstandenen Brustamputation neu erwachten Lebenslust? *Wieder zwei Nächte, von denen ich Jon nichts erzählen darf,* vertraut sie am 1. April ihrem Tagebuch an. Fieberhafte Aktivitäten überdecken die Einsamkeit und die *Todesangst, wieder Krebs zu bekommen.*

Die Entfremdung zwischen Brigitte und Jon wächst. Am 24. März 1969 nennt Brigitte Reimann ihren Mann im Tagebuch zum erstenmal *mein lieber Herr.* Die Formulierung, so ironisch sie gebraucht wird, deutet auf innere Distanz, auch wenn Brigitte Reimann beteuert, daß ihr Ehemann selbst abwesend stärker sei als anwesende andere. Die mit Jon verbrachten Wochenenden sind voller Disharmonien. Er kommt abgehetzt von der Arbeit und müde von der langen Reise zu ihr. Wenn sie miteinander reden, fehlen ihnen die gemeinsamen Erlebnisse. Wenn sie sich wild umarmen, sitzt ihnen die Angst im Nacken: nachholen zu müssen, vorwegnehmen zu müssen. Über das, was ihn wirklich bewegt, spricht Jon nicht. Herzzerreißende Abschiedsszenen, eifersüchtige Streitereien über die Arbeit und Flüche auf das Wohnungsamt, das immer noch keine Wohnung für Jon hat, verdecken, daß sie sich innerlich immer mehr voneinander entfernen. Brigitte Reimann verpackt ihre Geständnisse, Verehrer zu haben, in Problemdiskussionen. Sie sagt nicht: »In mich ist der kleine Beatnik W. verliebt«; sie diskutiert mit Jon über die andere Generation, zu der W. gehört. Wie um die böse Entwicklung aufzuhalten, setzt Brigitte Reimann ein äußerliches Signal. Sie schneidet sich Anfang April die Haare ab, und *das ist [...] von Bedeutung, ich weiß nicht genau welcher. Es war am Tag nach der Ausschweifung in der Bar. Alle diese Männer, die mir ins Haar griffen ... Es war wirklich zu lang, bis auf den Hintern, [...] in meinem Alter. Jetzt reicht es bloß noch über die Schulterblätter.*

Die Tat wirkt wie ein Versuch der Selbstbesinnung, des Erwachsen-werden-Wollens und der Anpassung. Dabei weiß sie ja genau, daß die bürgerliche Norm ihre Sache nicht ist. Anfang Januar 1970 wird sie diese symbolische Handlung wiederholen, diesmal als Ausdruck der endgültigen Trennung von Jon: *Aber Franziska schneidet sich auch ihre langen Haare ab, als sie sich von ihrem Wolfgang getrennt hat.*

Als sie zu Ostern 1969 gemeinsam mit Jon ihre Schwester Dorothea und deren Kind in Rostock besucht, ahnt Brigitte Reimann zumindest etwas von Jons heimlichen Sehnsüchten nach einem geregelten Familienleben. Zu einem Gespräch darüber kommt es nicht. Er hatte ihr gegenüber stets betont, daß er keine Kinder haben könne. Sie hatte immer zugunsten ihrer schriftstellerischen Arbeit auf ein Kind verzichtet. Sie schienen sich mit diesen Tatsachen abgefunden zu haben und sind nicht mehr in der Lage, über eine Veränderung ihrer Gefühle miteinander zu reden.

Es bedarf äußerer Ereignisse, um die angespannte Eheatmosphäre explodieren zu lassen. Als Jon seine Frau vom VI. Schriftstellerkongreß in Berlin abholt, erwartet er offensichtlich ein erholsames Wochenende; sie aber ist überreizt nach den kulturpolitischen Angriffen auf ihre Kollegen und nach der *Dämonen-Nacht* mit Max Walter Schulz, die sie zusätzlich mit einem schlechten Gewissen belastet. Sie hat ihre einstige Liebe *Joe* intim als ein zerknirschtes Bündel erlebt und öffentlich als einen Hardliner oder zumindest Handlanger dogmatischer Kräfte. Sie hat Dinge gehört, die sie für ihre weiteren Veröffentlichungen das Schlimmste befürchten lassen. Die Situation zwischen Brigitte Reimann und Jon eskaliert in einer *schrecklichen Szene,* über die die Tagebuchschreiberin Anfang Juni 1969 keine Einzelheiten berichtet, wohl aber, daß zwischen ihnen zum erstenmal das Wort »Scheidung« fällt.

Nicht nur Brigitte Reimanns Selbstverständnis als Schriftstellerin ist nun erschüttert – immerhin schreibt sie seit über fünf Jahren an einem Roman, ohne daß abzusehen ist, wann er fertig wird –, sondern auch das als Ehepartnerin. Glaubt man ihren Äußerungen von Selbstzweifeln, muß Jon ihr *stahlharten Egoismus* vorgeworfen haben. Sie *[ge]brauche und verbrauche andere Menschen, kann niemanden länger als für ein paar Stunden in [ihrer] Nähe ertragen.* Nach zwei Tagen voller Vorwürfe und erbittertem Streit in Neubrandenburg ist der Abschied bei Abfahrt des Zuges dramatisch. Sie können sich eben noch unter Tränen zurufen: *Aber ich liebe dich doch, es wird wieder gut werden.*

In Wirklichkeit ist dieser Zug bereits abgefahren. Während Brigitte Reimann allein den Frühling in ihrem Garten mit allen Sinnen entdeckt hat: wie die Hyazinthenspitzen aus der Erde treiben, der Jasmin sich belaubt und Maiglöckchen im Dickicht zu blühen beginnen, ist Jon längst bei einer anderen. Ist er aber ausnahmsweise bei seiner Frau, muß von ihm etwas ausgehen, was die sonst so unternehmungslustige Brigitte lähmt. *Hinterher, wenn er wieder fort ist, reut es mich: ich verbrauche meinen Vorrat an Elan und Charme für fremde Männer. Das ist auch eine Form von Betrug.*

Ob Betrug oder nicht: am 5. Juli 1969 beschreibt Brigitte Reimann eine merkwürdige Szene. Jon ist wieder einmal für zwei Tage da, arbeitet aber die ganze Zeit an einem Programm für den Bauablauf. Sie läßt sich inzwischen von ihrem neuen Freund Jürgen im Dunkel des Kinos die Hand auf die Schulter legen und gibt vor, das Erlebnis fehle ihr für eine Szene im Roman. Als die beiden aus dem Kino kommen, schleichen sie gemeinsam ums Haus herum und blicken durchs Fenster, wo Jon konzentriert über seinen Papieren sitzt.

Für Brigitte Reimann wird diese Episode zum Sinnbild ihrer inneren Entfernung von Jon. Er ist ihr fremd, als säße er nicht ein paar Meter von ihr entfernt, sondern auf einem anderen Stern.

Der rund zehn Jahre jüngere Jürgen ist zwar ein angenehmer Begleiter, aber doch kein ernsthaft in Frage kommender Verehrer, denn er ist *sehr gut erzogen, höflich und liebenswürdig und, mag sein, ein bißchen linksrum, wenigstens potentiell.* Die Frau, die zwar bewundernde Männerblicke genießt, es aber haßt, als Sexualobjekt betrachtet zu werden, fühlt sich in einer Beziehung zu einem Mann, der offensichtlich für sie keine Gefahr darstellt, wohl. »*Die Königin und ihr Page*«, sagt Margarete, *aber das trifft es nicht ganz.* Jürgen wird ihr *ständiger Begleiter*, mit dem sie auf Partys geht, durch Bars streift, Motorboot fährt, frühstückt und der sie in Kleidungsfragen berät. Liest man das Tagebuch, entsteht der Eindruck, als wäre sie – zu Jons Verdruß – Hand in Hand mit ihm durch die Gegend gelaufen. Gänzlich geschwisterlich ist die Beziehung jedoch nicht, ab und an werden Zärtlichkeiten ausgetauscht.

Wieder befindet sich Brigitte Reimann in einer Dreiecksbeziehung, diesmal allerdings von ganz anderer Art als alle vorangegangenen. Natürlich muß Jon diesen Jürgen ärgerlich finden, das Band, das ihn mit seiner Frau hauptsächlich verbindet, ist eine sexuelle Hörigkeit. Jürgen sticht ihn aus mit dem, was Jon ihr inzwischen nicht mehr geben kann: mit freundschaftlicher Zuwendung, Zärtlichkeit, Fröhlichkeit, unbeschwerter Gemeinsamkeit. Manchmal sitzen beide in diesem Sommer des Nachts auf der Terrasse, *es ist ganz still, [...] wir hören Musik, Jazz oder diesen melancholischen Beat, und die Bäume stehen wie eine schwarze Mauer und spielen Wald, und ich fühle mich einsam, dabei aufgehoben und beschützt.* Ist Jürgen für sie *der kleine Freund, ein Spielzeug – im Falle böser Laune zum Kaputtmachen,* wie sie selbst mutmaßt? So hatte sich Brigitte Reimann die Beziehung anfangs wohl gedacht, doch Jürgen weckt bei der reifen Frau offensichtlich erneut die Entdeckerfreude. Sie schwärmt: *Es ist zauberhaft, so einen Jungen zu küssen, er hat noch ganz weiche Haut [...] und zarte Lippen. Manchmal küßt er mich auf den Hals oder streift nur so mit den Lippen mir übers Gesicht – das können [...] erwachsene Männer nicht.*

Am Vorabend von Brigitte Reimanns sechsunddreißigstem Geburtstag spielt sich ein weiteres Drama zwischen Jon und ihr ab. Sie liegt verzweifelt den ganzen Tag im Bett; Jon sitzt als *der steinerne Gast* neben seiner depressiven Frau und starrt an die Decke. *Zehn Stunden Schweigen, das ist die Hölle. Wenn ich nur wüßte, was uns zugestoßen ist,* fragt sie sich. Jon ist in der Nacht wieder abgereist – als *ein fremder Mann.*

Jürgen aber leistet ihr auch an diesem Tag Gesellschaft. Obwohl sie versuchen, ihr Verhältnis zueinander zu klären, bleibt vieles unausgesprochen. Aus Brigitte Reimanns Sicht ist Jürgen in sie verliebt. *Er sträubt sich heftig gegen mich, trotzdem kommt er immer wieder; ich sei »ein Zwang« für ihn, [...] und er habe mir nur deshalb noch keine Liebeserklärung gemacht, weil er fürchtet, er würde mich lang-*

weilen, wenn er verliebt ist. Aber das war ja schon eine Erklärung, sagte ich, und er war ganz verblüfft. Er ist sogar eifersüchtig auf den Regisseur Bernd Scharioth, der mit Brigitte Reimann an dem Dokumentarfilm über die Neubrandenburger Turmstraße arbeitet. Im Oktober werden sie gemeinsam Reisepläne schmieden, mit Gedanken an Heirat spielen, sich küssen und schallend darüber lachen. *Merkwürdig, wie intim wir sind, ohne jemals intime Beziehungen gehabt zu haben.* Es scheint, als sei Jürgen für sie eine Art Machtprobe, die nur funktioniert, weil sie ihn nicht völlig beherrschen kann. Andererseits gesteht sie sich ein: *ich bin einfach schüchtern und verschreckt und versuche, meine Angst unter Frivolität zu verstecken.*

Ist Jürgen wieder einmal jemand, der ihre lebenslange Sehnsucht nach dem Bruder erfüllt, die ja ihr ganzes Werk durchzieht und besonders in der Erzählung *Die Geschwister* etwas *bittersüß Unheimliches* hatte, wie Bodo Uhse erkannte? Und hat nicht auch Günter de Bruyn das Inzestuöse der *Geschwister* erkannt und parodiert? Brigitte Reimann ist vor allem eine Frau der nicht eindeutigen, der gemischten Gefühle. Wie auch immer: In der Zeit, da die Ehe mit Jon zerbricht, ist Jürgen eine Art Zuflucht. Ihm kann sie sich in die Arme werfen, wenn Jon sie verletzt hat. Erst allmählich wird ihr bewußt werden, daß Jürgen tatsächlich homosexuell ist, und es wird ihr recht sein, hat sie doch die vielen verzwickten sexuellen Verwicklungen, die sie ruinieren, satt. Im April 1970 wird Jürgen Brigitte Reimann mit seinen Freunden bekannt machen. *Eine Welt für sich, mit merkwürdigen Bräuchen und Ritualen.* Und über ihre Beziehung zu Jürgen schreibt sie *Einen Namen haben wir dafür noch nicht gefunden.*

Die Ursache für die wachsende Krise zwischen Brigitte und Jon ist Jürgen ˌgewiß nicht, wohl aber ein weiterer Anlaß für Streitigkeiten. Die Spannungen zwischen den Eheleuten eskalieren im Hochsommer des Jahres 1969. Lange war Jon nicht nach Neubrandenburg gekommen.

Nur gelegentlich hatte er angerufen. Als sie wieder einmal versucht, ihn in Boxberg zu erreichen, antwortet am anderen Ende der Leitung eine Mitarbeiterin: »*Ich denke, er ist bei Ihnen?*« Die von der Arbeit am Filmdrehbuch entnervte Brigitte Reimann bricht zusammen und verfällt in Hysterie. Eine Nachbarin eilt zu Hilfe; ein Arzt wird geholt. Brigitte Reimann stachelt einen Genossen der Bezirkssleitung an und läßt nach Jon *fahnden*. Just in diesem Moment kommt endlich – Ironie des Schicksals – die Wohnungszuweisung für Jon.

Wo aber ist Jon? Er meldet sich am Tag nach der Suchaktion aus Boxberg und meint, *er habe sich eben mal für ein paar Tage ins Privatleben zurückgezogen*. Wie dieses »Privatleben« aussieht, erfährt Brigitte Reimann kurz darauf von ihm. Endlich ist Schluß mit den Lügen. Am 23. August notiert sie: *Meine Ahnungen, meine Angst … Die Wirklichkeit war schlimmer. Alles ist zusammengebrochen: Die ungeklärten, unausgesprochenen Widersprüche, die sich in einem Jahr angehäuft haben – alles mit einem Mal. […] Er kam abends, nachts lief ich weg – um der Wahrheit nicht ins Gesicht sehen zu müssen? –, irrte in der Stadt herum, wurde von einem Streifenwagen aufgegriffen, zum Arzt gebracht, rückte aus und lief Jochen in die Arme. Jon war abgereist.* Brigitte Reimann fährt ihm hinterher, nach Hoyerswerda. Er, inzwischen in Angst, daß sie sich etwas antun könnte, bringt sie nach Neubrandenburg zurück. Die »Aussprache« zwischen den beiden muß furchtbar gewesen sein. Zwischen den Zeilen des Tagebuchs ist zu lesen, daß Jon ihr vorgeworfen hat, sie sei zu anstrengend für ihn, er verstehe sie nicht mehr, er könne mit einer *Verrückten* nicht leben. Brigitte Reimann berichtet: *Irgendwann bin ich mit dem Messer auf ihn losgegangen, ich war entschlossen, ihn zu töten, aber der Bruchteil einer Sekunde, seine Augen – Ich weiß nicht. Ich war wahnsinnig. […] Drei Tage lang habe ich geweint und geschrien, ja, vor Schmerz.*

Brigitte Reimann durchlebt ein Martyrium, spricht von *zerschlagener Seele, kaputtem Körper,* einem *Herz in Fetzen* und von Selbstmord. Das Wort *untauglich* brennt sich ihrem Gedächtnis wie ein Kainsmal ein. Sie steht unter Schock, wagt sich nicht mehr auf die Straße, kann *nicht mehr sprechen, nur unartikuliert stammeln.* Sie übersteht diese Hölle nur mit Medikamenten.

Am 3. September weiß sie endlich *alles. Alles* bedeutet: Jon hat eine Geliebte. Erst gibt er vor, mit dieser Frau Schluß machen zu wollen, dann holt das Schicksal zum Schlag aus wie in den Liebestragödien banalster Art, die das Leben tausendfach zu bieten hat: Die Geliebte ist schwanger. Später wird sich herausstellen, daß sie da schon im dritten Monat gewesen sein mußte. War Jon wirklich ahnungslos, sein guter Wille, die Ehe mit Brigitte zu retten, echt? Jon entscheidet sich für die Geliebte und das Kind. Brigitte Reimann erleidet erneut einen Anfall. *Nein, ich konnte es nicht fassen, ich habe gelacht, und dann bin ich ohnmächtig hingefallen, und nachher konnte ich nicht mehr sprechen. [...] Diese Nacht und der folgende Tag werden mir von der mir zugedachten Zeit in der Hölle abgezogen.*

Erst Gespräche mit ihrer Schwester Dorothea, die auf ihren Hilferuf herbeieilt, lösen das Knäuel von Verwirrung und Fassungslosigkeit. Als sie Dorothea die Geschichte ihres Unglücks erzählt hat, sich aufgehoben weiß in der Geborgenheit ihrer Familie, findet sie wieder in den Alltag zurück. Ihre erste Handlung nach dem überstandenen Schock ist eine doppelte Befreiung: Sie nimmt die Arbeit am Roman wieder auf. Am Ende des Besuches der Schwester kann sie sagen: *Nun, ich bin noch nicht ausgezählt, obgleich ich diesmal zu Boden gegangen bin wie noch nie.*

Fortan läßt Jon sich nicht mehr blicken. Sie trennen sich für immer – am 11. September 1969 per Telefon. Sieben Jahre glühender Liebe, die in Erstarrung endeten, sind vorbei. Die Verlassene erkennt erst jetzt, daß sie sich ein Wunschbild von Jon zurechtgemacht hatte: *Ich habe einen Abenteurer geheiratet und finde einen Mann wieder, der sich nach Häuslichkeit, Kindern, einer fröhlichen, nicht anstrengenden Frau sehnt.*

Auch Christa Wolf, mit der sie sich im September in Berlin trifft, hilft ihr bei der Bewältigung ihrer Krise. Sie analysiert Jon und seine möglichen Motivationen, vermutet bei ihm Angst vor dem Risiko. Vor allem tröstet sie Brigitte Reimann mit dem Gedanken, daß die Ehe sowieso nicht mehr zu retten gewesen sei. Brigitte Reimann fühlt sich von ihr verstanden: *Merkwürdig, daß die gelassene und scheinbar kühle Christa ein so genaues Mitempfinden für die heftigen Gefühle anderer hat.* Aller Schmerz, aller Kummer, den sie überwinden müßte, meint Christa Wolf, wären später fürs Schreiben ein Gewinn.

Brigitte Reimann findet allmählich durch die Arbeit wieder zu sich selbst. Die Dreharbeiten zu dem Dokumentarfilm sind im Gange und lenken sie ab. Sie beteiligt sich an den hektischen Aktivitäten der Leute vom Fernsehteam, auch wenn sie manchmal dabei noch die Nerven verliert. Ihr Freund Jürgen ist ständig um sie. *Ich sehe uns schon, intim wie ein altes Ehepaar, geruhsam in der Bude hocken (ein Ehepaar allerdings, das die Etappe der erotischen Beziehungen übersprungen hat),* witzelt sie Ende September.

Sie glaubt, nun das Schlimmste überstanden zu haben, stürzt sich in Bankette und Empfänge zum 20. Jahrestag der Republik, verfällt in eine wilde, schrille Lustigkeit und läßt sich auf Liebeleien und Amouren ein. Doch genügen Kleinigkeiten, um die dünne Schicht ihrer Selbstbeherrschung einbrechen zu lassen, vor allem dann, wenn etwas sie an Jon erinnert: Beethovens Klavierkonzert Nr. 5, das sie oft und gerne gemeinsam hörten, ein Foto von ihm zwischen Tagebuchseiten. Jons Konterfei auf ihrem Schreibtisch hat sie längst durch ein Foto von Boris

Pasternak ersetzt. Sie will Jon überwinden, denkt aber bei allem an ihn.

Selbst ihren eigenen Körper betrachtet sie mit den Augen des Mannes, den sie vergeblich zu hassen versucht. Nur für Augenblicke empfindet sie die Wut, die sie befreien könnte. Im Februar 1970 wird die Frau, die der Krebs vorübergehend wieder aus den Klauen gelassen hat, so daß sie etwas rundlicher geworden ist, daran denken, daß dies die Figur ist, die sie nach ihrer Sibirienreise hatte und die Jon so mag. Kommen Bekannte aus Hoyerswerda zu Besuch, hofft sie, von Jon zu hören. *Nachts überfällt mich, was ich tagsüber beiseiteschiebe. Ich träume Liebe und Hoffnung und Heimkehr, und zuletzt rase ich die Treppen hinab, rüttele an einer verschlossenen Tür und schreie vor Angst.*

Geschieden sind sie noch nicht; beide sind mit anderen Dingen beschäftigt. Brigitte Reimann kämpft gegen die Schmerzen, gegen die Krankheit, die erneut ihren Körper zerfrißt; Jon zieht mit der anderen Frau zusammen und wird im März 1970 Vater. In den Telefonaten, die Brigitte und Jon führen, geht es um sachliche Probleme. Brigitte Reimann braucht den einzig vorhandenen Durchschlag eines Manuskripts, der bei Jon liegt. Sie hat keine Geldreserven mehr; mit dem Verkauf ihres Wagens, den Jon noch hat, könnte sie sich finanziell eine Weile über Wasser halten.

Aber Jon läßt sich reichlich Zeit mit der Gütertrennung, schickt das Manuskript nicht, rückt den Wagen nicht heraus. Was hilft es da, daß alle Freunde auf ihrer Seite sind, daß Hermann Henselmann *dieses Subjekt, diesen Intellektuellen ohne Intelligenz, der jedes Risiko scheut*, von Anfang an durchschaut und verabscheut hat, daß Christa Wolf, Dieter Dreßler, Margarete Neumann, Günter Ebert, ihre Mutter und ihr Bruder Ludwig schon immer sahen, was sie nicht sehen wollte. *War ich denn blind? Das ist doch nicht möglich, daß ich nicht gesehen habe, was für so viele andere offen zutage lag*, muß sie sich im März 1970 fragen. *Nein, bei mir war er anders, ich bin sicher, oder habe ich ihn – für mich, für die Dauer unseres jeweiligen Zusammenseins – verändert, weil er versuchte, der Mann zu sein, den ich sah …*

Aus ihrem *Jon* ist *Herr K.* geworden, mit dem sie nur noch gelegentlich per Telefon unpersönliche Nachrichten austauscht, den sie am 27. November, seinem Geburtstag, der zugleich ihr Hochzeitstag ist, am liebsten erschießen würde. Dennoch, je mehr sie alle Hoffnungen auf Jons Rückkehr begräbt, um so mehr sehnt sie sich erneut nach ihm. Sie kann sich – gegen alle Vernunft – nicht von ihm lösen, pendelt zwischen Verzweiflung, Rachegedanken und zärtlichen Erinnerungen. *Und zum Teufel mit der Liebe (ich meine Jon, immer noch, wenn ich Liebe sage […]),* schreibt sie im Februar 1970.

Die letzten Szenen dieser Ehe spielen sich am Telefon ab. Im Mai 1970 ist die schwerkranke Brigitte Reimann Patientin der Krebsstation und wird mit der Kobaltkanone bestrahlt. Sie muß im Rollstuhl sitzen und kann der Vorladung zum Kreisgericht Hoyerswerda in Sachen Ehescheidung nicht nachkommen. Am 5. Juni 1970 hält sie im Tagebuch fest: *Am Montag sind wir geschieden worden. F. war zur Verhandlung und erzählte, daß Jon still bis niedergeschlagen war und sich bedauert – warum? Jetzt kann er doch, nach seinem Wunsch, »wie die einfachen Menschen« leben (so formulierte er es vor Gericht).*

Die in ihrer Abwesenheit vollzogene Scheidung setzt einen äußerlichen Schlußstrich unter ihre dritte Ehe. Überwunden hat sie die gescheiterte große Liebe nicht. Als sie im Juli endlich in ihr Auto steigen kann, packt sie ein *wahnsinniger wie körperlicher Schmerz.*

22
Schmerzen und Fluchtwege

Mit körperlichen Schmerzen muß Brigitte Reimann seit der Kinderlähmung leben. Die lädierte Hüfte und das leicht verkürzte Bein verursachen immer wieder Beschwerden, an die sie sich gewöhnt hat und die sie tapfer erträgt. Die erste Krebsoperation im September 1968 aber hat bei Brigitte Reimann nicht nur sichtbare Narben hinterlassen, sondern auch das Gefühl, eine *halbierte Frau*, das heißt sexuell nicht mehr attraktiv, zu sein. In ihr Unterbewußtsein hat sich außerdem Entsetzen, die Angst, den Krebs doch nicht überwunden zu haben, eingenistet. Ein Vierteljahr nach der Brustamputation hält sie im Tagebuch fest: *Letzte Nacht wieder ein gräßlicher Traum: im Gefängnis, in einem Keller, eine Gefängnisärztin, die mir sagt, ich sei von Krebs zerfressen, Operation nötig, aber Operation ohne Narkose; Gefühl hoffnungslosen Ausgeliefertseins. Ich wagte nicht wieder einzuschlafen, aus Angst vor Träumereien.*

Tagsüber gelingt es ihr oft, die Todesangst zu verdrängen, denn Unternehmungen mit neu gewonnenen Freunden und Bekannten in Neubrandenburg wecken in ihr wieder die alte Lebenslust. Sie ist entschlossen, sich nicht unterkriegen zu lassen. Die anhaltenden Sorgen und Ängste lassen sie dennoch abmagern. Sie wiegt nur noch 90 Pfund und mag nicht mehr in den Spiegel gucken, einmal nennt sie sich *katzendürr*. Doch immer häufiger stellen sich – neben dem üblichen Wechsel zwischen Euphorie und Depression – wieder Schmerzen ein, jetzt auch in Hals und Magen, und wie früher schon verraten körperliche Reaktionen ihre Angespanntheit. Als zum Beispiel Max Walter Schulz während des VI. Schriftstellerkongresses den Roman »Nachdenken über Christa T.« angreift, verläßt Brigitte Reimann Türen schlagend den Saal und erleidet draußen einen ihrer schlimmen Herzanfälle.

263

Vor allem aber die Spannungen mit Jon reizen ihre Nerven so, daß sie an manchen Tagen am liebsten jeden anschreien und beschimpfen möchte. Die ungewohnt strapaziöse Terminarbeit an dem Dokumentarfilm hat sie bereits an den Rand des Nervenzusammenbruchs gebracht, als es mit Jon zum Eklat kommt, der Brigitte Reimann in einen Zustand zwischen Raserei und Todeswahn bringt. Sie bricht völlig zusammen, hat mehrere Ohnmachtsanfälle, kann nur mit Spritzen und künstlichen Narkosen überleben. Anfang September 1969 erst ist sie in der Lage, den Gedanken an Selbstmord beiseite zu schieben. Obwohl sie Unmengen von Psychopharmaka schluckt, kann sie nachts nicht schlafen. Es ist, als stünde sie weiter unter einem Schock, der sich erst allmählich löst und im Oktober in *wilde Lustigkeit* und *Hysterie* mündet.

Am 18. Oktober schreibt sie das erstemal von Schmerzen in der Wirbelsäule, die *schauerlich weh tun* und sie tagelang ans Bett fesseln. Noch trägt sie es mit Fassung und sogar mit Galgenhumor. Sie sieht sie sich selbst als eine lädierte Porzellanfigur *mit hundert Sprüngen und immer wieder mühsam gekittet.* Obwohl sie die Schmerzen in der Wirbelsäule zunächst als Spätfolgen der Kinderlähmung deutet, ahnt Brigitte Reimann schon Schlimmeres. *Ach nun, alt werde ich wohl sowieso nicht; dieser lästige Körper, dies Gefäß wird mir einen Streich spielen. Wenn ich nur Gefühl und Gehirn wäre – ohne den Ballast von Muskeln, Nerven, Knochen, all das Zeug, das Schmerzen haben, sich verändern, bösartig werden kann...,* schreibt sie im Oktober 1969.

Die wochenlang anhaltenden Schmerzen machen die Einsamkeit nach der Trennung von Jon noch unerträglicher. Sie beginnt wieder zu trinken, um sich zu betäuben, Seelenschmerz und Rückenqual zu vergessen. Von Freunden und Bekannten zieht sie sich zurück. Christa Wolf aber schüttet Brigitte Reimann im November ihr Herz aus: *Es ist schrecklich, in so einen zerbrochenen Körper einge-*

sperrt zu sein. Bei jeder Bewegung könnte ich schreien vor
Schmerz. Und das soll nun von Jahr zu Jahr schlimmer
werden und schließlich in die Matratzengruft führen. Zwei
Wochen später – die Post war damals langsam, und für
die Briefe an Christa Wolf interessieren sich auch andere
Stellen – liest ihr Christa Wolf die Leviten: »Was heißt
hier Matratzengruft? Verflucht noch mal, es gibt doch irgendwelche speziell ausgebildeten Medizinmänner. Also
wirst Du Dich mal zu einem solchen hinbemühen. Wenn
ich selber wieder bewegungsfähig bin, komme ich mit
Auto und fahre Dich zu einem solchen.« Sie empfiehlt
ihr eine Klinik in Mahlow, »wo die Menschen freundlich
sind und Besuch in der Nähe«.

Ins Krankenhaus Mahlow begibt sich Brigitte Reimann
erst im Januar 1970, als sie von den Schmerzen schon völlig zermürbt ist.

Langsam beruhigen sich ihre Nerven. Sie bekommt er-
munternde Post von Reiner Kunze und Besuch von
Freunden wie Günter de Bryun. Aber die Rückenschmerzen verschlimmern sich, so daß sie über die geplanten vier
Wochen hinaus im Krankenhaus bleiben muß. *Manch-*
mal lebt die Krebsangst wieder in mir auf, schreibt sie Anfang Februar 1970 im Tagebuch, *überflüssig, so oder so:*
wenn diese Schmerzen tatsächlich ein Signal wären, dann
wäre das Todesurteil schon ausgesprochen, Jammern also
sinnlos.

Während sie sich auf die Entlassung aus dem Krankenhaus freut, voller Hoffnung und guter Vorsätze für ihren
Roman ist, deuten ihr die Ärzte einen *gewissen Verdacht*
an. Am 16. Februar eröffnet ihr der Chefarzt anhand der
Röntgenaufnahmen, daß sie eine Geschwulst im Bauch
habe. Die Nachricht trifft sie so, daß sie nicht einmal
heulen kann. Trotzdem hofft sie, daß es ein gutartiges
Myom sei, daß mit seiner Entfernung alle Schmerzen
verschwinden. Der schlimmeren Möglichkeit, *Krebs im*
letzten Stadium, sieht sie mit unglaublicher Tapferkeit

ins Auge. Die Ärzte lassen der Patientin gegenüber durchblicken, daß sie Knochenkrebs befürchten, beruhigen sie dann aber mit der Nachricht, daß keine Anzeichen von Metastasen zu entdecken seien. Die weitere Krankengeschichte der Brigitte Reimann wird zeigen, daß entweder die Untersuchungsmethoden der Mediziner versagten oder daß sie davor zurückschreckten, der Patientin die ganze Wahrheit mitzuteilen.

Als sie im Februar 1970 aus dem Oberlinhaus in Mahlow entlassen wird, hat sie sich erholt, ist guter Dinge, lebt vorübergehend ohne ihre heißgeliebten Karo-Zigaretten und ohne Alkohol sehr gesund. Auch psychisch ist sie genesen. Das Krankenhaus wirkte wie ein geschützter Raum, in dem sie Kräfte sammeln konnte. Sie ist dankbar, weil sie neue Menschen kennengelernt hat und sich bei ihnen geborgen fühlen durfte.

Trotz des Verdachts der Ärzte glaubt sie, geheilt zu sein. Sie lebt auf, nimmt ihre Umwelt wieder stärker zur Kenntnis. Die Tagebuchnotizen von Anfang März 1970 enthalten treffende, scharfsichtige Beschreibungen der katastrophalen Wirtschaftslage der DDR in jenem endlosen und kalten Winter. Die Energieversorgung droht zusammenzubrechen; viele Haushalte bleiben ohne Brennholz und Kohlen. Gerüchte über drohende Unruhen unter der Bevölkerung machen die Runde. Brigitte Reimann bezweifelt, daß es dazu kommen kann. Sie kommentiert ironisch: *Geduld ist die hervorstechendste Eigenschaft »unserer« Menschen. Es wird geschimpft, es kursieren Witze, im übrigen gibt es keine Anzeichen für eine Stimmung, die mit einem stärkeren Wort als Unzufriedenheit zu bezeichnen wäre.*

Gleichzeitig versucht sie, ihr Selbstverständnis als Schriftstellerin neu zu definieren, und bilanziert ratlos: *Also: ich weiß nichts von meinem Volk, meinen Zeitgenossen und möglichen Lesern. Kenne Kleinbürger und Funktionäre und korrumpierte Schreiber und verbitterte Schreiber und bin selbst von allem etwas. Ich weiß nicht, was ich will, und wenn ich etwas will, weiß ich nicht, mit welchen Mitteln es zu erreichen ist. Und was Politik angeht – also diesen Staat, diesen Sozialismus – bin ich bald hochmütig (abseits, allein, kritisch, krittelnd, skeptisch), bald fühle ich mich jämmerlich, unentschlossen, tief im Unrecht. Ein kleinbürgerlicher Schriftsteller. Wer sind die Leute um mich herum? Wie fühlen sie sich, wo stehen sie [...]?*

Trotz der skeptischen Selbstanalyse registriert sie die politischen Entwicklungen mit großem Interesse; zum Beispiel die heftige Aufregung bei den einen, die hoffnungsvolle Freude bei den anderen, als Willy Brandt und Willi Stoph sich am 19. März 1970 in Erfurt treffen und der Jubel der Menge zum Balkon des Hotels »Erfurter Hof« hochbrandet, wo der Staatsmann aus dem Westen der Bevölkerung des Ostens zuwinkt. Brigitte Reimann bedauert, dieses historische Treffen nicht hautnah mitzuerleben.

Obwohl sie sich schon am 22. März kaum noch bewegen kann, versichert sie besorgten Freunden, daß sie gesund sei. Aber sie ist darauf angewiesen, daß andere für sie einkaufen und mit ihr zum Arzt fahren, und sie empfindet es als demütigend, ständig Bekannte um Hilfe bitten zu müssen. Jürgen hilft ihr und Günter Ebert, der Parteisekretär des Neubrandenburger Schriftstellerverbandes, den Brigitte Reimann sehr schätzt: *Bei ihm hat solche Hilfeleistung etwas mit Herz zu tun, und deshalb geniere ich mich auch nicht bei ihm.* Währenddessen scheint es, als breite sich der Krebs im Körper Brigitte Reimanns im gleichen Maße aus, wie Jon die letzten Bindungen und Erinnerungen an seine Geliebte und Ehefrau zerschlägt.

Ende März 1970 plagen Brigitte Reimann wieder *mörderische Schmerzen,* die nur durch Spritzen betäubt werden können. Die Ärzte sprechen von Bandscheibenvorfall und weisen sie erneut ins Krankenhaus ein. Läßt die

Wirkung der Spritzen nach, würde sie vor Qual *am liebsten aus dem Fenster springen.* Anfang April erfährt sie, daß sie demnächst nach Berlin-Buch verlegt werden soll. Das bedeutet: Robert-Rössle-Klinik, das bedeutet: Krebs, aber sie gesteht sich diese Konsequenz nicht ein. Die Gedanken daran verscheucht sie durch intensive Arbeit am Roman. Viele Besucher stellen sich ein: die Eltern, der Bruder Ulrich, Margarete Neumann und gute Bekannte wie die Schmidts aus Hoyerswerda. Über Christa Wolfs Zuspruch freut sie sich besonders: *just als ich das Heulen hatte [...], rief sie an und sagte, ich solle die Ohren steif halten und nicht vergessen, daß es Leute gibt, die sich Sorgen um mich machen und die wünschen, daß ich wieder gesund werde und arbeiten kann.*

Arbeiten kann sie im Dreibettzimmer in der Robert-Rössle-Klinik in Berlin-Buch vorerst nicht. Von den Nebenbetten tönen pausenlos Gejammer, Schlagergedudel, und eine Diakonisse hört *salbungsvolles Gequassel über Hirten und deine und meine Schafe.* Brigitte Reimann sehnt sich danach, dieser Umgebung und ihrer Krankheit so schnell wie möglich zu entkommen: *Ich möchte tausend verrückte Sachen machen, wenn ich hier wieder raus bin, und tausend Kneipen abklappern und auf der Theke tanzen, und Blumen säen und an meinem Buch schreiben, und eine Menge Männer abküssen und rasend schnell Auto fahren.*

Statt Auto zu fahren, muß Brigitte Reimann im Mai 1970 im Rollstuhl sitzen. Die lebenslustige Frau ist an ein Gefährt für Invaliden gefesselt, ohne das sie an den schönen Frühlingstagen von der freien Natur gänzlich abgeschnitten wäre. Aber sie bekommt endlich ein Zimmer für sich allein. So kann sie an *Franziska Linkerhand* weiterarbeiten. Zwischen den Bestrahlungen aus der Kobalt-Kanone sitzt sie im Rollstuhl in der Sonne. Sie kann die Strahlentherapie nur mit Hilfe von größeren Mengen

Kognak überstehen. *Die ersten Male hatte ich gräßliche Angst unter dieser Kobald-Kanone. Es war gemütlich wie in einem Inquisitionskeller, lauter fremde und bedrohlich summende Maschinen, und Ärztin und Physiker mit Bleischürzen, während ich nackt und bloß dem Beschuß ausgesetzt war ... manchmal denke ich, daß ich in Wirklichkeit Krebs habe,* notiert sie am 9. Mai, und man merkt, daß sie sich immer noch nicht eingesteht, wie schlimm ihre Situation ist.

Die Eltern, die sie in der Klinik besuchen, bieten ihr an, sie wieder bei sich aufzunehmen, doch sie lehnt ab: *Es käme einer Kapitulation gleich. Eine zerstörte Ehe, ein unfertiger Roman, die Flucht zurück (Effi Briest 1970). Es wäre das Eingeständnis, daß ich im Leben versagt habe.*

Nicht nur die Eltern kommen, auch Christa Wolf besucht sie, versorgt sie mit Leckerbissen und Büchern, und gewiß amüsieren sie sich gemeinsam über die im Vorfeld des nächsten ideologischen Plenums verbreitete Parole »Überholen, ohne einzuholen«, mit deren Hilfe man den Westen überflügeln will. Wahrlich eine Kabarettnummer, die von SED-Genossen zäh theoretisch untermauert wird.

Anfang Juni, kurz nachdem Brigitte Reimann von Jon geschieden wurde, wird sie – es heißt: für vier Wochen – aus der Klinik entlassen. Die Spritzen, die sie vorher zur Mobilisierung ihrer Abwehrkräfte bekommt, verträgt sie nicht. *Muß sich um injizierte Beulenpest gehandelt haben, der Wirkung nach zu urteilen.*

Aus den vier Wochen Urlaub vom Krankenhaus läßt Brigitte Reimann Monate werden. Sie genießt in vollen Zügen das gestundete Leben, erlebt mit allen Sinnen die Natur. Sie kostet die ersten Erdbeeren, hegt und pflegt ihre Gartenblumen, entdeckt eine Tigerlilie, erfreut sich an sanftem Regen nach drei Wochen Hitze und Dürre. Sie stürzt sich in Geselligkeiten, aufregende erotische Spiele

und Liebeswirren, besucht sogar wieder die Vorstands-
sitzungen des Schriftstellerverbandes. Sie sitzt mit dem
charmanten Jürgen oder mit Margarete Neumann in der
Hotel-Bar, im Tanzlokal Cosmos, in Cafés und tanzt
mit schwulen Jungs. Sie lebt fieberhaft. *Zuviel Zigaretten,
zuviel Schnaps, zuviel Männer,* registriert sie im Tagebuch. Wie einst mit Jon macht sie lauter dumme Streiche:
läßt rote Spielzeugpropeller vorm Kulturhaus steigen,
klaut Sonnenblumen und vertauscht Ladenschilder. Über-
mütige Mitspieler sind vor allem Jürgen und Christoph.
Christoph, von Brigitte Reimann bald Chris genannt,
macht Jürgen Konkurrenz. Er betet sie an, umsorgt sie,
führt ihr den Haushalt, überhäuft sie mit Geschenken,
liest ihr jeden Wunsch von den Augen ab. Er unterwirft
sich ihr wie ein Sklave. Chris befreit sie mit großem Ein-
fühlungsvermögen von dem Grauen, das sie vor ihrem von
den Operationen verstümmelten Körper ergriffen hat.
*Es fiel mir unglaublich schwer, aber die Scham und der
Schrecken, den ich vor mir empfinde, war plötzlich verschwunden, als er sagte, im Orient werden in besonders
schöne Teppiche absichtlich Fehler eingewebt, damit sie
nicht durch Vollkommenheit die Menschen einschüchtern,
und diese Narbe sei eben mein »Webfehler«. Ein verrück-
ter Vergleich, aber er findet mich schön und vollkommen,*
notiert sie zwei Tage nach ihrem siebenunddreißigsten
Geburtstag.

Glaubt man dem Tagebuch, waren Chris und der Lektor Walter Lewerenz die einzigen Gäste der kleinen Geburtstagsfeier. *Ein Tag, der mich sowieso nicht überglücklich macht. Wieder ein Jahr, und wieder nichts geschafft,*
lautet ihre traurige Bilanz. Der altbekannte Stimmungs-
wechsel zwischen euphorischem Höhenflug und tiefer
Niedergeschlagenheit hat sich längst wieder eingestellt.
Bald geht ihr auch der sanfte und unterwürfige Chris auf
die Nerven. Sie wirft ihn raus, wenn sie seiner überdrüssig ist, und holt ihn zurück, wenn sie ihn als Zuhörer für

ihre Privatlesungen aus frisch geschriebenen Kapiteln des Romans *Franziska Linkerhand* braucht. *Warum dulde ich ihn dann überhaupt neben mir?* fragt sie sich selbst und findet auch gleich die Antwort: *Aus Sadismus, unter anderem, weil ich meine Launen an ihm abreagieren kann; weil er formbar ist, sich unterwirft, bereit, mein Geschöpf zu werden (diese Sucht, Geschöpfe zu machen!, als ob einem die Buch-Figuren nicht genug zu schaffen machen).* Dabei ist Christoph selbst ein Künstler, der malt und schmiedeeisernen Schmuck entwirft und herstellt. Dieter Jürn, ein Rundfunkkollege von Jürgen, der Chris bei Brigitte Reimann begegnet ist, nennt ihn einen »komischen Vogel«, einen »Aussteigertypen, grün-alternativ bis verwildert, aber intellektuell anspruchsvoll«.

Brigitte Reimann, die seit je ein besonderes Interesse an sozialen Außenseitern hat und eine Neigung für aus den sozialen Normen Gefallene oder Gestoßene (man denke an ihr Interesse für die schwererziehbaren Jugendlichen ihrer Brigade im Kombinat Schwarze Pumpe oder für die Alkoholikerin Rita in Hoyerswerda), hat wieder ihre *Sorgenkinder:* eben jenen Chris, Jürgen, der gerade von seiner Mutter verstoßen worden ist, weil sie entdeckt hat, daß er homosexuell ist, und Gert Neumann, der sich bald davontrollt, als Brigitte Reimann ihm Arbeit und Wohnung beschaffen will. Wenigstens kann sie sich für Margarete Neumann in die Bresche schlagen, die wieder einmal kulturpolitisch daneben liegt, weil sie über den Selbstmord einer Frau nach einer Vergewaltigung durch Soldaten der Roten Armee geschrieben hat. Den kritisierenden Genossen wirft Brigitte Reimann vor, daß sie *glätten, verschweigen, verdrängen würden.* Lange schon nimmt sie kein Blatt mehr vor den Mund. Sie hat nichts mehr zu verlieren, seit sie ahnt, wie krank sie ist.

Anfang September noch ist ihre Lebenslust unbändig. *Ich zog stundenlang in der Stadt herum, ein schöner warmer Abend, Luft wie im Frühling; ich hatte die ganze Zeit*

das Gefühl, ein Wunder zu versäumen. In meiner Straße
fing ich laut an zu singen. I can't give you anything but
love. Ich hatte wieder mal tiefe Lust an meiner Freiheit
[...].

Schon zwei Monate später aber hat sie unerträgliche
Schmerzen und muß zu neuen Untersuchungen nach Berlin-Buch fahren, wo Professor Gummel und Frau Dr.
Matthes eine *Wirbelkompression* diagnostizieren, wie sie
der Patientin sagen. In Wirklichkeit haben sie Knochen-
metastasen erkannt, die sie gezielt therapieren. Zu beiden Ärzten hat Brigitte Reimann großes Vertrauen, aber
beide werden nur die unerträglichen Schmerzen durch
Spritzen lindern können. Das Myom wird operiert werden und mit ihm gleich die ganze Gebärmutter entfernt.
Es ist von besonderer Tragik, daß sich Brigitte Reimann
gerade da ein Kind wünscht, auch der Name war schon
gefunden: *Eric, nach diesem Wikinger Eric Ericson,* von
dem ihre neue große Liebe schwärmt: der Arzt Dr. Rudolph B., der ihr vierter Ehemann werden sollte.

23

Verläßliche Arme

Dem Arzt Dr. Rudolph B., den sie bald liebevoll *der Bär*
nennt oder auch *der Dicke,* ist sie unverhofft im September 1970 auf einer ihrer Streifzüge durch Bars und Restaurants begegnet. Gerade ist sie aller Männer überdrüssig und schickt sich an, sie gründlich zu hassen – da wacht
sie am Morgen des 16. September glücklich neben Dr. B.
auf. Das alte Spiel schlägt beide in seinen Bann: *Man ist*
verabredet, wartet, aber nicht sehr, verfehlt sich, beginnt
nun wirklich und schmerzhaft zu warten...

Sie beschreibt ihre neue Eroberung als einen *großen, dik-*
ken, dickschädligen, schwerfälligen und sturen Mecklen-
burger. Er ist Arzt, hat aber gerade Urlaub und verbringt

ihn vom ersten Tag an gemeinsam mit Brigitte Reimann. Sie fühlt sich an seiner Schulter geborgen und beschützt. Mit ihm kann sie über den Tod reden, aber vor allem ziehen sie Pilze suchend Hand in Hand durch den Wald am Tollensesee. Brigitte Reimann vergißt ihre Krankheit. Unbeschwert lachen konnte Brigitte Reimann schon lange nicht mehr. Mit ihrem Rudi B. lernt sie es wieder und beschreibt sich als *schwachsinnig vor Glück.* Manchmal nur meldet sich die Angst zurück, daß alles Glück seinen Preis habe und nicht von Dauer sein könne. Sie lebt, *als wär jeder Tag der letzte,* und die ruhige und selbstverständliche Art des Dr. B. tut ihr gut – das ist genau das, was sie jetzt braucht. Seit dem Fiasko ihrer dritten Ehe war sie auf der Suche nach Geborgenheit, nach einem Mann, der ihr beweist, daß sie eben nicht *untauglich* sei für echte Zweisamkeit. *Ich fühle mich wie in einer warmen Höhle und bin aufgehoben und denke, mir kann nun nichts mehr zustoßen,* schreibt sie Ende September ins Tagebuch. Tage und Wochen voller Frieden und Glück: *Oh Gott, daß ich das nochmal erlebe!*

Brigitte Reimann scheint wie verwandelt. Rudolph B. zieht zu ihr, und sie verbringen den Alltag miteinander, ohne daß sie sich langweilt oder gereizt ist, ohne daß sie den Partner als Konkurrenz empfindet: *Keine wütende Verteidigung meines Territoriums, kein Zorn, weil ich in Besitz genommen werde,* notiert sie, über sich selbst verwundert.

Nur manchmal grollen erste Gewitter am Horizont. Sie befürchtet, zu satt, zu zufrieden zu werden und damit ihren Antrieb zum Schreiben zu verlieren. Denn das wollte sie ja nie: Tag und Nacht für einen Mann dasein und die eigene Kreativität hintenan stellen. Schon sind ihr seine Aufmerksamkeiten ein wenig lästig: Dr. B. kümmert sich zärtlich um sie, kommt auch am Nachmittag vorbei, gerade wenn sie schreiben will, flüstert ihr zärtliche Worte durchs Telefon, wenn sie über *Franziska* nach-

273

denkt, will selbstverständlich auch den Abend mit ihr teilen, auch dann, wenn er – gemeinsam mit Ärztekollegen – reichlich dem Alkohol zuspricht. Früher war sie stolz, alle unter den Tisch trinken zu können, aber jetzt hält ihr kranker Körper die tagelangen Gelage der Ärzte nur mit Mühe aus. Manchmal glaubt sie auch, zu alt für ihren *Bären* zu sein, denn er ist zehn Jahre jünger als sie. Und er ist eifersüchtig, will sie für sich allein.

Trotzdem planen sie, im Februar 1971 zu heiraten. Plötzlich machen sich die Schmerzen erneut bemerkbar, und Brigitte Reimann, die sich kaum noch aus dem Bett erheben kann, muß ins Krankenhaus. Monate muß sie wieder in der Bucher Klinik verbringen.

Nicht nur Rudolph B. kümmert sich um sie. Annemarie Auer, die selbst eine Krebsoperation erfolgreich überstanden hat, schreibt der Leidensgefährtin hilfreiche Briefe. Der einstige Affront wegen des Interviews scheint vergessen. Die nunmehr schwerkranke Brigitte Reimann ist für jeden Zuspruch dankbar. Christa Wolf besucht sie oder ermuntert sie mit Anteil nehmenden und verständnisvollen Briefen. »Du sollst einfach wirklich *leben*«, wünscht sie ihr in einem Brief vom 11. Februar 1971 und beschwört sie, an *Franziska Linkerhand* weiterzuschreiben. Sie berichtet von den eigenen Problemen, die sie gerade mit dem Schreiben hat. Christa Wolf arbeitet zu dieser Zeit an »Kindheitsmuster« und hat die richtige Form für diesen Stoff noch nicht gefunden. Mit der Ermahnung, »Denk an Herrn Rudi«, versucht Christa Wolf, ihr Mut zu machen. *Herr Rudi*, den sie bei einem Besuch in Neubrandenburg im Januar kennengelernt hatte, hat ihr gut gefallen: »genau das Richtige für Dich [...] Da prallen alle Deine Extravaganzen einfach ab und können nicht selbstzerstörerisch werden«, hatte sie Brigitte Reimann bereits mitgeteilt. Sicherlich ist es auch der Gedanke an ihr neues Glück, der Brigitte Reimann hilft, ihre Kraftreserven nach der Totaloperation im März zu mobilisieren.

Mitte April 1971 ist Brigitte Reimann wieder in Neubrandenburg. Trotz der sich erneut bemerkbar machenden Rückenschmerzen und gelegentlicher Herzanfälle genießt Brigitte Reimann *das Glück, wieder über eine Straße gehen zu können oder ein Stückchen durch den Wald [...]*.

Am 14. Mai 1971 heiratet die gerade aus der Krebsstation entlassene Brigitte Reimann ihren *Bären*. Wieder amüsiert sie sich über die feierliche Zeremonie, die sie nun zum viertenmal erlebt: die übliche Rede über die Ehe als Keimzelle des sozialistischen Staates, die – von der fälligen feierlichen Klaviermusik begleitet – in zehn Minuten abgehaspelt ist. Um 8. 40 Uhr stehen die Neuvermählten schon wieder *verblüfft und etwas geniert* auf der Straße herum, weil so früh noch kein Café geöffnet hat.

Über die Motive dieser Heirat wird oft gerätselt. Dabei gibt Brigitte Reimann in ihren Briefen an Christa Wolf selbst Auskunft über ihre Beweggründe. Am 18. Januar 1972 zum Beispiel wird sie rückblickend schreiben: *ich dachte, jetzt hätte ich, nach meinen drei – jeder in seiner Art – schwachen Männern endlich mal einen, an dessen breite Brust ich mich betten kann.* Rudolph B. wird sie pflegen, ihre Schmerzen lindern, so gut er kann. Er wird verzweifelt sein, daß die Krankheit im Laufe des Jahres 1972 seine Frau mit unvermuteter Geschwindigkeit zerstört. An Christa Wolf wird sie im Herbst von seinen Tränen schreiben und von seiner Sorge um sie: *Als ich auch mal weggelaufen bin, zu meinem lieben Jürgen, ist der Rudi verrückt geworden vor Angst und hat alle Krankenhäuser abgeklappert.*

Was Brigitte Reimann am Hochzeitstag noch nicht weiß: als Rudolph B. die Ehe mit ihr eingeht, kennt er bereits seit zwei Monaten die schreckliche Wahrheit: *inoperabler Krebs im Rückenwirbel.[...] Er weiß es schon seit März und hat all die Zeit geschwiegen,* wird sie im Dezember 1971 Christa Wolf mitteilen.

Brigitte Reimann wird ihre wahre Diagnose durch einen schlimmen Zufall erst im November 1971 erfahren. Die Wände des Hauses Gartenstraße 6 sind dünn. Kollegen ihres Mannes reden im Nebenzimmer über ihren Zustand. Brigitte Reimann muß alles mit anhören und steht wie unter Schock, kann oder will es nicht glauben. Sie sieht sich durch das Schweigen von Professor Gummel und Frau Dr. Matthes um die Möglichkeit beraubt, *sich einzurichten und eine Haltung zu erarbeiten.*

Bald wird sie noch fassungsloser sein, als die Krebsfürsorgerin ins Haus kommt, die nicht unterrichtet ist, daß die Patientin bisher über den Charakter ihrer Krankheit getäuscht worden ist.

Als Rudoph B. Brigitte Reimann heiratet, weiß er also, daß sie eine todkranke Frau ist. Er liebt sie, und das läßt auch Brigitte Reimann erneut das *Wagnis der Dauer* eingehen. Ihr Bedürfnis nach verläßlichen Armen ist größer als alle Bedenken. Auch will sie sich noch einmal beweisen, daß sie für einen Mann attraktiv ist. Sie will geliebt werden und Liebe geben, das Urteil *untauglich* widerlegen.

Rudolph B. muß jedoch nicht gewußt haben, was es heißt, mit einer kreativen Frau verheiratet zu sein, die sich – statt sich mit der Bewirtung seiner Kollegen zu beschäftigen – dem Schreiben widmen will. Brigitte Reimann ihrerseits ist als Ehefrau auch diesmal keineswegs glücklich, im Gegenteil. Zwar hat sie im Monat nach der Hochzeit ein weiteres Kapitel von *Franziska Linkerhand* fertig, doch verfällt sie danach in eine lähmende Depression, die einige Monate anhält. Fast scheint es, als löse sich die Erstarrung erst, als Brigitte Reimann – nun auch von Frau Dr. Matthes – die Wahrheit über ihre Krankheit erfährt. An Christa Wolf schreibt sie Anfang Dezember 1971, daß sie *leben will, nichts weiter als leben, sei's unter verrückten Schmerzen, aber auf dieser Welt sein ... Dieses Gefühl, etwas Unabwendbarem ausgeliefert zu sein, nur noch eine bemessene Zeit zu haben ... Zwei Jahre? Fünf Jahre? Jedenfalls befristete Zeit, und dieses Bewußtsein einer Frist ist das Schlimmste.*

Fieberhaft beginnt sie zu arbeiten, ignoriert die Schmerzen, möchte am liebsten ungestört sein, vor allem von ihrem Mann. Sie ist froh, wenn er zu einem Lehrgang fahren muß, seine Eltern oder seine Schwester besucht. Obwohl er ihr die notwendigen Spritzen verabreicht, die ihr die Schmerzen erträglich machen, wehrt sich alles in ihr dagegen, nur als *Patientin, Pflegling, Schutzbefohlene, Kindlein-Ersatz* betrachtet zu werden. Es ärgert sie, daß – wie sie meint – ihr Mann sie nicht als *selbständige Frau mit eigenem Kopf* akzeptiert. *Armer Junge! Er ist mit einer Schreibmaschine verheiratet,* schreibt sie im März 1972 an Christa Wolf. Obwohl sie das Essen vergißt und am Tag an die vierzig Stück filterlose Zigaretten Marke Karo raucht, fühlt sie sich wohl, wenn sie mit ihrem Roman vorankommt, weil sie ihren Mann in der Ferne weiß. Ist er aber zurück, heißt es über ihn: *kaum ein paar Tage zu Hause – schon wieder in die Flasche gefallen.* Das ist nicht verwunderlich – wie soll er es aushalten, ihren Verfallsprozeß mit ansehen zu müssen.

Wohl fühlt sie sich auch mit ihren alten Freunden: mit Jürgen zum Beispiel oder mit Jutta Lindemann, der Frau des Schriftstellers Werner Lindemann. Wie schon in der ersten Ehe mit Günter und in der dritten mit Jon sind ihre Freunde nicht immer die ihres Mannes und seine Freunde oft nicht die ihren.

Von Verzweiflung, großen Aussprachen und Trennungsabsichten ist ab Januar 1972 öfter die Rede, obwohl sie erst ein paar Monate verheiratet sind. Brigitte Reimann ist in einer entsetzlich ausweglosen Lage. Sie braucht die Fürsorge ihres Mannes und seine Morphiumspritzen, aber sie möchte wieder allein leben. Anfang Juni 1972 schreibt sie an Christa Wolf: *ich liege im Bett und möchte brüllen vor Schmerzen [...] Wenn ich bloß ausreißen könnte, wegziehen von hier, weit weg von meiner letzten Hoffnung auf Geborgenheit, einen gütigen Menschen... Die ewigen Vorwürfe wegen meines Egoismus (in der Arbeit, für die Arbeit). Ich will mich von ihm trennen, aber mir graut vor dem ganzen äußeren Kram.*

Wie so oft schlägt ihre Stimmung in kürzester Zeit um. Vier Tage nach diesen Trennungssehnsüchten tut es ihr leid, daß sie an Christa Wolf so böse über ihren Mann geschrieben hat. Er hingegen hat wohl erkannt, daß es bald mit ihr zu Ende geht, und kann seine Tränen nicht verbergen. Alle Hoffnungen, den Krebs zu stoppen oder den Prozeß der Zerstörung wenigstens zu verlangsamen, sind vergeblich gewesen. Auch Brigitte Reimann hört auf zu kämpfen. *Meine Widerstandskraft ist alle*, schreibt sie am 5. Juni 1972 an Christa Wolf.

Der Kreislauf von Bestrahlung, Chemotherapie und Morphiumspritzen nimmt sie ganz in Anspruch. Ihren neununddreißigsten Geburtstag muß sie in Berlin-Buch verbringen. Sie trägt jetzt eine Perücke, wenn Besucher kommen. *Geburtstag im Krankenhaus war schon immer mein Traum,* schreibt sie an die Freundin.

Noch einmal wird sie für ein paar Wochen nach Hause entlassen, noch einmal bäumt sie sich auf, rückt ihrem Mann aus, will ihr eigenes Leben leben – und kann es doch längst nicht mehr. Am 15. Januar 1973 schickt sie von Neubrandenburg aus ihren letzten Brief an Christa Wolf und teilt ihr mit, daß sie wieder gen Buch ziehen muß. *Ob's wieder so schön mit dem Zimmer klappt... ich brauchte es so sehr fürs letzte Kapitel.* Bis ganz zuletzt arbeitet sie weiter an dem Roman; die Arbeit ist es vor allem, die ihr auch immer wieder Kraft gibt, der Krankheit zu widerstehen. Das letzte, das 15. Kapitel ihres Romans *Franziska Linkerhand* kann sie dennoch nicht mehr zu Ende schreiben.

Brigitte Reimann stirbt am 20. Februar 1973 in Berlin-Buch.

24
Das Fragment

Was bleibt von einem so intensiv gelebten, unruhigen Leben, von einer rastlosen Existenz, die den eigenen Gedanken, Intentionen und Gefühlen unbedingt folgen wollte und sich zugleich mit Schreiben Halt zu geben versuchte?

Als Brigitte Reimann 1968 ihre Arbeitsecke im Erker des Hauses Gartenstraße 6 bezog, hatte sie etwas mehr als die Hälfte eines Romans mitgebracht, der anders werden sollte als alles, was sie bisher geschrieben hatte. Die früheren Arbeiten, vor allem die Erzählungen *Die Frau am Pranger, Ankunft im Alltag* und sogar *Die Geschwister* gefielen ihr nicht mehr. Die Sprache fand sie schrecklich, und politisch glaubte sie eine gutgläubige Närrin gewesen zu sein. Seit dem 11. Plenum, dem Einmarsch von Truppen der Warschauer-Pakt-Staaten in die ČSSR und dem VI. Schriftstellerkongreß war die Spanne zwischen Ideal und Wirklichkeit größer geworden.

Die Schreibmaschine auf dem Tisch im Erker und das Archiv mit Material über Architektur und Städtebau, mit Tonbändern und Zeitungsartikeln blieben immer öfter unbenutzt. Hatte Brigitte Reimann vor und nach der Brustoperation in der Klinik noch fieberhaft Seite um Seite auf einen Briefblock gekritzelt, war die Arbeit nun vorerst ins Stocken geraten. Am liebsten wollte sie die Geschichte der Franziska Linkerhand liegenlassen und etwas gänzlich Neues anfangen. Aber das hätte bedeutet aufzugeben, und das war ihre Sache nicht. So war sie fest entschlossen, das Buch zu Ende zu bringen. Da Jon immer seltener kam, hätte sie eigentlich viel Zeit zum Schreiben gehabt, doch trieb sie ihre neu erwachte Lebenslust, ihre Neugier auf Menschen und ihre Sehnsucht nach Geborgenheit und Geselligkeit vom Schreibtisch weg zu Schriftstellerversammlungen, zu Festen und in Lokale.

Die Angst, wieder Krebs zu bekommen, saß ihr insgeheim im Nacken.

Letztlich waren es vier Ereignisse oder Einflüsse, die dann wie Katalysatoren für das Fortschreiben des Romans *Franziska Linkerhand* wirkten: der Verlust Jons, die verdrängte Angst vor der Krebskrankheit, der geistige Austausch mit Christa Wolf, die sie immer wieder ermuntert, sich schreibend an den Widersprüchen zu reiben, und der endgültige Verlust politischer Illusionen.

Als die Endszenen der Ehe mit Jon Brigitte Reimann völlig aus dem Gleis warfen, setzte die Arbeit an *Franziska Linkerhand* ganz aus. Erst nachdem Jon sich von ihr getrennt hatte, wurde ihr bewußt, daß sie nicht Jon, sondern das Bild liebte, das sie von ihm entworfen hatte – ein Bild, das mit der Figur des Ben Trojanowicz aus ihrem Roman weitgehend identisch ist. Aus diesem Grund bedrohte die Trennung von Jon zunächst vor allem das Fortführen des Romans. Dann aber machte Brigitte Reimann gerade aus ihrer größten Verzweiflung Literatur. Zuerst fand sie die Sprache wieder, als sie ihrer Schwester Dorothea die Geschichte mit Jon wie eine Romanfabel erzählen konnte: *es war so, als ob ich einen Schritt daneben trete und selbst zum Zuschauer oder Zuhörer werde. Und siehe, es war ein miserabler Roman ... Von diesem Tag an konnte ich wieder arbeiten.* Ihr wurde klar, daß sie nicht mit Jon, sondern mit Ben Trojanowicz verheiratet gewesen war: *Ich habe eine literarische Figur geliebt. [...] er sollte meinem Bild von ihm gleichen.* Über Ben wollte die Liebende Jon finden, über das Schreiben die Realität. Nachdem Brigitte Reimann von Jon verlassen worden war, war mit der Figur des Ben der gesamte Aufbau des Romans in Frage gestellt.

Im Oktober 1969 schien die Schreibkrise überwunden. Erstaunt stellte Brigitte Reimann fest, daß ihre Fiktionen klüger waren als sie selbst: *Unser ganzes Unglück ist vorgezeichnet: da steht, was ich [...] in der Realität nicht wahr-*

genommen habe. Ich weiß schon, daß der Schluß des Buches anders sein wird, als ich geplant oder gehofft habe (gehofft, weil ich Franziska bin). Aber es läuft ja schon seit dem Erscheinen Benjamins auf Abschied hinaus. Das letzte Wort des Romans wird »adieu« heißen. Ich bin befreit, beinahe glücklich. Ich werde wieder arbeiten.

Sie schreibt die Geschichte der jungen, begabten Architektin Franziska Linkerhand, die lieber dreißig wilde Jahre wählen würde statt siebzig brave und geruhsame. Aus Trotz gegen ihre zum Bildungsbürgertum gehörende Familie heiratet Franziska einen Arbeiter, der sich jedoch bald als kleinbürgerlicher Hohlkopf entpuppt. Nach der Scheidung ist sie wieder unabhängig und weicht abermals vom vorgezeichneten Weg ab, indem sie der bequemen Karriere unter der Obhut ihres berühmten Professors Reger ein Leben in Neustadt, in der hintersten Provinz, vorzieht, wo sie ihre Kräfte erproben kann. Mit der Vision einer Architektur im Kopf, die den Menschen das Gefühl von Freiheit und Würde gibt, trifft sie auf ein Wohnsilo, das mit Fertigbauteilen auf ödem Sandboden errichtet wurde und ein offenes und geselliges Zusammenleben unmöglich macht. Sie will sich nicht mit dem Machbaren bescheiden und den ökonomischen Zwängen beugen wie ihr Widersacher Schafheutlin, und sie will auch nicht zynisch werden wie Trojanowicz, dieser komplizierte, abweisende Mann mit dem dunklen Fleck in der Biographie, den sie zu ihrem Geliebten macht. Weil die Liebe zu dem erwählten Mann nicht lebbar ist, erfindet Franziska ihren Geliebten in der Figur des Ben neu. An ihn ist letztlich das Parlando des ganzen Romans gerichtet. Die Architektin Linkerhand lernt, andere Menschen und deren Bedürfnisse und Denkweisen zu verstehen, doch bleibt sie am Ende kompromißlos in ihrem Anspruch an menschenwürdiges Wohnen und an die Liebe.

Die Wirklichkeit, Brigitte Reimanns unmittelbares Erleben, beeinflußte direkt ihre Romankonzeption, gab der Fabel um Franziska und Ben eine andere Wendung. Sie hatte ja Ben als ein Geschöpf erdacht, das sie *brauchte* – *als Bruder, als Bild, vielleicht Vorbild* –, aber schon vor der Stunde der Wahrheit mit Jon hatte sich das Wunschbild im Manuskript selbständig gemacht, brachte eine nicht zu korrigierende Vergangenheit ins Spiel und eine *unerwünschte dritte Person*. Natürlich verfremdete die Autorin. Es gibt keine direkte Entsprechung zwischen Jons Geliebter, die später seine Ehefrau wurde, und Bens Lebensgefährtin Sigrid. Auch ist ja Jon nicht identisch mit dem Redakteur, Tagebuch- und Romanschreiber Ben. Doch die unlebbare Liebe Brigitte Reimanns zu Jon entspricht weitgehend der der Franziska zu Ben im Roman. Die Schriftstellerin schlüpfte schreibend in immer neuen Anläufen in die Haut ihrer Romanfigur Franziska. Entwarf die Schriftstellerin fiktive Gespräche mit Ben, so sprach sie im Grunde mit Jon, Gespräche, die entweder so oder ähnlich tatsächlich stattgefunden hatten oder Wunschtraum blieben, also in der Realität nicht mehr stattfinden konnten. An dieser Hürde, der ungeheuren Anstrengung, sich schreibend einer Figur zu nähern, deren reales Pendant sich zur selben Zeit entfernte, hätte Brigitte Reimann scheitern können. Paradoxerweise passierte das Gegenteil.

In den Wochen nach der erneuten Entlassung aus der Klinik im Frühsommer 1970 schrieb sie bis zur Erschöpfung am Manuskript. Es war, als sei ein innerer Motor wieder angeworfen, als arbeite sie nun im Wettlauf mit der Zeit. Und weil sie empfinden mußte, wenn sie schrieb, stürzte sie sich kurzzeitig in neue Liebeleien: *weil ich einfach nicht mehr wußte, wie das ist: Anfang. Jetzt weiß ich es wieder.*

So kam sie zügig im Manuskript voran – bis zum nächsten tage- oder wochenlangen Brüten über ein paar Sätzen, bis zur nächsten Angst vor der Wiederbegegnung mit den eigenen Gefühlen. Etwas in ihr wollte ja gar nicht zum Ende kommen. Denn das hätte geheißen, beim Abschied, bei der Wirklichkeit anzukommen. Anfang Juli 1970 mutmaßte sie: *Vielleicht schreibe ich mein Buch nie zuende. Wie meine Franziska: immer nur geträumt von dem, was man sein und tun soll, und die Zeit vergeht, die kostbare Zeit.*

Walter Lewerenz wirft ihr vor, daß sie ihren Roman eher wie ein Tagebuch schreibt, als moralischen Halt, ohne Gedanken an Veröffentlichung. *Hat mich schrecklich deprimiert, weil es im wesentlichen stimmt.*

Die Hoffnung auf Veröffentlichung war Brigitte Reimann schon seit längerem abhanden gekommen.

Im Juni 1969 vermutete sie, daß Franziskas schöpferische Unzufriedenheit und Unrast aus tieferen Schichten komme: *nicht auf, sondern gegen diese Gesellschaft gerichtet* sei. Den Gedanken zu Ende zu denken, wagte Brigitte Reimann nicht. Denn das hätte vielleicht geheißen, ihr Credo aus dem Tagebuch vom 24. Oktober 1955 nicht nur anzuzweifeln, sondern ins Gegenteil zu verkehren. Dem *Wegweiser, den unsere Gesellschaft darstellt, mit gutem Gewissen* folgen konnte sie längst nicht mehr. Ihre Ahnung, daß *Theorie und Praxis nicht immer übereinstimmen,* wie sie es damals formulierte, hatte sich zu der Gewißheit verdichtet, daß Theorie und Praxis immer weiter auseinanderdrifteten. Ihre Hoffnung: *Aber das wird sich schon geben*, war bitter enttäuscht worden, und ihre Überzeugung, daß es *Sache des Schriftstellers* sei, für die Übereinstimmung von Ideal und Wirklichkeit zu sorgen, war einer kompletten Desillusionierung über die eigenen Wirkungsmöglichkeiten gewichen.

Der Traum von der Erziehung einer sozialistischen Menschengemeinschaft mit einer *Ankunft im Alltag* war ausgeträumt. Die Vorbilder hatten sich verbraucht, die

Läuterungskonzepte des *Geständnisses* waren ins Leere gefallen, die Überzeugungskünste, die noch in den *Geschwistern* eine große Rolle gespielt hatten, waren unglaubwürdig geworden. Bei den Jüngeren entdeckte Brigitte Reimann Pragmatismus anstelle der Ideen und Ideale ihrer eigenen Jugend. Sie spürte, daß eine andere Generation herangewachsen war, mit der sie nur wenig gemein hatte.

Brigitte Reimann, die vor allem mit *Die Frau am Pranger, Ankunft im Alltag* und *Die Geschwister* viel öffentliche Aufmerksamkeit und Lob erfahren hatte, wurde sich bewußt, daß sie – wollte sie fortan wahrhaftig schreiben – auf positive öffentliche Resonanz verzichten mußte. Seit dem Juni 1969 war sie fest entschlossen, beim Schreiben von *Franziska Linkerhand* keine Kompromisse mehr einzugehen.

Ich werde es tun, Arbeit für die Schublade. Das Buch allerdings muß fertig werden, das enthält wenigstens eine Spur dessen, was ich zu sagen habe, ist andeutungsweise Selbstanalyse (Befreiung?) – aber das genügt nicht, es bleibt im Ansatz stecken. Da hatte sie die ersten acht Kapitel abgeschlossen und war beim neunten ins Stocken geraten. Sie wußte, daß sie ihre Existenz aufs Spiel setzte, wenn sie ohne Rücksicht auf sich selbst und auf andere, ohne Rücksicht auf die Zensur schriebe. Sie hatte den Mut dazu und wurde doch die Schere im Kopf nie ganz los. Trotz aller guten Vorsätze, die Zensur zu ignorieren, fiel es Brigitte Reimann schwer, einen rigoros kritischen Neuansatz zu finden. Nicht zuletzt wirkte sich das Scheitern des »Prager Frühlings« lähmend auf die Stimmung der Literaten in der DDR aus: *Jetzt ein Buch veröffentlichen, das einigermaßen problematisch ist [...] Gott, das würde ja nicht mal das Kulturministerium, die erste Zensurstelle (falls man den Verlag nicht schon als erste Zensur rechnet) passieren,* stellt sie im Juli 1969 resigniert fest.

Der Wechsel von hilflosem Zorn, Lähmung, spontan

ausbrechender Arbeitswut und allerlei Ausweichmanövern – zum Beispiel ein *charmantes Filmchen* zu schreiben – ließ das Manuskript *Franziska Linkerhand* nur langsam wachsen.

Bezeichnenderweise saß Brigitte Reimann am 9. Oktober 1969, kurz nach dem 20. Jahrestag der DDR, *zum erstenmal seit langer Zeit wieder in aller Herrgottsfrühe am Schreibtisch,* zum erstenmal wieder an ihrem Buch.

Das militante Getön und *das Gebrüll* zum Staatsjubiläum waren ihr *auf die Nerven gegangen. Die größte DDR der Welt. Unsere Errungenschaften. Die mörderische Parole:* ›*Wir sind richtig programmiert*‹.

Dagegen setzte sie die leise, aber um so eindringlichere Rede Franziskas an Ben. Das intensive Parlando des Romans wirkt wie ein Gegenentwurf zum marktschreierischen Propagandaton jener letzten Jahre der Ulbricht-Ära. Einen ähnlichen Ton wie *Franziska Linkerhand* muß der Film über die Neubrandenburger Turmstraße gehabt haben. Im November 1969 ist in Brigitte Reimanns Tagebuch die Rede davon, daß der Film beim Fernsehfunk in Gefahr ist, weil er *zu sehr* ›*in Moll*‹ gehalten sei. Manfred Krug soll darin singen – *Scat, worunter der H. sich vermutlich irgendwas Verderbtes vorstellt.* (Dennoch wurde das Ganze als Filmfeuilleton unter dem Titel *Sonntag, den… – Briefe aus einer Stadt* am 20. März 1970 im 2. Programm gesendet. Weder das Original noch Kopien sind erhalten geblieben. Nach der Ausreise Manfred Krugs 1977 wurde die Sendung gesperrt, und 1984 wurden alle Filmbänder vernichtet.)

Daß sie sich in einer kulturpolitisch unerwünschten Richtung engagiert hatte, ließ man die Autorin spüren. Ein Stipendium-Angebot für das Jahr 1970 wurde zurückgezogen, eine ausstehende Rate nicht angewiesen. Zu ihren Widersprüchlichkeiten gehörte, daß Brigitte Reimann im selben Jahr bedauerte, im *Lenin-Aufgebot des Bezirksverbandes* nicht erwähnt zu werden. Die einst vielbeachtete Schriftstellerin sehnte sich nach wie vor nach öffentlicher Anerkennung und konnte sich nicht damit abfinden, daß individueller Glücksanspruch in der Kulturpolitik Ende der sechziger, Anfang der siebziger Jahre nicht als literarisch gestaltungswerter Gegenstand galt.

Alles in ihr sträubte sich gegen die kulturpolitischen Richtlinien, die den Anspruch des Individuums auf Selbstverwirklichung als »spätbürgerlich« und »revisionistisch« verunglimpften. *Arme Franziska. An so einem Burschen wird sie sterben,* hielt die Schriftstellerin während der Rede eines Germanisten auf einer Vorstandssitzung des Schriftstellerverbandes in Berlin fest.

Sie selbst war während der Arbeit an *Franziska Linkerhand* in einem Prozeß des Umdenkens, fand ihren eigenen emotionalen Stil. Sehnsüchte und Gefühle verdichtete Brigitte Reimann zunehmend in Bildern. Ein Fohlen mit roter Mähne galoppiert ungezähmt durch erotische Lebensträume; der Engel Aristide hält Wache, und *die Liebe zu einem, dem einzigen Menschen* gleicht *dem Wasser eines Springbrunnens, das in einem Strahl aufsteigt und sich teilt und in tausend Tropfen herabfällt auf die anderen.* Metaphern und Symbole wie in der Lyrik, Bilderfolgen wie im Kino.

Als die Schmerzen Brigitte Reimann im April und Mai 1970 erneut auf die Krebsstation in Berlin-Buch zwangen, war sie schon beim 12. Kapitel.

Massive Kritik an den Verhältnissen in der DDR wagte sie vor allem in den Figuren und zahlreichen Episoden des 13. Kapitels, das sie 1971 schrieb. Sie hatte den Beginn einer neuen Liebe, die ihr Beschütztsein und Geborgenheit versprach, erlebt. In ihrem Glück mit Dr. B., im Gefühl des Aufgehobenseins, erkannte sie jedoch bald eine Gefahr für ihr Schreiben: *Im Grunde fürchte ich, scheint mir, ich könnte irgendwas für meinen Beruf sehr Wichtiges verlieren. Satt werden, befriedigt sein, einen guten Mann*

*haben, der abends zu mir nach Hause kommt und sich aus-
ruhen will*... Die Unruhe, das Unterwegs-Sein und Nie-
Ankommen waren ja ein Grund ihres Schreibens.

Fast scheint es, als hätte sie erst wieder zu einer produktiven Schreibhaltung gefunden, als sie die Wahrheit
über ihre unheilbare Krebserkrankung erfuhr. Im Januar
1972 schrieb sie an Christa Wolf: *Trotzdem und erst recht
werde ich mich jetzt auf mein Manus werfen, zu dem ich
keine Meinung mehr habe: mal finde ich, es steckt voller
Kompromisse, mal bin ich selbst bestürzt über gewisse
Szenen, die mir mit Sicherheit gestrichen werden (ihr Fehler: sie sind aus der Wirklichkeit entnommen).*

Die Gewißheit, daß ihr nicht mehr viel Zeit bleibt, mo-
bilisierte ihren Willen, den Roman zu Ende zu schreiben.
Wieder wurde ihr Schreiben wichtiger als alles andere –
wichtiger als der Ehemann, wichtiger als Schlafen, Essen
und Trinken. Während der Arbeit am Roman vergaß sie
die Schmerzen. Zuletzt schrieb sie auf den Knien und im
Liegen, zwischen mörderischer Qual und erlösenden Däm-
merzuständen.

Mitte Januar 1973 mußte sie Neubrandenburg für immer verlassen und begann im Krankenhaus in Berlin-
Buch ihren letzten Kampf, immer noch mit dem Roman
vor Augen.

Franziska sollte im letzten, dem 15. Kapitel, zwar nach
Neustadt zurückkehren, aber nicht zu ihrem Geliebten
Ben. Schwer zu sagen, wie das letzte Kapitel ausgesehen
hätte.

Hätte Brigitte Reimann tatsächlich ein Buch über die
nächste Generation verfaßt, ein Vorhaben, das sie im Mai
1970 – im Krankenhaus – mit Christa Wolf besprach und
dessen Thema sie so umriß: *eine Gesellschaft entläßt junge
Leute ins Leben mit der hochgezüchteten Vorstellung, »draußen« sei alles aufs beste bestellt; es besteht die Gefahr – Beispiele häufen sich –, daß diese jungen Leute beim ersten*

ernsten Konflikt (im Privatleben; mit dieser Gesellschaft) aus den Schuhen kippen. (Wofern wir nicht schon eine Gesellschaft von Zynikern erzogen haben.)

Doch steckt das Thema nicht schon in *Franziska Linkerhand*? Zehn Jahre jünger, als sie selbst ist, läßt Brigitte Reimann ihr literarisches Alter ego sein. Zeitlos ist – bei allem DDR-Kolorit – die Spanne zwischen Ideal und Wirklichkeit, die alles Romangeschehen vorantreibt.

Hätte sie noch eine Kriminalnovelle geschrieben, um *Entzauberung* zu betreiben – ein Projekt, das sie Christa Wolf in ihrem Brief im Juni 1971 ankündigte?

Stöbert man in den Tagebüchern und im Roman, entdeckt man lauter Kleinodien der Beschreibungskunst, die ahnen lassen, was aus dieser Schriftstellerin geworden wäre, hätte sie nur länger leben können. Ihr Sinn für Komik begann sich gerade erst auch beim Schreiben durchzusetzen, die Lakonismen trafen immer öfter ins Schwarze. Das Gespür für die Tristesse der DDR-Provinz, der Abscheu über die Verherrlichung des Militärs, die Wut auf die Lügen der Medien und ihr zunehmend klarer und unbestechlicher werdender Blick auf die Verhältnisse insgesamt hätten sie vielleicht zu einer der kompromißlosesten Stimmen im Osten Deutschlands gemacht.

Wäre sie geblieben? Den *Verkrüppelungen* der Menschen unter repressiven Bedingungen spürte sie schon lange nach. Vieles davon ist im Romanfragment aufgehoben. Bis zuletzt und unter großen Schmerzen auf dem Krankenlager an *Franziska Linkerhand* schreibend, rang sie darum, die als Selbstzensur verinnerlichten kulturpolitischen Postulate abzustreifen. Die Todkranke ließ am 30. März 1972 ihren Malerfreund Dieter Dreßler wissen, daß sie nun ohne Rücksicht auf die Zensur schreibe und daß nun Schluß sei mit den ewigen Kompromissen und Zugeständnissen. *Allein dem Gewissen folgen und nicht an den Preis denken* gelang ihr besser, als sie nichts mehr zu verlieren hatte als das Leben.

Die Autorin ahnte, daß ihr Roman, der kompromiß-
loser geworden war als alles, was sie zuvor geschrieben
hatte, in der DDR so nicht hätte erscheinen können. Wie
Dieter Dreßler weiß, überlegte sie, das Buch letztlich im
Westen zu veröffentlichen. Sie gab dem Freund einen
Durchschlag ihres Typoskripts. Aber ohne Vollmacht der
Autorin sah sich der Künstler, der damals intensiv vom
Staatssicherheitsdienst observiert wurde, jedoch erst 1986
die DDR verlassen konnte, nicht befugt, den Text an einen
westdeutschen Verlag weiterzuleiten.

Wäre das tatsächlich in ihrem Sinne gewesen? Die Architektin Franziska, deren Entwurf einer *Passage unter gläser-
nem Himmel,* deren *Bummelstraße, die tröstliche, atmende,*
abgelehnt wird, *gestrichen und gestorben,* wollte dennoch
an den Ort ihrer Entwürfe zurückkehren. Ich nehme an,
daß auch Brigitte Reimann – bei allem Verlust an Illusionen – das Feld nicht geräumt hätte wie andere namhafte
Autoren der DDR.

Brigitte Reimann schrieb zehn Jahre an *Franziska Linkerhand* und konnte nicht fertig werden. Es ist nicht aus-
zuschließen, daß dies auch ihrer Ratlosigkeit über den
Schluß geschuldet ist: Wie hätte es nach dem Ende aller
Illusionen weitergehen sollen? Der Roman blieb Fragment – wie ihr Leben.

Mit ihren Befürchtungen aber, daß ihr Szenen gestrichen
würden, weil sie aus der Wirklichkeit kamen, sollte Brigitte Reimann recht behalten. Als ein Jahr nach ihrem Tod
das Romanfragment *Franziska Linkerhand* im Verlag
Neues Leben erschien, war es angeblich »von wenigen
vorsichtigen Kürzungen abgesehen – unverändert«. Seitdem 1998 im Aufbau-Verlag die unzensierte Original-
fassung erschien, wissen wir: Rund 100 Änderungen wurden am Manuskript vorgenommen, bevor der Lektor es
zur ersten Drucklegung gab. Anhand von Manuskripten
und Typoskripten, die das Brigitte-Reimann-Archiv in

Neubrandenburg aufbewahrt, konnte die Urfassung rekonstruiert werden. Ein Vergleich belegt: Nicht Brigitte Reimann allein, sondern auch die Zensur schrieb an der Fassung von 1974. Gestrichen oder verändert wurden einzelne Worte, Sätze, Absätze und im Extremfall sogar mehrere Seiten. Obwohl der Germanist Withold Bonner ausgerechnet hat, daß die Veränderungen nur vier Prozent des Gesamttextes ausmachen und teilweise lediglich orthographische oder stilistische Fehler korrigieren, beschädigten die Eingriffe dennoch den Roman.

Mit einer Fülle von Auslassungen machte man die Figur der Franziska Linkerhand beschränkter, als Brigitte Reimann sie konzipiert hatte. Mit auf den ersten Blick winzigen Änderungen, die sich auf den zweiten Blick aber manchmal als schwerwiegende Eingriffe erweisen, stutzte man die Hauptfigur Franziska, die ja Züge der Autorin trägt, zurecht. Eines der erschütterndsten Beispiele: Brigitte Reimann hat – wie erwähnt – zeitlebens den Freitod akzeptiert und erstmals 1954 einen Selbstmordversuch unternommen. Diese Erfahrung gab sie Franziska Linkerhand auf den Weg. Doch erst in der vollständigen Fassung bleibt die Herkunft ihrer Narbe am Handgelenk offen, sind die Eindeutigkeiten zugunsten freier Assoziationen aufgelöst, den Sätzen ist ihre Mehrdeutigkeit zurückgegeben und der Figur Tiefe. Die Verfälschung von Figurengruppen am Rande wurde ebenfalls rückgängig gemacht. Aus Opfern von Schlägereien und Suff wurden wieder Selbstmörder. So ist der Roman *Franziska Linkerhand* soziokulturell auch in dieser Hinsicht repräsentativ, denn die Freitodrate in der DDR hatte Weltspitze erreicht.

Brigitte Reimann nannte die Realitäten beim Namen. Ihr Gesellschaftsroman hat sozialgeschichtliche Kompetenz. Sie schrieb durchaus nicht »Wand«, wenn sie die Mauer meinte. Listig legte sie Nebenfiguren kritische Äußerungen zur Mauer in den Mund. Sie hatte es in der eigenen Familie erfahren, wie die Mauer die normalen Beziehungen der Menschen untereinander beendete oder erschwerte. Diese lebensbestimmenden Tatsachen fehlen in der Edition von 1974. Brigitte Reimann aber nahm das gesellschaftliche Klima ihrer Zeit wahr. Wenn ihre Bemerkungen über die Stasi-Tätigkeit von Nebenfiguren gestrichen wurden, bedeutet das eine Verfälschung der gesellschaftlichen Atmosphäre, die sie realistisch abzubilden trachtete. Sie sammelte unermüdlich eine Fülle alltäglicher, authentischer Details, die letztlich die Stärke des Romans ausmachen. Das Entfernen von Bemerkungen über tabuisierte Bereiche ließ den geistigen Horizont der Schriftstellerin enger erscheinen, als er tatsächlich war. Die Zensur strich unter anderem aus dem Text: das tägliche Hören von Westradio, den durch Ausrichten der Hausantennen verhinderten Empfang des westlichen Fernsehens und das Vergreisen der Regierung. Das mag manchem als Bagatelle erscheinen, aber es beschädigte den gesellschaftlichen Raum, in dem die Hauptfigur Franziska agiert.

Die Eingriffe der Zensur an der Figur des Ben, dem teils realen, teils fiktiven Dialogpartner Franziskas, sind besonders aufschlußreich. Gestrichen wurde unter anderem der Monolog über seine Verurteilung zu vier Jahren Zuchthaus nach dem Ungarn-Aufstand 1956. Damit wurden der Figur prägende Stationen ihrer Biographie gekappt. Unter sozialem und politischem Aspekt hieß das: Brigitte Reimann wurde posthum daran gehindert, geschichtliche Fakten und Erkenntnisse, die sie besaß, im literarischen Werk auszusprechen. Der Autorin wurde die Entwicklung und die Logik eines Charakters beschnitten. Erst die vollständige Romanfassung stellt die verlorengegangenen Zusammenhänge und Motivationen wieder her und erinnert zugleich indirekt an die Schicksale Erich Loests und Reiner Kunzes.

Sie macht deutlich: Mehr Klartext, mehr Ironie, mehr Entschiedenheit, Wut und Empörung prägen die Sprache der Brigitte Reimann. Härter und kompromißloser ist ihr Ton.

Nicht alle Änderungen waren der Politik und der Ideologie geschuldet. Auch als Liebesroman liest sich die vollständige Ausgabe etwas anders. Prüderie war Brigitte Reimann fremd. Wie viele Frauen in der DDR hatte sie ein natürliches weibliches Selbstbewußtsein mit dem selbstverständlichen Anspruch auf eine erfüllte Sexualität. Ihr Schreibstil folgte unbekümmert und tabulos der erotischen Phantasie. Was der Rotstift aus dem Romanfragment strich, kann man endlich wieder in erotisch eindeutigen Passagen lesen: luftballongroße Brüste, sengende Küsse und flugs in Eigeninitiative aufgezogene Reißverschlüsse. Man mag das stilistisch bedauern oder nicht – unter dem Strich wird ein freierer Umgang Brigitte Reimanns mit Sexualität deutlich. Gleichgeschlechtliche Kontakte werden in den Bereich des Möglichen zurückgeholt, und Franziska darf das Wort »lesbisch« aussprechen, wenn sie sich an ihr erstes erotisches Erlebnis erinnert. Aus dem Objekt Frau wird erst im ungekürzten Roman vollends ein Subjekt. Aus welchen Schrecknissen ihrer Biographie holte Brigitte Reimann den Bericht Franziskas über drei junge Männer, die ein Mädchen vergewaltigen, während die Bewohner der Stadt gleichgültig wegsehen? Der Geliebte namens Ben nennt das Ereignis *normal*. Die »Normalität« der partiellen Frauenfeindlichkeit in der DDR hat Brigitte Reimann in Diffamierungen ihrer Person in Hoyerswerda erfahren müssen. Erst der nun zugängliche Kommentar Franziskas über das Verhalten der Menge: die Haut sei steril, aber unter der Haut befinde sich *ein kranker Organismus*, liest sich wie eine frühe Diagnose der gesamten, erst viel später auf ihr Ende zutrudelnden DDR-Gesellschaft.

Bei aller Kritik an den Eingriffen darf aber nicht vergessen werden, daß ohne die politisch motivierten Korrekturen der Roman *Franziska Linkerhand* überhaupt

nicht erschienen wäre. Im Gerangel mit der Hauptverwaltung Verlage beim Ministerium für Kultur, das die
Druckgenehmigung erteilte oder verweigerte, entspra-
chen solche, wechselnde Tabuthemen ausklammernde
Korrekturen durchaus der damals üblichen Taktik kluger
und gutmeinender Lektoren und erfolgten – soweit mir
bekannt – stets nach Absprache und im Einverständnis
mit dem Autor. Der Autor selbst konnte letztlich entscheiden, ob und zu welchen Kompromissen er bereit war
oder nicht. Nur: Brigitte Reimann lebte nicht mehr; sie
konnte nicht mehr gefragt werden und Entscheidungen
fällen. Wir wissen nicht, mit welchen Korrekturen sie einverstanden gewesen wäre und mit welchen nicht oder ob
sie – um den Preis einer langen Wartezeit oder sogar um
den Preis des Ungedrucktbleibens von *Franziska Linkerhand* in der DDR – jeden Kompromiß abgelehnt hätte.

Die Kompromißlosigkeit der Franziska Linkerhand
und ihr Lebenshunger waren selbst in der beschnittenen
Fassung stark genug, um die Leser zu begeistern. Hatte
die Erzählung *Ankunft im Alltag* es zu einer Auflage von
135 000 Exemplaren gebracht, so erreichte der Roman
Franziska Linkerhand bis 1991 eine Auflagenhöhe von
insgesamt 300 000 Exemplaren. Wo sonst konnte sich das
Publikum mit einer Vision, einer Liebe und einem Le-
bensanspruch zugleich so identifizieren? Schließlich war
es die Persönlichkeit der Brigitte Reimann, die – beglau-
bigt durch Todesnähe – im Roman zu sich selbst findet.

Zitatnachweis

Zitate aus dem Werk Brigitte Reimanns sind folgenden Bänden entnommen:

Franziska Linkerhand. Roman, ungekürzte Neuausgabe, Aufbau-Verlag Berlin 1998.

Die Geschwister. Erzählung, Aufbau-Verlag Berlin 1963.

Das grüne Licht der Steppen. Tagebuch einer Sibirienreise, Verlag Neues Leben Berlin 1965.

Ich bedaure nichts. Tagebücher 1955–1963, Hg. Angela Drescher, Aufbau-Verlag Berlin 1997.

Alles schmeckt nach Abschied. Tagebücher 1964–1970, Hg. Angela Drescher, Aufbau-Verlag Berlin 1998.

Brigitte Reimann in ihren Briefen und Tagebüchern. Eine Auswahl, Hg. Elisabeth Elten-Krause und Walter Lewerenz, Verlag Neues Leben Berlin 1983.

Aber wir schaffen es, verlaß Dich drauf. Briefe an eine Freundin im Westen, Hg. Ingrid Krüger, Elefanten Press Berlin 1995.

Brigitte Reimann/Christa Wolf, Sei gegrüßt und lebe. Eine Freundschaft in Briefen 1964–1973, Hg. Angela Drescher, Aufbau-Verlag Berlin 1993.

Brigitte Reimann/Hermann Henselmann, Briefwechsel, Hg. Ingrid Kirschey-Feix, Verlag Neues Leben Berlin 1994.

Die Erinnerungen von Lutz Reimann, Dorothea Herrmann, Wolfgang Schreyer, Christa Wolf und Irmgard Weinhofen wurden zitiert aus:
Wer schrieb Franziska Linkerhand? Brigitte Reimann 1933–1973. Fragen zu Person und Werk, Hg. Heide Hampel, federchen-Verlag, Neubrandenburg 1998.

Die Erinnerungen von Dieter Dreßler wurden zitiert aus:
Eine winzige Chance. Blätter, Bilder und Briefe von Dieter Dreßler. Edition Mariannenpresse Berlin 1999.

Bildnachweis

Thomas Billhardt, Kleinmachnow   12–14
Herbert Fiebig, Berlin   8
Jo Gerbeth, Berlin   4, 5
Gerhard Kiesling, Berlin   7
Edgar Kirschenbaum   9
Bernd Lasdin, Neubrandenburg   21, 22
Klaus Morgenstern, Berlin   17
Alfred Paszkowiak, Berlin   18
Hans Wotin, Neubrandenburg   20
privat   1–3
Fotoarchiv Aufbau-Verlag   10
Brigitte-Reimann-Sammlung, Neubrandenburg   6, 11, 15, 16,
    19, 23

Leider konnten nicht alle Fotografen oder Rechteinhaber er-
mittelt werden.

Lebensdaten

1933   Brigitte Reimann wurde am 21. Juli als Tochter eines Bankkaufmanns in Burg bei Magdeburg als ältestes von vier Geschwistern geboren.

1947   Kinderlähmung.

1951   Abitur, danach Tätigkeit als Lehrerin.

1953   Heirat mit Günter D.
Aufnahme in die Arbeitsgemeinschaft Junger Autoren des Deutschen Schriftstellerverbandes in Magdeburg.

1954   Fehlgeburt.
Selbstmordversuch.

1955   »Der Tod der schönen Helena« (Erzählung), Verlag des Ministeriums des Innern.

1956   »Die Frau am Pranger« (Erzählung), Verlag Neues Leben Berlin.
»Kinder von Hellas« (Erzählung), Verlag des Ministeriums für Nationale Verteidigung Berlin.
Aufnahme in den Deutschen Schriftstellerverband.

1958   Scheidung.

1959   Heirat mit Siegfried Pitschmann.

1960   Umzug nach Hoyerswerda.
»Das Geständnis« (Erzählung), Aufbau-Verlag Berlin. »Ein Mann steht vor der Tür«; »Sieben Scheffel Salz« (Hörspiele, gemeinsam mit Siegfried Pitschmann).

1961   »Ankunft im Alltag« (Erzählung), Verlag Neues Leben Berlin.
Literaturpreis des Freien Deutschen Gewerkschaftsbundes (zusammen mit Siegfried Pitschmann) für die Hörspiele »Ein Mann steht vor der Tür« und »Sieben Scheffel Salz«.

1962	»Die Frau am Pranger« (Fernsehspiel).
	Literaturpreis des Freien Deutschen Gewerkschaftsbundes für »Ankunft im Alltag«.
1963	»Die Geschwister« (Erzählung), Aufbau-Verlag Berlin.
	Beginn der Arbeit an »Franziska Linkerhand«.
	Wahl in den Vorstand des Deutschen Schriftstellerverbandes.
1964	Sibirienreise als Mitglied einer Delegation des Zentralrats der Freien Deutschen Jugend.
	Scheidung.
	Heirat mit Jon K.
1965	»Das grüne Licht der Steppen. Tagebuch einer Sibirienreise« (Reportage), Verlag Neues Leben Berlin.
	Heinrich-Mann-Preis der Deutschen Akademie der Künste für »Die Geschwister«.
	Carl-Blechen-Preis des Rates des Bezirkes Cottbus für Kunst, Literatur und künstlerisches Volksschaffen.
1968	Krebserkrankung und Operation.
	Umzug nach Neubrandenburg.
1970	Scheidung.
1971	Heirat mit Dr. Rudolf B.
1973	Brigitte Reimann stirbt am 20. Februar in Berlin.
1974	»Franziska Linkerhand« (Roman, unvollendet), Verlag Neues Leben Berlin.

Danksagung

Mein Dank gilt den Mitarbeiterinnen des Brigitte-Reimann-Literaturhauses beim Literaturzentrum Neubrandenburg e. V., vor allem Heide Hampel, Heidemarie Mielke, Erika Becker und Steffi Gebhardt, die meine Arbeit mit großer Hilfsbereitschaft und Freundlichkeit unterstützten.

Ebenso danke ich Helga Scharfenberg für ihre kompetenten Hinweise und den raschen Zugang zu den Akten beim »Bundesbeauftragten für die Unterlagen des Staatssicherheitsdienstes der ehemaligen Deutschen Demokratischen Republik«.

Mein Dank gilt ferner Siegfried Pitschmann für seine offenen und freundlichen Worte der Erinnerung, Dieter Dreßler für das ergänzende Gespräch und den Einblick in das nur bei ihm zugängliche Material, Wolfgang Schreyer für seine Auskünfte und insbesondere Dieter Jürn für den aufschlußreichen Gedankenaustausch über die letzten Lebensjahre der Brigitte Reimann.

D. v. T.

Literarische Spaziergänge
mit Büchern und Autoren

Das Kundenmagazin der Aufbau-Verlage.
Kostenlos in Ihrer Buchhandlung

Aufbau-Verlag   Rütten & Loening   Aufbau Taschenbuch   Gustav   Der >Audio< Verlag
                                   Verlag   Kiepenheuer

Oder direkt: Aufbau-Verlag, Postfach 193, 10105 Berlin
e-Mail: marketing@aufbau-verlag.de
www.aufbau-taschenbuch.de

Brigitte Reimann

Ich bedaure nichts
Tagebücher 1955–1963

*Herausgegeben
von Angela Drescher*

429 Seiten
Band 1536
ISBN 3-7466-1536-4

So manisch, wie sie alles betrieb, hat Brigitte Reimann seit ihrer Jungmädchenzeit Tagebuch geführt. Da sie die frühen Notizen vernichtete, setzen ihre Tagebücher erst 1955 ein, als sie sich von ihrem ersten Ehemann zu trennen begann, den Schriftsteller Siegfried Pitschmann kennenlernte und erste Erfolge mit ihren Büchern hatte. Fasziniert verfolgt man die Geschichte einer so begabten wie lebenshungrigen und kompromißlosen Frau, das Dokument einer Emanzipation von herrschenden Moralvorstellungen, dogmatischen Erwartungen und einer politischen Desillusionierung.

»Ein Parlando, in dem der Odem großer Literatur weht. Ich kann mich nicht erinnern, das Buch einer Frau in deutscher Sprache gelesen zu haben, in dem die Sehnsucht nach Liebe mit einer solchen Sinnlichkeit und Intensität gezeigt wurde. Dieses Buch hat die Qualität eines Romans und die Vorzüge eines Tagebuchs. Es hat mich ergriffen.«
Marcel Reich-Ranicki im Literarischen Quartett